河北省社会科学基金项目

"美国外来移民入境政策研究（1924-1965）"（HB18SL002）

河北大学历史学一流学科学术出版基金资助

河北省社会科学基金项目

美国移民入境政策改革研究

（1945~1965）

韩　玲 ◎ 著

A Study
on the American Immigration
Policy Reform
(1945–1965)

社会科学文献出版社
SOCIAL SCIENCES ACADEMIC PRESS (CHINA)

# 摘　要

作为潜在的美国公民，外来移民一直是美国人密切关注的对象。相应地，以何种标准选择移民就成为美国移民政策制定中的核心问题。本书在综合运用历史学、政治学及社会学等学科研究方法和相关理论学说的基础上，充分利用美国政府大量文献并借鉴学界相关研究成果，追溯从杜鲁门政府至约翰逊政府时期美国社会就移民政策改革展开的辩论和博弈，揭示美国选择移民的基本标准从以种族和民族属性为中心到以移民个体特质为基础的转变机理，并进一步探讨这一标准的转变对美国外来移民的影响。战后美国移民政策的去种族化改革是这一时期美国社会思潮、政治、经济及外交战略等发展变迁的一个缩影，同时也体现了战后国际新格局的形成。

本书由绪论、正文和结语构成，其中正文分为四章。

第一章在追溯了 20 世纪 20 年代美国移民政策体系的形成过程之后，重点阐释战后美国种族主义的式微和美国在战争期间及战后初期一系列特别立法对其移民政策形成的挑战。本部分为探讨战后移民政策改革设定了历史语境。

第二章探讨了 20 世纪 50 年代初自由主义改革派和保守主义者的首次正面交锋，着重探讨了 1952 年《外来移民与国籍法》出台过程中双方的辩论和博弈，以及导致保守主义者占据优势的诸多因素。

第三章分析了艾森豪威尔政府时期美国移民政策改革经历的两个阶段，重点讨论了1953年《难民救济法》和1957年《难民－逃亡者法》出台过程中自由主义改革派和保守主义者双方的辩论和妥协，呈现了这一时期自由主义改革派和保守主义者之间僵持中的对抗。

第四章探讨了20世纪60年代以来自由主义改革派走向胜利的过程，注重考察自由主义改革派和保守主义者围绕1965年《外来移民与国籍法修正案》展开的最后博弈，并追踪了战后自由主义改革成果在实施中的成效及引发的新问题。

# 目　录

绪　论 / 1

**第一章　理论与现实的挑战**

　　——二战后美国移民政策的困境 / 38

　第一节　二战前美国移民政策的确立及其理论来源 / 39

　第二节　理论基础的崩塌

　　　　——"科学种族主义"走下神坛 / 56

　第三节　"世界主义"转向下移民政策自由化趋向 / 63

　小　结 / 81

**第二章　自由主义和保守主义的首次博弈**

　　——1952年《外来移民与国籍法》的出台 / 84

　第一节　二战以来美国各界对移民政策的反思和评估 / 85

　第二节　立法中的博弈

　　　　——1952年《外来移民与国籍法》的出台 / 94

第三节　余波

　　——自由主义改革运动的短暂激进化 / 120

小　结 / 131


第三章　僵持中的对抗

　　——艾森豪威尔政府时期移民政策的微调 / 136

第一节　"和平"对峙阶段

　　——1953 年《难民救济法》的出台 / 137

第二节　50 年代中期以来改革环境的微变 / 158

第三节　正面对抗的重启与移民政策的微调 / 168

小　结 / 178


第四章　自由主义改革的高潮

　　——1965 年《外来移民与国籍法修正案》的诞生 / 182

第一节　改革的新语境 / 183

第二节　突破移民政策的"新边疆"

　　——自由主义改革方案出炉 / 188

第三节　"伟大社会"背景下《外来移民与国籍法修正案》的诞生 / 199

第四节　法案内容及实施效果评析 / 221

小　结 / 229


结　语 / 231

参考文献 / 238

中英文词汇对译表 / 267

后　记 / 273

# 绪　论

## 一　题旨

自民族国家出现以来，人口的跨国流动就从未停止过。在全球化不断深化的今天，国际移民规模更是发展到惊人的程度。联合国经济和社会事务部人口司《2015 年国际移民报告》显示，1990~2015 年，全球国际移民增长数量超过 0.91 亿人，增速达 60%，其中发达国家和地区接收的国际移民数量占其增长总量的 64%，发展中国家和地区接收的比例为 36%。截至2015 年，"全球国际移民数量为 2.44 亿人"，其中 58% 居住在发达国家和地区，42% 则居住在发展中国家和地区。居住在北半球的 1.4 亿国际移民中，61% 来自发展中国家，39% 是出生在该半球的人。与此同时，居住在南半球的国际移民中，87% 来自发展中国家，13% 来自北半球。① 可以说，如此庞大的人口流动规模，无论是对移民来源国还是移民接收国来说，都将在人口、政治、经济、文化等方面对其产生重大影响，甚至有学者预

---

① United Nations, Department of Economic and Social Affairs, Population Division, *International Migration Report 2015,* New York: United Nations, 2015, p. 1, http://www.un.org/en/development/desa/population/migration/publications/migrationreport/docs/Migration Report 2015. pdf, 访问时间：2017 年 6 月 12 日。

言，国际移民的增加将成为 21 世纪最大的安全挑战之一。[①] 一般来讲，影响国际人口流动的因素是复杂而多元的，如移民来源国的人口增减、地区收入差异、交通通信等，其中，移民接收国所推行的移民政策是极为重要的一个因素，甚至在某种程度上能够塑造该国外来移民的模式。因此，探讨民族国家的移民政策是深入理解国际人口流动趋势的一个关键环节。

作为由外来移民及其后裔组成的国家，美国在 19 世纪末之前并没有明确的移民入境政策。19 世纪末 20 世纪初，伴随着社会和经济的双重转型及移民来源的重大改变，美国对待外来移民的态度发生逆转，出现了学者们通常所说的由"自由"移民时期向限制性移民时期的转变。1875~1924 年，美国通过了一系列旨在控制外来移民入境的政策，并最终在孤立主义和恐外情绪高涨的 20 世纪 20 年代，确立了以民族来源限额体制为主导的移民政策体系。该体制的核心思想是鼓励西北欧移民、限制东南欧移民、基本排斥亚洲和非洲移民。也就是说，在这一体制下，移民能否进入美国在很大程度上取决于其出生国。[②] 当然，根据国家发展需要对外来移民进行一定的限制和选择，本无可厚非，而且，"控制边界的能力被广泛视作威斯特伐利亚国家主权中的基本内容"[③]。然而，问题的关键在于，美国此项移民体制以当时受到学界推崇的"科学种族主义"为理论基础，将种族和民族属性作为选择外来移民的基本标准。换言之，民族来源限额体制是一项被种族主义意识形态裹挟的政策，其背后的理念是，"拥有英国和爱尔兰名字的美国人比拥有意大利、希腊或波兰名字的人更好，

---

① Samuel Huntington, "The West: Unique, Not Universal," *Foreign Affairs*, Vol. 75, No. 6, 1996, pp.28-46; Robbie James Totten, Security and United States Immigration Policy, Ph.D Diss., University of California, Los Angeles, 2002, p.1.

② 在民族来源限额体制存在的 40 多年里，仅英国、德国和爱尔兰三国可得到的限额就占到总限额的 70% 以上。Lyndon B. Johnson, "Remarks at the Signing of the Immigration Bill, Liberty Island, New York", October 3, 1965, http://www.presidency.ucsb.edu/ws/index.php?pid=27292, 访问时间：2017 年 6 月 10 日。

③ Marc R. Rosenblum, *The Transnational Politics of U.S. Immigration Policy*, New Orleans: University of New Orleans, 2004, p.1.

并且会成为（美国）未来更好的公民。同样，来自西北欧的移民比来自南斯拉夫、匈牙利或奥地利的人能成为更好的公民"[①]。虽然这种一些群体天生比另一些群体优越的理念公然违背了美国《独立宣言》中所宣扬的"人人生来平等"的信条，但是，在特殊的历史背景下，它依然被转化到具体政策当中。

然而，随着科学认知的革命性转变和现实世界的发展，建立在种族主义理论基础上的美国移民入境政策逐渐遭到各方面的挑战。首先是种族主义作为一种理论在学术界衰退并最终被彻底抛弃。作为美国人类学家弗朗兹·博厄斯的一位忠实追随者，玛格丽特·米德在1952年移民与归化总统委员会听证会上的发言强有力地道出了这一事实。她宣称，当前，我们最好的人类学证据表明，每一个人类群体都拥有同样的潜力。[②]可以说，种族主义在学术领域的名誉扫地宣告了民族来源限额体制赖以存在的理论基础走向崩塌。就在学术界认知发生转变的同时，美国联邦政府和民间团体也积极关注种族理论和美国社会的种族关系问题。其通过大量调查研究，对种族主义信条提出正面挑战。同样，在第二次世界大战的推动下，美国公众的种族态度也出现宽容化趋向，尤其是美国在战争期间及战后所进行的自由主义宣传，在一定程度上冲淡了社会舆论中的种族偏见和歧视。可以说，在二战结束时，美国社会中的种族间紧张关系已有所改善，州和联邦层面也相继出台了针对某些领域的反种族歧视的立法。因此，相对于19世纪末20世纪初而言，二战期间和二战后，种族主义在美国从理论到实践层面已出现全面式微，这一趋势表明，以种族主义为基础的移民政策与新的时代思潮已经不相适应。

在理论基础丧失合理性的同时，美国移民政策在现实层面也遭遇前

---

① Harry S. Truman, "Veto of Bill to Revise the Laws Relating to Immigration, Naturalization, and Nationality", June 25, 1952, http://www.presidency.ucsb.edu/ws/index.php?pid=14175, 访问时间：2017年5月20日。

② President's Commission on Immigration and Naturalization, *Whom We Shall Welcome*, Washington, D.C.: U. S. Government Printing Office, 1953, p.92.

所未有的挑战。二战期间，从战争需要出发，美国先后废除了对中国、印度和菲律宾移民的排斥性立法，并开始接收来自亚洲的移民。二战后初期，大量美国海外士兵的异国家属为实现家庭团聚纷纷要求移民美国。与此同时，战后欧洲的大量难民也急切地发出同样的诉求。然而，考虑到彼时美国以民族来源限额体制为基础的移民政策，以上群体的要求很难得到满足，因为他们所属国家拥有的移民限额都非常有限。最终，国会不得不绕过移民政策，相继通过一系列特别立法来缓解战争导致的人口后遗症问题。然而，这些特别立法的实施效果已然背离了20世纪20年代美国确立的移民法中的民族来源限额宗旨。

综上可见，种族主义的式微及战争导致的人口后遗症所催发的一系列特别立法的出台，从理论和现实两个层面将形成于20世纪20年代的美国移民政策置于困境之中。对主张维护原有体制的保守主义者来说，移民政策遭遇的挑战足以引发他们内心强烈的危机感。为阻止局面的继续失控，他们迅速调整话语逻辑，利用冷战加剧背景下美国社会的普遍恐外情绪，先发制人，以维护国家安全为切入点，倡导制定一部综合性移民法案，试图以此重申民族来源限额体制存在的合理性。由此，战后美国移民政策改革的序幕徐徐拉开。随后，要求改变民族来源限额体制的自由主义改革派和要求保留这一体制的保守主义者就美国移民政策的未来走向展开了持久的辩论和博弈。最终，民族来源限额体制作为接收外来移民的核心标准退出历史舞台，取而代之的是一套以个人特质为基础的移民入境标准。

本书要解决的问题是，为什么在种族主义走下神坛并受到现实挑战的背景下，以种族主义为基础的选择移民的标准依然在美国移民法案中存在了十余年之久？自由主义改革派和保守主义者之间进行了怎样的博弈，哪些因素在双方博弈过程中发挥了作用？这些因素如何影响了双方辩论中话语逻辑的转变？此轮移民政策改革结果对美国本身和外来移民模式产生了哪些影响？

纵观20世纪美国移民政策变迁历程，二战结束后20年的移民政策改革具有承上启下的意义。它在继承了美国传统移民政策基本条款的基础上，废除了其中存在种族歧视的条款，形成了一套延续至今的以家庭团聚和移民技能为基础的移民入境体制。从这个意义上讲，这一时期的改革是美国移民政策从一个"旧时代"向一个"新时代"的跨越。然而，也正如学者所言，"对于这次改革如何发生及为什么发生，我们只是有一个粗略的理解"[①]。因此，本书因循这样一个思路，尝试将战后移民政策改革放到美国战后变化的思想语境和现实趋势中，考察自由主义阵营和保守主义阵营之间对民族来源限额体制问题的不同理解及博弈过程，理清它们各自的话语逻辑及其演变，力求探究战后移民政策改革的内在发展理路并对影响改革的诸多因素进行深刻全面的分析。一方面，从政策本身的角度讲，对这一过渡时期移民政策改革的研究，有利于将前后政策贯通起来，深化对整个 20 世纪美国移民政策史的认识和理解。另一方面，从美国社会历史发展的角度来讲，具体政策变化与时代风向是密切相连的，战后初期的移民政策改革发生于美国社会、经济、思潮等全面转型及美苏冷战复杂交错的时期，作为既与国内事务密切相关，又关乎外交战略的移民政策，势必成为众多利益、观念交锋的战场，因此，对这一时期移民政策的研究也是观察和理解战后美国社会的一个绝佳窗口。

## 二　美国学界研究现状

自 19 世纪末 20 世纪初以来，联邦政府移民政策在美国移民史中发挥着至关重要的作用。它通过对移民的数量限制和质量选择，在很大程度上决定着美国外来移民的模式和构成，进而对美国的社会、政治、经济及文化产生了深远影响。学界对此进行了大量研究。

史学界一般认为，移民史成为美国史研究中一个专门的分支领域始于 20 世纪 50 年代。历史学家约翰·海厄姆与罗伯特·迪万具有开创之功。

---

[①]　Danielle Battisti, Relatives, Refugee, and Reform: Italian American and Italian Immigration During the Cold War,1945-1965, Ph.D. Diss., State University of New York, 1996, p.9.

海厄姆在其《国土上的陌生人：美国排外主义模式（1860~1925）》一书中以"国家认同"理论为基础，考察1860~1925年美国限制性移民政策的动力来源，提出"排外主义"的概念。他认为，美国社会的"排外主义"情绪与美国限制性移民政策之间存在密切关系。罗伯特·迪万的《美国移民政策研究，1924~1952》则从政治史的角度，考察了1924~1952年国会就美国移民政策展开的辩论，并总结出影响政策制定的四个因素：经济、社会、民族主义和外交政策。①但是，在此之后的很长一段时间里，移民问题研究者们的关注焦点主要是移民迁移模式、移民同化及移民对美国社会的影响等层面，对政府的移民政策则有所忽视。自20世纪80年代起，在政治学家和历史学家的共同推动下，公共政策史这个跨学科的领域成为国家构建研究的重点，政治史学者唐纳德·克里奇诺与政治学家佩里·阿诺德于1989年共同创办了《政策史期刊》，从而大力推动了政策史研究的发展。②在某种程度上受到以上潮流的影响，美国移民政策史开始受到越来越多学者的垂青，对其进行的相关研究顺势进入一个相对活跃的时期。在此背景下，战后移民政策改革作为美国移民政策改革史上极其重要的一环逐渐进入了学者们的研究视野。总体来看，战后移民政策改革问题的相关研究可以分为两类：一类分散在移民政策史的宏观整体性研究当中；另一类则是专题性研究，即将这一时期的移民政策改革作为一个相对独立的部分，进行深耕重描。以上两类研究在形式和方法上不同，在研究旨趣上也存在差异，但是，它们共同展现了美国史学界对二战后初期美国移民政策改革的多元化解读。

## （一）传统政治史视角下的探讨

20世纪80年代，战后初期移民政策改革在整个美国移民政策史中的

---

① John Higham, *Strangers in the Land: Patterns of American Nativism 1860-1925*, New Brunswick: Rutgers University Press, 1955; Robert A. Divine, *American Immigration Policy, 1924-1952*, New Haven: Yale University Press, 1957.

② 杜华：《国家构建理论与美国政治史的发展》，《史学理论研究》2015年第1期，第138页。

独特地位开始得到重视，出现将其作为具有相对独立性的部分进行研究的情况。史蒂芬·托马斯·瓦格纳的《垂死挣扎的民族来源限额体制：一部美国移民政策的政治史（1952~1965）》可谓开风气之先。作者在这篇博士学位论文中，以杜鲁门对1952年《外来移民与国籍法》的否决为起点，以1965年移民法出台为终点，考察了民族来源限额体制逐渐走向消亡的过程。正如作者所言，他并没有提出一个一以贯之的解释框架，在他看来，任何既定的框架都会导致某些改革细节的遗漏。[①] 所以，作者按照立法进程，呈现了国会围绕民族来源限额体制进行的政治斗争。正是由于作者力图展现政策制定的政治动态过程，他并未细致分析政策改革过程中对立双方的辩论焦点及各自话语逻辑，也没有关注政策实施情况对政策发展的影响。而且，作者把视野更多地聚焦在国会层面，而较少关注行政部门的作为，也在一定程度上忽视了美国社会思潮、经济发展情况及国际环境对政策制定者思想的冲击。

与瓦格纳从国会视角分析移民政策改革不同的是，迈克尔·吉尔·戴维斯的研究《冷战、难民和美国移民政策，1952~1965》则强调行政部门在改革中的中心性作用。作者提出，二战后美国移民政策改革进程是和美苏冷战的启动、发展及走向高潮同步展开的。冷战外交政策对移民政策提出了巨大挑战，并对其产生了直接和有利的影响。作者认为，传统上控制外交政策的行政部门的成员更倾向于从外交关系和国际战略目标的角度评估美国移民政策。戴维斯明确指出，为满足冷战外交政策的需要，美国从杜鲁门政府到约翰逊政府，一直致力于通过各种方式打开大门接收"共产主义专制"下的受害者。行政部门通过强调外交政策需要来推动难民接收工作，实际上已经在挑战民族来源限额体制，因而对移民政策改革产生直接推动力。换言之，作者通过在行政部门接收冷战难民的努力与其改革移民政策的努力之间建立关系，揭示外交政策对美国移民政策产生的有意和

---

① Stephen Thomas Wagner, The Lingering Death of the Nation Original Quota System: A Political History of United States Immigration Policy,1952-1965, Ph.D. Diss., Harvard University, 1986, p.5.

无意的影响。① 应该说，基于战后美苏冷战的大背景，这种从外交角度解释战后移民政策改革的方式极具合理性。然而，作者对外交因素的过于关注，在某种程度上也掩盖了国内环境变化在政策改革中发挥的作用。

## （二）社会科学理论运用下的多视角解读

21世纪以来，美国移民政策史的相关研究出现相对繁荣的局面，宏观总体性研究突出，专题性研究不断涌现，二者相得益彰。研究形式的多样化固然展现了研究的繁荣程度，但是，研究视角的多样化更彰显了这一领域的研究水平。在推动移民政策多视角探讨的过程中，社会科学理论的引入至关重要。众所周知，20世纪60年代以来，受社会科学的影响，史学呈现社会科学化的趋势，政治学、社会学、法学等领域的理论和方法被引入史学研究。这种学科领域的交叉，在起步较晚的移民政策史研究中亦有所体现。

### 1. 新政治史的影响

新政治史对移民政策研究的影响主要表现在历史制度主义理论的引入上。历史制度主义是20世纪60年代以来比较政治学中兴起的一种关注美国政治历史进程的国家构建理论，在一批政治学者的推广下，至80年代成为政治学研究的热点。这一国家构建理论给正在被边缘化的传统政治史研究带来极大启发，为它提供了一种新的观察美国政治史的透镜。相关学者开始去考察宪法、政党体系、司法体系和官僚体系的结构。与以往以社会为中心的分析视角不同，历史制度主义体现的是一种以国家为中心的视角。在这一视角下，国家不再仅仅是各方利益展开冲突的舞台，而展现出较强的自主性和独立性，甚至能够在一定程度上按照自己的偏好和行为方式贯彻自己的意志。②

---

① Michael Gill Davis, The Cold War, Refugees, and U. S. Immigration Policy, 1952-1965, Ph.D. Diss., Vanderbilt University, 1996, pp. 2-3. 与此类似的研究还有：Dilchoda N. Berdieva, Presidential Politics of Immigration Reform, Ph.D. Diss., Miami University, 2003。

② 杜华:《国家构建理论与政治史的新发展》,《史学理论研究》2015年第1期，第134~139页。

　　历史制度主义在政治史研究中的运用影响了研究者对美国移民政策史的解读，丹尼尔·J.蒂奇纳的《分界线：美国移民控制的政治》就属此类研究。该书考察了从美国成立之初至 20 世纪末移民政策的扩张性与限制性发展及促成因素。作者提出四个在政策发展过程中发挥作用的因素，即政治制度和政府结构、政治联盟、专家、国际因素。虽然作者强调以上四种因素之间的交互作用，但是，他实际上更强调国家独特的制度性秩序对其他因素的左右。蒂奇纳认为，政治机构不是中立的，在关于移民改革的斗争中，那些享有专门结构性优势的一方会取得有利的政策结果。[①] 换言之，作者在国家政治组织的变化与移民政策的形成之间建立起一种相对密切的联系。按照这一解释框架，在讨论 20 世纪 50~60 年代的移民政策改革问题时，作者提出，战后总统及国会"委员会巨头"在冷战需要、难民入境意义及民族来源限额体制问题上发生冲突，双方均以独立的机构性权力为基础，在 20 世纪 40 年代末 50 年代初提出具有矛盾性的政策目标。至 60 年代，随着支持移民的改革者开始明显具有新的制度性机会，保守主义的委员会领袖在国会两院受到来自日益增多的激进成员的挑战。与此同时，肯尼迪和约翰逊也利用现代总统制度中庞大的资源追求更加具有野心的政策议程，[②] 最终，自由主义者完成了改革的目标。蒂奇纳引入的观察美国移民政策演变的新视角无疑推进了学界对这一问题的认知，但是，需要指出的是，政治结构性因素发挥作用是以总体的社会转变为前提的，在忽视对美国社会各层面环境变化考察的基础上来探讨移民政策改革显然有失历史的完整性。

　　同样，《超越民族来源：现代移民政策的制定（1948~1968）》也是一项借用历史制度主义理论解释战后移民政策改革的研究。但是，其展开路径与蒂奇纳稍有不同。作者采用历史制度主义所强调的"路径依赖"理

---

① Daniel J. Tichenor, *Dividing Lines: The Politics of Immigration Control in America*, Princeton: Princeton University Press, 2002, p. 8.

② Daniel J. Tichenor, *Dividing Lines: The Politics of Immigration Control in America*, Princeton: Princeton University Press, 2002, p. 14.

论，认为战后移民政策的变化是"政策路径依赖"的结果。具体说就是，战后一系列不引人注意的且常常存在矛盾的政策改革，逐渐推动形成一种正向反馈，并最终引发了移民入境框架的根本性改变。[①] 相比于其他研究关注特定时机、关键人物、临时性同盟所发挥的作用，该项研究提供了一个新颖的观察战后移民政策改革的视角。作为近年来关于战后移民政策改革问题比较有代表性的专题性研究成果，该项研究的独特性还表现在作者并没有单纯关注限额制度的发展，而是以它为透镜，从行政部门、联邦官僚机构、国会、社会团体等多维角度，考察新的优先体制的形成。也就是说，作者关注的主线索不是美国在移民政策上如何"破旧"，而是如何"立新"。而且，正如作者自己所言，他更"侧重于政策制定的结果和影响，而不是政策制定者对每一项政策变化给出的理由"[②]。换言之，在作者的分析中，我们能清晰地看到前后政策发生的变化，但对于政策是如何变化的，什么因素促成了政策的转变，作者并没有给出详细的探讨。

2. 新社会史视角

发端于 20 世纪 60 年代的新社会史，也为美国移民政策史研究带来了新的视角。新社会史学家关注政治精英之外的普通民众、少数族裔及弱势群体在历史上的作用，提倡一种"自下而上"的观察视角。在新社会史的影响下，研究者开始考察少数族裔、民间社会组织及社会大众在推动美国移民政策改革方面的作用。这种研究视角对现有研究中通常聚焦于白宫、国会精英和其他政策制定者的思路进行了某种程度的补充和修正。

最先从新社会史视角对美国移民政策进行研究的学者是美国著名移民史学家艾明如。2004 年，她的《不可能的臣民——非法外侨和现代美国的形成》一书面世。该书从社会法律史的角度阐释了 1924~1965 年美国限制

---

① Philip Eric Wolgin, Beyond National Origins: The Development of Modern Immigration Policy-making, 1948-1968, Ph.D. Diss., University of California, Berkeley, 2011, p.12.

② Philip Eric Wolgin, Beyond National Origins: The Development of Modern Immigration Policy-making, 1948-1968, Ph.D. Diss., University of California, Berkeley, 2011, p. 15.

性移民政策的持续性及意料之外的后果。在分析过程中，作者将冷战自由主义、外交政策关注与国内政治和社会运动与美国移民政策的变化联系起来。一方面，作者认可移民改革从外交政策关注中获取动力并利用这一关注取得成功；另一方面，她又强调，政策改革的根源在于国内社会变化和冷战自由主义意识形态。作者提出，移民改革和民权改革是"在同一历史时刻从民主改革这一块布上扯下来的"①。艾明如这一解释的意义在于，她认识到移民改革联盟中大众民主参与的重要作用。然而，遗憾的是，作者只是提出观点，并没有对其详细展开论述。

与艾明如观点相似的还有丹妮尔·巴蒂斯蒂。她指出，"有必要理解普通男女，而不只是精英政策制定者在改革中的作用"。基于这一思考，她以"自下而上"的视角，对战后近20年的移民改革运动进行了一项社会史层面的研究。作者聚焦于意裔美国人及其组织，考察了草根阶层的激进主义活动在推进战后美国移民政策改革方面发挥的作用。作者提出，作为对其母国战时所受创伤和战后危机所做的回应，在美国的社会地位正在发生变化的意裔美国人积极呼吁以增加意大利移民的方式来缓解其母国的人口压力。然而，1952年《外来移民与国籍法》对民族来源限额体制的重申成为他们实现目标的一大障碍，因此，意裔美国人参与到移民政策改革当中，利用冷战话语、家庭团聚等相关话语，深刻参与到战后美国移民政策改革进程当中。②可以说，这种以少数族裔群体为主体考察战后美国移民政策改革的视角，有力地冲击了以往以精英阶层为主体的历史叙事，为我们更为全面地了解改革过程提供了可能。

3. 多学科、综合性视角的运用

21世纪以来，美国移民政策史研究逐渐从移民史学研究的边缘向中心靠拢。学者们开始综合各个学科领域的研究成果，将美国移民政策置于

---

①　Mae M. Ngai, *Impossible Subjects: Illegal Aliens and the Making of Modern America*, Princeton: Princeton University Press, 2004, pp. 228-229.

②　Danielle Battisti, Relatives, Refugee, and Reform: Italian American and Italian Immigration During the Cold War, 1945-1965, Ph.D. Diss., State University of New York, 1996, p. 32.

国家发展历程当中，俨然将移民政策视作时代转变的印记。阿里斯蒂德·R. 佐尔伯格的《设计的国家：美国形成中的移民政策》就很明显地体现了这样一种研究趋向。作者在吸收社会学、政治经济学、文化人类学及政治学等相关学科研究洞见的基础上，采用一种综合性的视角，从国家构建的角度，解释独立以来二百多年的美国移民政策的发展历程。作者认为，联邦政府从一开始就有意识地将移民政策作为国家构建（nation-building）的工具，以美国人推崇的经济和身份特征建构美国。该书并没有认同任何特定的方法论派别，作者一方面强调美国移民政策的变革和全球政治和经济因素密切相关，另一方面也强调国内因素，如政党和有组织的利益集团的作用。然而，在行文分析中，作者依然强烈地展现了历史制度主义理念，强调政府或官僚机构在政策形成中的作用。在作者看来，不论外部和内部的社会力量多么强大，都不能自动转化为政策结果，而必须以政治机构为媒介，政治机构，尤其是不同级别和不同部门之间决定权的分配在推动政策制定中发挥了核心作用。[1] 相应地，作者将这种模糊的综合性视角应用到对战后移民政策改革的解释中。他提出，战后美国移民政策改革源于战后世界巨变及美国社会和文化的深刻转变。然而，在对国际格局和国内人口、经济及文化道德标准进行分析之后，作者依然强调战后美国政治制度中的结构性因素在移民政策改革中的主导性。[2] 总而言之，这本被作者视作综合性视角的移民政策研究成果实际上并没有真正地体现作者的预期。

相比之下，美国著名移民史学家罗杰·丹尼尔斯的《保卫金门：1882年以来的美国移民政策和移民》[3] 可称作美国移民政策史研究中的一部"宏大叙事"之作。作者从 1882 年美国开始制定限制性移民政策起笔，一直写到 20 世纪初，全书涵盖了一个多世纪美国移民政策的发展历程。该书

---

① Aristide R. Zolberg, *A Nation by Design: Immigration Policy in the Fashioning of America*, Cambridge: Harvard University Press, 2006, p. 20.

② Aristide R. Zolberg, *A Nation by Design: Immigration Policy in the Fashioning of America*, Cambridge: Harvard University Press, 2006, pp. 293, 295, 297.

③ Roger Daniels, *Guarding the Golden Door: American Immigration Policy and Immigrants Since 1882*, New York: Hill and Wang, 2004.

分为两部分，第一部分以比较轻快的节奏，将 1882~1965 年的移民政策演变历程悉数呈现出来，第二部分探讨了 1965 年移民法实施以来美国的亚洲、拉丁美洲移民和难民移民发生的变化。可以说，丹尼尔斯的这本著作提供了大量事实和故事，但是，诚如有些学者所感受的那样，该书没有导言和结语，缺乏一个将 120 年移民政策发展凝聚起来的反思。[①] 的确如此，尽管历史不是一个理论性的学科，但是，从读者的角度来讲，这种理论架构的缺乏，无疑增加了把握作者写作意图和理解其所写内容的难度。

《界定美国：移民政策透视》也是一本构思巧妙的综合性著作。作者将 19 世纪末至 1990 年美国移民政策的形成及实施作为考察对象，对美国社会内部在接收什么样的移民这一问题上相持的两种对立观念进行了分析。在作者看来，美国移民政策的形成过程，实际上是一场针对谁有资格成为国家社会、经济和政治生活中的一员而进行的持久性斗争。在这场斗争中，以白人、欧洲为中心的观念不仅塑造了美国将近一个世纪的移民入境政策，而且导致其他移民或者无法入境，或者入境后难以融入美国社会。[②] 换言之，该书强调种族、宗教及语言等因素在排斥性移民政策及特定移民群体二等公民身份形成中的作用。应该说，该书新颖的观点和分析丰富了美国移民政策史研究，但是，正如有的学者所指出的，该书美中不足的是，作者在资料的运用上有些随意，主要依靠二手文献、公共资料和新闻消息，对相关的学术性著作利用不够充分，在一定程度上使该书的学术价值大打折扣。[③] 即便如此，该书所提出的分析移民政策改革的思想角度还是极具启发性的。

众所周知，"9·11"事件之后，移民政策改革攀升至美国政治议题的首位，从国家安全角度解读移民政策成为热议。《安全与美国移民政策》

---

① Dorothee Schneider, "Evaluating American Immigration Policy," *Journal of American Ethnic History*, Vol.23, No.4, 2004, p. 143.

② Bill Ong Hing, *Defining America: Through Immigration Policy*, Philadelphia: Temple University Press, 2004, p. 260.

③ Daniel J. Tichenor, "Review of the Defining America through Immigration Policy，" *The Journal of American History*, Vol.92, No.2, 2005, p. 635.

就是在这一大背景下出现的一项代表性成果。作者在考察分析以往学者对移民政策的解释的基础上，独辟蹊径，认为美国移民政策自始至终都具有维护国家安全的功能。作者通过建立体现安全的三个模块，即外交政策、经济和军事、国内安全，将一个世纪以来的美国移民政策一一对号入座，加以印证。正如作者所言，他的写作不是解释性的，而是对安全与移民政策二者的关系进行的历史性考察，进而证实移民政策从一开始就肩负着维护国家安全的责任。[①] 可以说，这一考察美国移民政策的视角是"9·11"事件的直接产物，体现了一种强烈的现实关怀，同时也丰富了移民政策史领域的研究。

### （三）关于难民政策的研究

一直以来，学界对于"难民"和"移民"关系的界定存在分歧。一种观点认为，难民和移民是两个不同的概念，反映在政策上，也要分别来看。难民是一种被动性的离开，而移民是一种主动性的离开。这种概念上的差异导致难民在二战后时代具有自身独特的政治和政策发展。[②] 持此类观点的学者倾向于将难民政策作为一个单独的研究对象进行研究。[③] 《精打细算的善意：难民和美国半开的门（1945年至今）》就是其中比较具有代表性的研究成果之一。该书从外交政策视角出发，考察了自二战结束至里根政府时期美国对待难民的态度和政策。作者提出，在过去40年里，外交政策选择明显在难民入境的决定方面发挥着关键性的作用。[④] 实际上，强调美国外交政策与其对待难民态度之间的联系，是20世纪80~90年代

---

① Robbie James Totten, Security and United States Immigration Policy, Ph.D. Diss., University of California, Los Angeles, 2012, p.38.

② Carl J. Bon Tempo, *Americans at the Gate: The United States and Refugees During the Cold War*, Princeton: Princeton University Press, 2008, p. 1.

③ 此类研究与本研究密切相关，因而在此做一单独考察，选取对象主要限于与本研究时段相符的成果。

④ Gil Loescher and John A. Scanlan, *Calculated Kindness: Refugees and America's Half-Open Door, 1945 to the Present*, New York: Free Press, 1986, p. xvii.

研究冷战时期难民政策的学者们普遍认同的一个基本叙述和解释框架，迈克尔·吉尔·戴维斯的博士学位论文《冷战、难民和美国移民政策，1952~1965》也属此类。作者提出，为满足冷战外交政策的需要，美国从杜鲁门政府到约翰逊政府，极力通过各种方式打开大门接收"共产主义专制"下的受害者，行政部门通过强调外交政策需要，制定特别难民立法，努力接收冷战难民，并通过这一行动，挑战了民族来源限额体制，进而推动了移民政策的改革。[1] 进入 21 世纪以来，冷战时期难民政策的传统解释框架遭到挑战。在《门口的美国人：冷战时期的美国和难民》一书中，作者强调，二战后美国难民政策、法律及项目固然受到外交政策驱动，但国内政治、文化考虑同样发挥着重要的作用。[2] 比如，1953 年《难民救济法》出台的驱动力是外交政策压力，但是政策制定环节则更多地受到国内因素的影响。此外，值得一提的是，作者在该书中还突破了传统研究中的一个问题，即不仅考察了难民政策、法律及项目的制定过程，对政策的实施环节也给予同样的关注。在作者看来，"一项政策得以形成或一项法律获得通过只代表成功了一半，另一半主要发生在国务院的某个局或移民和归化部门"[3]。作者的确道出了当前移民和难民政策研究中重政策制定、轻政策实施的问题。

还有一些学者认为，"难民"是一种特殊的移民，因此，难民政策是移民政策的一部分，二者紧密联系，很难分割开来进行研究，"在立法者的思想中，难民和移民入境是紧密联系在一起的"[4]。实际上，战后难民政策的发展恰恰是由于立法者无法通过常规限额制度满足足够数量的东南欧和亚洲移民入境需求。因此，本书的立场是，难民政策和移民政策是无法

---

① Michael Gill Davis, The Cold War, Refugees, and U.S. Immigration Policy,1952-1965, Ph.D. Diss., Vanderbilt University, 1996, pp. 2-3.

② Carl J. Bon Tempo, *Americans at the Gate: The United States and Refugees During the Cold War*, Princeton: Princeton University Press, 2008, p. 3.

③ Carl J. Bon Tempo, *Americans at the Gate: The United States and Refugees During the Cold War*, Princeton: Princeton University Press, 2008, p. 6.

④ Philip Eric Wolgin, Beyond National Origins:The Development of Modern Immigration Policy-making, 1948-1968, Ph.D. Diss., University of California, Berkeley, 2011, p. 11.

割裂开来认识的。

综上可见，美国史学界在美国移民政策史研究方面取得了丰硕的成果。在移民政策史日渐成为一个相对稳定且颇具吸引力的研究领域的大背景下，20世纪50~60年代移民政策改革问题也开始得到多角度的解读，这些研究成果为本研究的展开奠定了坚实的基础。

## 三 中国学界研究现状

### （一）研究的起源和初步发展

国内学者对美国移民政策的关注最早可追溯到20世纪30年代。1934年，法学家丘汉平在《东方杂志》上发表《美国排华律之过去及现在》一文，首次对美国排华法案的形成过程、主要法律条文及美国移民局管辖华人入境的权力等做了简要阐述，开了国内美国移民政策研究之先河。[①] 新中国成立后，留美归国学者丁则民先生撰写出版了国内首部美国移民政策史专著——《美国排华史》，该书对美国排华法案的出台及内容做了详细的探讨。[②] 以上成果寥寥可数，然其历史地位不可小觑，它们拉开了中国美国移民政策史研究的序幕。然而，由于冷战和"文革"等非学术性因素的影响，此后相关研究中断了数十年。

1978年中共十一届三中全会召开后，党的路线、方针、政策都做出了调整。"解放思想、实事求是"的思想路线，为包括美国史研究在内的史学研究领域摆脱政治权力和政治意识形态的支配、回归"学术"正途营造了良好的氛围。1979年中美两国建交结束了两国敌对状态，开启了两国交流互动的历程，也为国内美国史研究提供了诸多有利的条件。[③]

伴随着中国美国史研究"迎来了自己的春天"，美国移民政策史重新进入学者的研究视野。需要指出的是，虽然这一时期学术研究的外部环境

---

① 丘汉平：《美国排华律之过去及现在》，《东方杂志》第31卷第12号，1934年6月。

② 丁则民：《美国排华史》，中华书局，1952。

③ 李剑鸣：《改革开放以来中国的美国史研究》，《史学月刊》2009年第1期，第31页。

大为改变，但是，处于中美复交初始阶段的中国美国史研究，依然受到史料、经费和史学理论积淀不足等因素的掣肘，研究队伍虽然有壮大之势但青年学者依然处在成长阶段。在这种条件下，中国美国移民政策史领域最早的一批研究成果① 问世了。其中具有代表性的是丁则民先生的《百年来美国移民政策的演变》和邓蜀生先生的《美国移民政策的演变及其动因》。两篇文章均以广阔的视野，对美国移民政策进行了纵向阐述，并对政策变化的原因提出了自己的观点。对当时学术界的年轻学子来说，两位老先生的成果是难得的教材性读物，同时也为国内美国移民政策史研究奠定了必要的学术基础。实际上，除研究成果之外，这些老一辈学者的学术精神、为学科建设做出的贡献更令人敬重。他们在人才培养方面所做出的不懈努力，成为今天国内美国史研究出现繁荣局面的关键性因素。现在活跃于各大高校和科研单位的美国史研究者，包括美国移民政策史研究专家，大多是老一辈学者在这个时期培养的人才成长的结果。

## （二）20 世纪 90 年代研究的迅速发展

对中国而言，20 世纪 90 年代是一个迅速发展的时期，经济加速增长、政治更加稳定，与世界的联系日益密切。新的时代推动了国内美国史研究新生代的成长。他们追随时代的步伐，表现出强大的冲击力，不仅观点新、资料多，而且积极利用不断增多的中美交流机会，直接与外国同行切磋探讨。在学术研究实践中，新一代学者表现出了一系列新的研究取向：第一，强烈的现实关怀，选取研究对象时更关注中国现实需要；第二，追求学术创新的能力，不再满足于传统研究方式的重复，而是将新方法、新资料不断引入研究当中；第三，选题趋向小而具体，更关注研究的深度而

---

① 丁则民：《百年来美国移民政策的演变》，《东北师大学报》（哲学社会科学版）1986 年第 3 期；邓蜀生：《美国移民政策的演变及其动因》，《历史研究》1989 年第 3 期。此外还有：王英文《十九世纪下半期美国排华运动的扩展》，《辽宁师范大学学报》（社科版）1988 年第 6 期；郝贵远《美国排华问题初探》，《历史档案》1983 年第 4 期；曹前《晚清美国排华政策及清政府的态度》，《华侨华人历史研究》1986 年第 4 期。

不是广度；第四，不断完善美国史领域的研究结构，除传统的政治史、外交史之外，城市史、移民史、妇女史等领域也受到关注。在此背景下，移民政策史研究顺势进入了一个迅速发展期。据不完全统计，这一时期共出版专著3部[①]，公开发表论文30余篇[②]。新的研究成果鲜明地体现了新时代美国移民政策史研究的新趋向。

　　首先，从选题规模看，宏观、"中观"研究依然占主体，微观研究趋向增多。梁茂信于1996年出版的《美国移民政策研究》可谓宏观研究中的佼佼者。作为当时新兴的一名世界史研究者，他表现出了强烈的与美国学者对话的意愿。正如他自己所言，美国学界"微观琐细的研究居多，宏观整体的分析甚少"[③]。为此，梁茂信以自己的研究对美国学界的这一缺憾做出回应。实际上，兴起于20世纪六七十年代的新社会史，在20世纪90年代的美国依然盛行，甚至走向极端，由此导致的史学研究的"碎片化"已经受到某种程度的诟病。同时，至20世纪90年代，美国移民政策发展已有百年历史，进行回顾总结显然是必要之事，正是在这样的背景下，梁茂信写就了《美国移民政策研究》一书，他在着力把握"美国经济、政治发展和移民政策这两条主线"的基础上，"系统考察了美国建国以来各个历史时期移民政策的发展变化，重点论述了移民限额制度的产生和变化，深入剖析了全球移民限额制的形成及其影响"[④]。

　　相对来讲，戴超武在3年后出版的《美国移民政策与亚洲移民（1849—1996）》则是一本研究宽度和长度都有所收缩的著作。该书

---

①　三部著作为：邓蜀生《美国与移民：历史·现实·未来》，重庆出版社，1990；梁茂信《美国移民政策研究》，东北师范大学出版社，1996；戴超武《美国移民政策与亚洲移民（1849—1996）》，中国社会科学出版社，1999。

②　择其要者：梁茂信《20世纪20年代美国移民限额制度的促成因素》，《河北学刊》1996年第2期；李晓岗《美国的难民政策与冷战外交》，《美国研究》1999年第1期；梁茂信《美国的非法移民与政府政策效用分析》，《史学集刊》1997年第4期；丁则民《美国亚洲移民政策的演变》，《河北师院学报》（社会科学版）1997年第2期。

③　梁茂信：《美国移民政策研究》，东北师范大学出版社，1996，第12页。

④　梁茂信：《美国移民政策研究》，东北师范大学出版社，1996，第9页。

采用"中观研究"（介于宏观研究与微观研究之间）视角，重点考察了1849~1996 年美国对亚洲移民政策的演变，而美国移民政策只是作为其背景而存在的。值得一提的是，该书已不仅仅探讨政策本身的发展演变，在政策对外来移民模式及族裔群体产生的影响方面也给予了同样的重视，将移民政策、外来移民模式和移民社区三者贯通起来。

在宏观研究和"中观研究"的基础上，考察较短时期内的移民政策或单一移民法案的微观研究开始增多，预示着国内美国移民政策史研究开始向纵深发展。梁茂信从 19 世纪末美国的时代特征、移民来源、理论基础及社会运动等方面全面细致地探讨了 20 世纪 20 年代美国移民限额制度的形成因素。[①] 戴超武的《东南亚难民与美国〈1980 年难民法〉》则从越南战争后大量东南亚难民入境谈起，考察了《1980 年难民法》的决策过程、内容及影响。[②]

其次，选题视角更加多元。难民政策、非法移民政策以及移民政策的影响等内容纷纷进入研究者的视野。李晓岗的《美国的难民政策与冷战外交》探讨了冷战时期美国难民政策演变及其与冷战外交政策之间的紧密联系。[③] 梁茂信的《美国的非法移民与政府政策效用分析》在考察非法移民历史与现状的基础上，深入探讨了美国历史上第一部非法移民法案——1986 年《移民改革和控制法》的出台、内容及效用。[④] 梁茂信在其另一篇文章《60 年代美国移民政策改革及其影响》中，不仅探讨了 60 年代的移民政策，还关注了政策对美国入境移民结构的影响，拓宽了移民政策研究的视野。[⑤]

再次，历史研究的客观中立意识增强。比如，在对华移民政策上，研究者的视野超越了专注排华政策的窠臼，扩展到更广阔的领域。出于民族

---

[①] 详见梁茂信《20 世纪 20 年代美国移民限额制度的促成因素》，《河北学刊》1996 年第 2 期。

[②] 戴超武：《东南亚难民与美国〈1980 年难民法〉》，《世界历史》1998 年第 4 期。

[③] 李晓岗：《美国的难民政策与冷战外交》，《美国研究》1999 年第 1 期。

[④] 梁茂信：《美国的非法移民与政府政策效用分析》，《史学集刊》1997 年第 4 期。

[⑤] 梁茂信：《60 年代美国移民政策改革及其影响》，《河北师院学报》（社会科学版）1994 年第 4 期。

感情，早期学者比较关注对中国怀有敌意的美国排华政策。实际上，从"淘金热"时期华人进入美国至今，美国对华移民政策处于一个不断变化的过程，从客观的角度全面审视这一过程，才是学术研究的"正途"。庄锡昌的《美国对华人移民政策的演变》一文是对美国对华移民政策纵向发展进行全面梳理和探讨的典范。[①] 梁茂信的《19 世纪后期美国的对华移民政策》则考察了 19 世纪后期华人先受欢迎后受排斥的经历，值得一提的是，作者立足中美两国视角，深入剖析了美国对华移民政策的转变原因及其影响，展现出了客观求实的学术态度。[②]

　　不难看出，20 世纪 90 年代国内美国移民政策史研究成果颇丰，但存在的问题亦不可忽视，尤其是研究队伍较为薄弱，研究阵地寥寥无几，这些现实问题严重阻碍了国内整体的美国移民政策史研究水平的提高。

### （三）21 世纪以来研究的进一步深化和扩展

　　进入 21 世纪以来，中华民族在大国复兴的道路上阔步前进，尤其是加入世贸组织后，中国与世界的联系愈加紧密。在国家快速发展的背景下，史学界日益认识到，"大国需要研究外国历史，不了解、不研究其他国家，就会到处碰壁"[③]。这一自觉因为下列因素而为史学研究注入了前所未有的动力：2011 年，国务院学位委员会和教育部下发通知，将世界史升级为一级学科；20 世纪 90 年代中后期至 2007 年中国高校学科建设高潮中，涌现出大批博士点，为拓宽人才培养渠道提供了平台；互联网的普及和数据库的建设为史料的查阅提供了革命性的工具。学术环境的优化，加上前期积蓄的力量，中国的世界史和美国史研究迎来了一次飞跃

---

① 　庄锡昌：《美国对华人移民政策的演变》，《历史教学问题》1998 年第 4 期。
② 　梁茂信：《19 世纪后期美国对华移民政策》，《东北师大学报》1998 年第 6 期。此外参见梅伟强《美国对华人移民政策的历史演变》，《五邑大学学报》（社会科学版）1993 年第 2 期；沈已尧、吴藜《19 世纪以来美国的对华移民政策》，《民族译丛》1993 年第 5 期；丁则民《美国亚洲移民政策的演变》，《河北师院学报》（社会科学版）1997 年第 2 期。
③ 　刘潇潇：《世界史升级为一级学科开启历史学科发展新阶段》，《中国社会科学报》2011年 4 月 7 日，第 3 版。

性发展，各项专题研究迅速跟进。以美国移民政策史研究为例，据不完全统计，2001~2020 年出版相关学术专著 10 部[①]，公开发表论文上百篇[②]；这些成果在发扬和深化 20 世纪 90 年代研究特点的基础上，表现出了更加令人振奋的研究趋向。

首先，微观的专深研究渐成主流。肖炜蘅的《扼制还是纵容？——浅析美国移民制度对中国非法移民的影响》颇具代表性，它选取美国移民政策中的政治庇护制度和雇主制裁条例作为分析对象，用以揭示美国移民体制中存在的漏洞及自相矛盾之处，并就这些悖论对非法移民尤其是中国非法移民的形成与发展产生的影响进行了探讨。[③] 王恩铭的《优生学与美国移民政策》一文，以优生学为主线，考察优生学如何影响 20 世纪 20 年代美国移民政策的制定过程，视角新颖，描写细致。[④] 东北师大徐红彦博士就美国临时技术劳工制度做了大量研究，同样展现了国内美国移民政策史

①　专著统计只包括以移民政策为研究对象或以较大篇幅讨论移民政策的著作。10 部著作为：邓蜀生《时代悲欢“美国梦”——美国移民历程及种族矛盾》，中国社会科学出版社，2001；钱浩《美国西裔移民研究——古巴、墨西哥移民历程及双重认同》，中国社会科学出版社，2002；李晓岗《难民政策与美国外交》，世界知识出版社，2004；姬红《美国新移民研究（1965 年至今）》，知识产权出版社，2008；梁茂信《现代欧美移民与移民多元化研究》，商务印书馆，2011；闫金红《解读难民政策：意识形态视域下美国对社会主义国家的研究》，人民日报出版社，2014；陈积敏《非法移民与美国国家战略》，九州出版社，2013；梁茂信《美国人才吸引战略与政策史研究》，中国社会科学出版社，2015；欧阳贞诚《美国外来移民的劳动力市场与经济影响（1965—2005）》，生活·读书·新知三联书店，2016；梁茂信《美国移民史新论》，社会科学文献出版社，2019。

②　择其要者：肖炜蘅《扼制还是纵容？——浅析美国移民制度对中国非法移民的影响》，《华侨华人历史研究》2005 年第 4 期；徐红彦、梁茂信《美国吸引外籍技术人才的政策与实践》，《美国研究》2015 年第 4 期；王恩铭《优生学与美国移民政策》，《历史教学问题》2015 年第 4 期；唐慧云《美国非法移民立法改革与利益集团因素研究》，《美国研究》2014 年第 3 期。

③　详见肖炜蘅《扼制还是纵容？——浅析美国移民制度对中国非法移民的影响》，《华侨华人历史研究》2005 年第 4 期。

④　王恩铭：《优生学与美国移民政策》，《历史教学问题》2015 年第 4 期。

研究的微观化取向。<sup>①</sup>国内美国早期历史研究专家李剑鸣教授曾指出，"一个领域要进步，就必须从一个一个具体的课题着手，进行深入而彻底的研究"<sup>②</sup>。可以说，国内美国移民政策史研究正在践行着这一路径。

其次，某些学者不再满足于单纯事实的阐释，而是力图在研究中搭建一个理论架构或建立一个核心性问题。以梁茂信的《美国人才吸引战略与政策史研究》为例，作者从移民与市场经济的角度出发，借鉴伊曼纽尔·沃勒斯坦的世界经济体系理论，全方位探讨了 20 世纪美国人才吸引战略的发展，并对每个时期的人才吸引政策及其与美国移民政策变化的关系进行对比分析。此外，唐慧云的《美国非法移民立法改革与利益集团因素研究》则以利益集团为观察视角，阐述了利益集团如何通过多种方式和路径游说国会，进而对相关立法产生重大影响。这些学术成果显著提升了国内美国移民政策史的研究水平，同时对于我们深入理解美国移民政策也大有裨益。

众所周知，原始资料的占有程度直接影响研究成果的权威性和创新性，也是衡量学术水平的重要指标之一。然而，就 20 世纪 90 年代国内美国移民政策史研究成果而言，一手资料的大量使用并不多见。21 世纪以来，伴随着世界史研究环境的不断优化，这一现象大为改观，从著作到学位论文再到期刊论文，有意识地引入一手资料作为论述基础的现象已经非常普遍。譬如，梁茂信的《美国人才吸引战略与政策史研究》一书参考的一手资料达 113 种。<sup>③</sup>伍斌的博士学位论文《自由的考验："百分之百美国主义"的理论与实践》也参考近百种一手资料。<sup>④</sup>这一局面的出现固然与互联网

① 徐红彦：《美国临时技术劳工计划研究》，博士学位论文，东北师范大学，2015；徐红彦、梁茂信：《1990—2000 年美国增加临时技术劳工的原因分析》，《东北师大学报》（哲学社会科学版）2015 年第 4 期。

② 李剑鸣：《改革开放以来中国的美国史研究》，《史学月刊》2009 年第 1 期，第 46 页。

③ 梁茂信：《美国人才吸引战略与政策史研究》，中国社会科学出版社，2015，第 401~414 页。

④ 伍斌：《自由的考验："百分之百美国主义"的理论与实践》，博士学位论文，东北师范大学，2014。

的普及和中美交流的频繁直接相关，同时，研究者学术素养的不断提高也是关键因素。

如前所述，20 世纪八九十年代国内美国移民政策史研究人员数量少且集中，21 世纪以来，情况则大为改观。研究队伍不仅日益壮大，而且呈现遍地开花之势，来自华东师范大学、武汉大学、外交学院及上海外国语大学等机构的研究人员表现活跃，新作不断，极大地丰富了国内的美国移民政策史研究。

### （四）研究的焦点问题

从纵向看，20 世纪 80 年代以来，国内美国移民政策史研究逐步向前推进，不仅研究成果日增，而且创新能力持续提升。从横向看，由于研究者所处时代、研究立场及所掌握的资料等方面的不同，对某些问题的认知也存在分歧。从某种程度上讲，正是学者们对下列焦点问题的持续关注及由此产生的各种观点的激烈争锋才体现出了这一领域的学术研究价值和繁荣程度。

1. 对华移民政策研究

华人最早进入美国始于"淘金热"时期，漂洋过海而来的大批华人为美国的矿产开发、铁路修建等做出了巨大贡献。然而，由于文化差异、工作竞争及种族歧视等，白人很快发起了排斥华人的运动并于 19 世纪 80 年代达到顶峰。雪上加霜的是，19 世纪末正值美国工业经济从劳工密集型向技术密集型转化时期，对外来劳动力的需求大幅降低。因此，在白人劳工的压力之下，联邦政府于 1882 年通过了排华法案。此项法案是美国第一部针对某一个种族群体的排斥法令，是美国移民政策的一个重大转折点，并对华人移民产生了深远影响。虽然近年来个别美国学者倡导重视美国对华移民政策，但在美国学界的研究中，其"远没有得到与其历史地位相称的关注"[1]。相对而言，国内学者的探讨则较为丰富，其中在三个问题上争

---

[1]　Roger Daniels, *Guarding the Golden Door: American Immigration Policy and Immigrants Since 1882*, New York: Hill and Wang, 2004, p.3.

议颇多：排华法案的出台动因、影响及废除。

对于排华法案的出台动因，国内学者的认知存在一个变化的过程。20世纪 90 年代之前的研究成果普遍带有浓厚的意识形态色彩，侧重从美国一方着手展开分析。譬如，王英文就曾认为排华法案是"美国资产阶级长期执行种族主义政策的结果"[1]。郝贵远则提出，美国排华的真正原因在于美国国内政治斗争的需要，华人做了"美国政治斗争的牺牲品"[2]。90 年代以来，伴随着研究氛围、条件的变化及研究者本身的成长，相关认知开始出现多元化，研究变得相对细致和深入。张晓涛认为，排华法案是由白人劳工、种族主义和政治需要三个因素推动的结果。[3] 李晓静提出略有不同的三点论，认为白人劳工、政治选举需要及华人不断增多共同促使美国国会加快了排华进程。[4] 虽然华人人口的增多是否起到推波助澜的作用仍存在争议，但毕竟来自华人一方的因素开始被纳入分析当中。

与以上观点不同的是，梁茂信从跨国和跨文化的视角出发，提出排华法案是"不平等基础上的职业竞争和中美不同社会形态下两种文化与生活方式的碰撞，也源于美国社会结构的变化和中美不平等的外交关系"[5]。这一观点视野广阔，思路多维，具有更强的说服力。

排华法案产生了何种影响呢？大部分研究者强调其对华人移民和华人社区的不利影响。李晓静的《19 世纪中期到 20 世纪初美国排华政策对华人社区的影响》比较有代表性，其历数了排华政策对华人社区的负面影响：剥夺了华人加入美籍的权利、华人的数量在很长一段时间内出现负增长、人口老龄化严重、华人无法融入美国社会、华人社区的经济结构被破

---

① 王英文：《十九世纪下半期美国排华运动的扩展》，《辽宁师范大学学报》（社科版）1988年第 6 期，第 84 页。

② 郝贵远：《美国排华问题初探》，《历史档案》1983 年第 4 期，第 103 页。

③ 张晓涛：《美国对华政策的演变及其影响》，《世界民族》2007 年第 5 期，第 49 页。

④ 李晓静：《19 世纪中期到 20 世纪初美国排华政策对华人社区的影响》，《山东师范大学学报》（哲学社会科学版）2007 年第 4 期，第 84 页。

⑤ 梁茂信：《论 19 世纪后期美国对华移民政策》，《东北师大学报》1998 年第 6 期，第 1 页。

坏等。① 这些分析固然符合历史事实，但显然不够全面。梁茂信则提出了更为全面和客观的观点，他认为，排华政策的实施不仅标志着美国限制外来移民的开始，恶化了旅美华人的生活环境，同时也对美国产生了不利的影响，比如，美国西部的开发、对华贸易及中美关系等都因此受挫。②

美国参加二战后，为加强与中国之间的同盟关系，开始重新考虑对华移民政策。最终，时任美国总统富兰克林·罗斯福于 1943 年 12 月 17 日签署《马格纳森法案》(《废除排华法律、规定移民配额及其他事项的法案》)，废除自 1882 年以来的一系列排华法律。这是美国对华移民政策的又一重大转折，其用意何在？国内对此有比较激烈的争论。

梁茂信从实用主义立场出发，认为此举"是美国维护其自身利益的需要"，即中美结盟，联合抗日。③ 郑丽以同样的视角提出除战争需要，中国人在战争中的优秀表现发挥了作用；此外，郑丽还提出另一个因素，即前瞻性考虑。所谓前瞻性考虑，是指美国在战时就意识到战争结束后美苏会有一场对抗，"只有摘掉种族歧视的帽子，才能灵活应对战后世界"。④ 与实用主义派不同的是，戴超武则侧重考虑思想方面的因素，认为中国人的英勇抗战与华人社区的变化"导致美国社会种族思想观念产生转变"⑤，进而推动美国废除排华法案。

学界关于废除排华法案动因的争论延伸到了对这一行为意义的探讨方面。一些学者持乐观态度，将美国废除排华法案视作一个对美国华侨有重大意义的事件，代表着一个新时代的开始。⑥ 而另外一些学者的态度则

---

① 李晓静：《19 世纪中期到 20 世纪初美国排华政策对华人社区的影响》，《山东师范大学学报》(哲学社会科学版) 2007 年第 4 期，第 84~85 页。

② 梁茂信：《论 19 世纪后期美国对华移民政策》，《东北师大学报》1998 年第 6 期，第 5~7 页。

③ 梁茂信：《美国移民政策研究》，东北师范大学出版社，1996，第 159 页。

④ 郑丽：《论实用主义在美国对华移民政策演变中的体现》，《理论月刊》2006 年第 3 期，第 150 页。

⑤ 戴超武：《美国移民政策与亚洲移民 (1849—1996)》，中国社会科学出版社，1999，第 101 页。

⑥ 杨国标等：《美国华侨史》，广东高等教育出版社，1989，第 538 页。

较为谨慎，认为这只是一个权宜之计，一个象征性姿态，本身没有实质性意义。[1] 就历史事实来讲，以上两种观点都略偏极端，相比之下，戴超武的评价似乎更为客观。他指出，一方面，排华法案的废除对华人和亚洲其他族裔集团都产生了积极意义，这是主流；另一方面，其中又存在诸多缺陷，比如限额极少、作为战时法律未冲击到移民政策、也未授予华人配偶及未成年子女非限额身份等。[2]

2. 美国总体移民政策演变的动因研究

美国移民政策史极为漫长，从 1875 年联邦政府制定第一部控制移民的法案至今，已百年有余。在此期间，美国政府不断对政策进行调整，那么，究竟何种因素在推动政策的不断演变？这是国内学者探讨较多的一个问题。

一些学者通过分析综合的方法，总结出了一个影响美国移民政策不断变化的一以贯之的因素。譬如，丁则民先生通过对 1882~1965 年美国移民政策的发展背景、政策内容及政策实施情况的考察，提出美国移民政策的变化一方面取决于其社会经济的发展变化，另一方面也取决于国内和国际政治斗争的需要。[3] 邓蜀生先生以历史学和社会学双重视角，探讨了美国建国以来至 20 世纪 80 年代将近 200 年的美国移民政策发展历程，认为这一政策归根结底"都是为美国自身的发展与强大、短期目标和长远利益服务的"[4]。还有学者提出更为具体的因素，譬如，蓝强通过梳理美国移民政策的三个阶段（自由移民时期、排斥和限制时期、限制和选择时期），将影响美国移民政策演变的因素归纳为三点：经济发展的内在要求、关于移民作用的争论、美国社会自由主义思潮和排外主义思

① 张庆松：《美国百年排华内幕》，上海人民出版社，1998，第 432 页。

② 戴超武：《美国移民政策与亚洲移民（1849—1996）》，中国社会科学出版社，1999，第 110~111 页。

③ 丁则民：《百年来美国移民政策的演变》，《东北师大学报》（哲学社会科学版）1986 年第 3 期，第 39 页。

④ 邓蜀生：《美国移民政策的演变及动因》，《历史研究》1989 年第 3 期，第 164 页。

潮的较量和斗争。① 还有学者提出，不同时期的移民政策受到不同因素的
影响。付美榕就认为，美国移民政策先后经历了自由开放、限制与选择、
限制松动、全面改革及"9·11"事件之后几个时期，每个时期的动因特
点分别表现为经济至上、种族主义、政治动因、政治与经济并重、国家
安全因素。②

不论是总结一个一以贯之的因素，还是对不同阶段的政策给予具体的
解读，学者们都表达出了一个共同的认知：影响美国移民政策发展的因素
是多元的，只是在不同的时期，某个层面的因素发挥作用的程度不同。

3. 难民政策研究

难民是移民群体中的一个特殊类别，自北美殖民地时期以来，难民同
一般移民一样自由进入美国。然而，至 19 世纪末 20 世纪初，美国移民政
策开始"风云大变"，最终建立了以民族来源限额体制为基础的美国移民
政策框架。由于该政策并没有专门针对难民的条款，难民随之失去了自由
进入美国的机会。1945 年二战的结束及随后冷战的开启，导致大量战争
难民和政治难民流离失所，以"自由世界领导者"自居的美国经过多方考
量，开始就难民问题进行立法。从 1948 年难民法的出台到 1980 年难民法
的最终通过，美国社会就难民政策问题进行了数十年的辩论。因为关于难
民政策的探讨发生于冷战时期，其在制定过程中又通常与美国国内和国际
的意识形态之争捆绑在一起，这些导致这一政策极为复杂，学者们对其的
认知亦存在差异。

李晓岗认为，美国难民政策"包含着很强的意识形态因素"，与冷战外
交紧密相连。同时，他也承认难民的接纳和安置在客观上产生了一定的人
道主义效果。③ 闫金红以美国对苏联、东欧、古巴、越南和中国的难民政策
为考察个案，认为自二战以来，美国对社会主义国家的难民政策均建立在

---

① 蓝强：《论美国移民政策的演变》，《赣南师范学院学报》2004 年第 4 期，第 61~64 页。

② 付美榕：《美国移民政策动因分析》，《哈尔滨工业大学学报》（社会科学版）2003 年第
4 期，第 16~25 页。

③ 李晓岗：《美国的难民政策与冷战外交》，《美国研究》1999 年第 1 期，第 66~67 页。

反共意识形态基础之上，与美国强权战略一致并为其服务。①同时，也有研究者提出不同意见。马晓旭强调对难民政策应具体问题具体分析。美国在接纳欧洲犹太难民和对欧洲知识难民的庇护上表现出了一定程度的人道性，但在冷战时期，其难民政策因受国家实力、对外政策和国际格局的影响而具有浓厚的政治性。②对前者，胡小芬和曾才也给予认同，即1933~1945年罗斯福政府在拯救和安置犹太难民方面的做法是人道主义行动。③

可见，政治性与人道性之间的衡量是当前难民政策研究中的核心问题。从本质来讲，二者都是从难民政策与外部世界的关系出发来分析难民政策的，这也是美国学者分析其难民政策的传统视角。考虑到政策出台的冷战背景，这一视角的合理性是不言而喻的。值得注意的是，近年来，美国学界的研究出现一个新的趋向，即从美国社会内部的变化来考察冷战时期的难民政策。④这一新的研究视角拓宽了难民政策的研究范畴，提出了不同于传统观点的解释框架。然而，国内学者到目前为止似乎还未就此展开探讨。

4. 非法移民政策研究

自20世纪70年代开始，美国非法移民迅速增加，并逐渐演变成为一个严重的社会问题。在各方压力之下，美国政府就治理非法移民问题展开探讨并于1986年制定了第一部专门针对非法移民的法案——《移民改革和控制法》。作为奠定美国非法移民政策法律基础的一部法案，1986年法案主要内容包括：处罚雇用非法移民的雇主、有条件地大赦居美的非法移民及强化移民执法。十年之后，美国又出台了《非法移民改革及移民责任

---

① 闫金红：《解读难民政策：意识形态视域下美国对社会主义国家的研究》，人民日报出版社，2014。

② 马晓旭：《试论美国难民政策的政治性和人道性》，《宜春学院学报》2010年第3期，第94页。

③ 胡小芬、曾才：《1933-1945年美国的欧洲犹太难民政策》，《学习月刊》2008年第6期，第15页。

④ 详见 Carl J. Bon Tempo, *Americans at the Gate: The United States and Refugees During the Cold War*, Princeton: Princeton University Press, 2008, pp.4-5。

法》，作为对先前法案做的补充。然而，日益完善的政策并没有阻止美国非法移民数量的上升，其反而有越演越烈之势，至今依然是美国社会的焦点问题和重要政治议题之一。这一现象引起了国内学者的注意，大部分学者基本认为，美国政府的非法移民政策没有产生预期的效用或者效果不尽如人意。虽然也有研究者提出，短期内非法移民法案达到了控制非法移民的目的，但是，从长期看，它并没有达到目的。① 那么，造成政策失效的原因是什么？学者们则有不同认知。

一部分学者着重关注美国非法移民政策本身存在的问题。比如，梁茂信认为，制约 1986 年法案发挥效用的根本原因在于制定法案时的战略性失误。第一，决策者视野狭窄，没有考虑与周边国家合作，只考虑国内的非法移民。第二，决策者对持非移民签证合法入境但逾期不归者没有做相关规定，导致此类非法滞留者依然大量增加。第三，美国境内非法移民多为年轻的单身男性，其原籍国家有很多亲属希望与他们团聚，然而，非法移民获取永久居留权的等待期过于漫长，其亲属很难在短时间内合法入境，因此，一部分人会选择非法入境。②

政策实施环节出现的问题也得到一些学者的关注。唐慧云认为，雇主制裁政策的实施"缺乏力度"③，陈积敏也指出，"雇主处罚条款"的执行困难重重，如非法移民伪造证件、联邦政府人力资源不足都降低了该法的执行效果。同时，陈积敏通过列举民意调查结果，认为社会舆论对"大赦"方案不利，因此也必然影响到"大赦"方案的实施效果。④

---

① 详见梁茂信《美国的非法移民与政府政策效用分析》，《史学集刊》1997 年第 4 期，第 53 页；陈积敏《全球化时代美国非法移民治理研究》，博士学位论文，外交学院，2011，第 135 页；唐慧云《二战后美国国会非法移民立法研究（1945—2012）——基于公共政策理论视角》，博士学位论文，华东师范大学，2013，第 43 页。

② 梁茂信：《美国的非法移民与政府政策效用分析》，《史学集刊》1997 年第 4 期，第 53 页。

③ 唐慧云：《二战后美国国会非法移民立法研究（1945—2012）——基于公共政策理论视角》，博士学位论文，华东师范大学，2013，第 44 页。

④ 陈积敏：《全球化时代美国非法移民治理研究》，博士学位论文，外交学院，2011，第 136~137 页。

也有一些学者试图从更深的层次分析美国非法移民政策治理的困境。谈昕晔从官方决策者和非官方参与者两个维度，分析"9·11"事件后美国非法移民政策失效的因素，认为政策失败的根源是非法移民并未触及美国核心的国家利益。[①] 陈积敏也意识到，美国政治本身的特点（笔者按：不同利益集团之间的妥协性）决定了非法移民问题解决的艰难性。[②]

不难看出，就各自选取的特定的研究对象而言，学者们的解释都具有一定的合理性，但是，如果探讨整体的美国非法移民政策的效用，则需要更全面的视角。实际上，从政策内容的设定，到实施环节中主客观因素的制约，再到该项政策在整个国家政策体系中的地位，以及主要非法移民来源国国内的变动，都会不同程度地影响政策效果。

同时需要指出的是，除却以上几个研究中的主要问题，近些年，国内美国移民政策史研究中也出现一些相对比较新的课题，比如美国为拓展人才来源渠道而制定的临时技术劳工计划、针对已入境移民的同化政策等，虽然在这些问题上尚未形成激烈的争锋局面，但其研究潜力不可小觑。

### （五）研究中的问题和不足

国内美国移民政策史研究虽然出现相对繁荣态势，但依然存在诸多研究空间。

1. 19 世纪之前的州级移民政策研究不足，重要转折阶段的政策研究欠缺

19 世纪末美国移民政策联邦化之前，除移民归化政策外，其他移民事务均由各州负责，即使是后来的美国联邦移民政策，其也是在参考之前各州移民政策的基础上制定而成的。因此，研究独立后至 19 世纪末的州级

---

① 谈昕晔：《9·11 事件后美国非法移民政策研究》，硕士学位论文，上海外国语大学，2009。

② 陈积敏：《全球化时代美国非法移民治理研究》，博士学位论文，外交学院，2011，第136~137 页。

移民政策对深入全面地理解美国移民政策实为必要。① 然而，当前国内学者对这一问题并未给予足够重视，现有研究成果中对此只有少量提及。② 可以说，这样的美国移民政策史研究是残缺不全的，也阻碍我们真正地理解美国移民政策的发展历程。

二战结束至 1965 年是美国移民政策史上承上启下的时期，也是美国 20 世纪初期形成的移民政策体系向现代移民政策体系的转折期。在此期间，民族来源限额体制被全球限额制所取代，一套以家庭团聚为基础的移民优先体制建立起来。同时，这一时期也是美国社会经济及冷战因素复杂交错的时期，由于移民政策既影响到外交政策，也和国内社会密切相关，其成为众多利益、观念交锋的战场。所以，对这一阶段移民政策改革的深入研究，是了解二战后美国社会的绝佳窗口。国内一些学者似乎也意识到了这一问题的重要性，对其间某些个别法案已有所研究，但能够展现这一时期移民政策改革内在逻辑的整体研究非常欠缺。③

2. 研究中的单向度倾向

现有研究中存在两种单向度倾向。

第一种单向度是指，强调移民政策对外来移民模式及国内族裔群体产生的影响，而对少数族裔或其他外部力量对移民政策的回应较少关注。这样的历史叙事显然是不完整、不真实的。作为受到移民政策直接影响的群体，外来移民及其相关族裔集团以何种方式对官方政策做出回应？这种回应在何种程度上影响了移民政策的制定与实施？如若不对以上问题详细澄清，我们将难以把握美国移民政策发展的真实轨迹。

第二种单向度是指，现有研究偏重于政策的制定过程及政策内容分

① 美国学界中已有相关研究成果出现，详见 Gerald L. Neuman, "The Lost Century of American Immigration Law(1776-1875)," *Columbia Law Review*, Vol.93, No. 8, 1993.

② 详见梁茂信的《美国移民政策研究》一书第二章，作者专门讲述了美国建国初期至 19 世纪末各州鼓励移民的政策。

③ 戴超武:《美国 1952 年移民法对亚洲移民和亚裔集团的影响》，《东北师大学报》1997 年第 2 期；戴超武:《美国 1965 年移民法对亚洲移民和亚裔集团的影响》，《美国研究》1997 年第 1 期。

析，而对政策实施环节关注不够。前者固然重要，它确立了政策的合法性及政策预期，然而，这些并不足以保证政策目标的实现。对一项政策来说，其实施结果与政策预期是有距离的，甚至可能是相悖的，因为执行者的个人倾向、公众舆论、行政部门的干预都有可能影响政策的实施过程及其效果。正如美国学者卡尔·J.邦坦波在研究美国冷战时期的难民政策时所感受到的，"一项政策得以形成或一项法律获得通过只代表成功了一半，另一半主要发生在国务院的某个局或移民和归化部门"①。

3.研究层面有待扩展

美国移民政策是一个极为庞杂的体系，甚至被某些美国法学家视作仅次于税收法律的"最庞大、最复杂的法律体系之一"②。的确如此，我们通常所说的美国移民政策包括两部分内容，外来移民入境政策和针对已入境移民的政策，后者又包括移民遣返政策、归化政策、移民同化政策、福利政策、移民子女教育政策等。目前国内学界对相关政策的研究成果极为有限。③

综上可见，国内的美国移民政策史研究尚存极大的拓展空间。当然，我们有待推进的方面绝不仅限于此，比如研究的理论性、学术性的有待提升，专深研究的推出以及研究中重复性现象的克服等。然而，笔者无法也没有能力通过一项研究解决上述所有问题，而只能在现有研究的基础上，选取二战结束后20年这一重要历史转折时期的移民政策改革问题，进行相对细致深入的研究。

---

① Carl J. Bon Tempo, *Americans at the Gate: The United States and Refugees During the Cold War*, Princeton: Princeton University Press, 2008, p.6.

② Edward P. Hutchinson, *Legislative History of American Immigration Policy, 1798-1965*, Philadelphia: University of Pennsylvania Press, 1981, p.xiii.

③ 主要成果包括：高伟浓《越战后美国对印支难民的安置与其地区分布分析》,《南洋问题研究》2007年第4期；伍斌《自由的考验："百分之百美国主义"的理论与实践》，博士学位论文，东北师范大学，2014；王莹《20世纪初美国政府强制同化移民政策的形成与实施》,《东北师大学报》(哲学社会科学版)2008年第2期。

## 四　本书研究意义、不足及研究内容安排

### （一）研究意义及不足

首先，从宏观角度来讲，推进移民政策史学层面的研究，是本书的追求之一。在过去的几十年中，美国移民政策史研究从无到有，从浅到深，不断向前推进，学术成果日见增多。但是，需要指出的是，在美国史学界，关于美国移民政策的研究并不是一个成熟的领域，它起步晚，长期受到忽略，正如美国移民史研究的领军人物之一——罗杰·丹尼尔斯所言，"美国是一个移民国家这一说法几乎已成为老生常谈，尽管如此，大多数历史学家并没有对移民和移民政策给予应有的关注"[①]。虽然 20 世纪 80 年代以来，尤其是 21 世纪以来，随着越来越多的史家投身其中，美国移民政策史相关研究的确出现蓬勃发展的兆头，但是，"在众多现有相关研究成果中，法学家和政治学家依然占据主导地位"[②]。因此，继续对美国移民政策进行史学层面的剖析依然是非常必要的。

其次，本书尝试在以下方面做出补充和推进。第一，种族观念的转变是战后移民政策改革的一个重要思想背景。然而，在以往研究中，这一因素在某种程度上被淹没或淡化了。学者们往往不自觉地陷于错综复杂的现实因素中，比如冷战外交政策、政治组织结构、政治联盟或者有权势的政治人物，而忽略了"科学种族主义"理论的崩塌这一双方在辩论中所面临的思想背景。一般来讲，政策改革动因往往分为内在思想性因素和现实紧迫性因素，思想性因素是改革进行的持续性动力，但它很难直接引发政策的变革。一项新的思想被纳入政策或一项旧的思想被剔除出政策，都需要一个过程，而这个过程的长短会受到现实紧迫性因素的影响，这种影响既可能是推进性的，也可能是干扰性的，还可能是推进性和干扰性并存

---

① Roger Daniels, *Guarding the Golden Door: American Immigration Policy and Immigrants Since 1882*, New York: Hill and Wang, 2004, p. 3.

② Erika Lee, "Immigrants and Immigration Law: A State of the Field Assessment," *Journal of American Ethnic History,* Vol. 18, No. 4, 1999, p. 86.

的。因此，一项政策的变革往往是思想性因素和现实性因素综合作用的结果。就战后移民政策改革来讲，以"科学种族主义"理论的崩塌为核心的种族主义的式微，挑战了以其为基础的民族来源限额体制，这是内在思想性因素所要求的政策改革方向。但是，冷战引发的对国内安全的关注、全国高涨的反共主义意识形态及有利于保守主义的政治结构性因素作为紧迫的现实性因素，在政策辩论和改革进程中规避了思想性因素的挑战，达到了维护原有政策的目的。在这种情况下，自由主义改革派一方面强调内在思想性因素，另一方面也提出符合自身改革意向的现实性因素，比如，他们同样诉诸冷战辞令，只是从外交需要的角度加以阐释，此外还利用民权话语与保守主义者相抗衡，缓慢推进改革进程。在整个 50 年代前半期双方陷入一种僵持状态，随着 1957 年以后保守主义者所依仗的现实紧迫性因素的弱化，自由主义改革才得以进入实质性阶段。因此，本书尝试从种族主义的式微这一思想维度切入，将 20 世纪 50~60 年代的移民政策改革视作思想革命向公共政策的转化过程，综合考察推动这场改革进程的诸多因素。

另外，在一些具体问题的探讨上，本书在学者们已有研究的基础上提出了自己的观点。比如，通常学者们认为肯尼迪总统在任职前两年对移民政策的态度是冷漠和无视的，本书在分析相关史料的基础上提出，实际上，肯尼迪一直在为推进改革进行各方面的营建工作。

同时，相对于国内对这一时期的移民政策改革问题的研究而言，本书使用了更多的一手资料，尤其是大量美国外交文献及肯尼迪关于移民的著作和约翰逊回忆录等，为更为深入地挖掘推进政策改革的动因提供了可能。

但是，因笔者能力和一些客观条件所限，本研究存在诸多不足。第一，由于理论积淀不足，对于战后美国移民政策改革问题，目前笔者还处于理解和消化阶段，希望今后随着自身理论水平的提高，弥补当前研究中的理论不足。第二，本书在阐释战后美国各项移民法案出台及实施的过程中，与美国社会总体发展的契合度依然不理想，这是今后需要加强的地方。第三，资料的构成和运用相对比较单一。研究中，笔者已经深感资料的浩如烟海及互联网时代获取资料的便捷，但是，由于客观条件所限，本书主要依靠大量美国政府文献，而对战后移民政策改革中一些活跃的少数族裔团体的活动记录及他们自办的报纸资料的应用甚少，这在一定程度上影响了本研究的完成质量。

最后需要指出的是，战后时期的美国移民政策改革是一个非常复杂的工程，涉及外交与内政、国家与民间团体、政治精英和普通民众等多个层面，正如学者所言，"因为众多利益方参与其中，重建这段历史通常是比较困难的"[①]。对此，笔者深有同感。从这个意义上讲，对美国战后移民政策改革问题的研究，本书只是一个开始，深化研究之路还很长。

### （二）本书的内容安排

第一章在追溯了 20 世纪 20 年代美国移民政策体系的形成过程之后，重点阐释战后美国种族主义的式微和美国战争期间及战后初期一系列特别立法对其移民政策形成的挑战，为探讨战后移民政策改革的展开设定了历史语境。

第二章探讨了 20 世纪 50 年代初自由主义改革派和保守主义者的首次正面交锋，着重探讨了 1952 年《外来移民与国籍法》出台过程中双方的辩论和博弈及导致保守主义者占据优势的诸多因素。

第三章分析了艾森豪威尔政府时期美国移民政策改革经历的两个阶段，重点讨论了 1953 年《难民救济法》和 1957 年《难民－逃亡者法》出台过程中改革双方的辩论和妥协，呈现了这一时期自由主义改革派和保守主义者之间僵持中的对抗。

第四章探讨了 20 世纪 60 年代以来自由主义改革派走向胜利的过程，注重考察自由主义改革派和保守主义者围绕 1965 年《外来移民与国籍法

---

[①]　Maddalena Marinari, "Divided and Conquered: Immigration Reform Advocates and the Passage of the 1952 Immigration and Nationality Act," *Journal of American Ethnic History*, Vol. 35, No. 3, 2016, p. 10.

修正案》展开的最后博弈，并进一步探讨了战后自由主义改革成果在实施中的成效及引发的新问题。

结语部分首先对战后美国移民政策改革及其实质进行定位，并探讨新的移民入境体制形成的历史必然性以及改革结果对美国社会和外交层面产生的影响，同时也提出改革带给美国的新问题。

本研究所依据的资料主要是美国政府的原始文献、美国学界的相关研究论著和论文及少量的中国学者的研究成果。政府原始文献包括二战后20年美国国会通过的相关法案及与这些法案相对应的国会两院报告、听证会记录和报告，美国司法部移民和归化局报告及美国政府行政部门的总统公开文件、临时委员会报告及相关智库的研究报告等。在参读以上原始资料的基础上，本研究力求以唯物主义为原则，综合运用历史学、社会学及政治学等学科的研究方法，对战后美国移民政策进行实证性的分析探讨。

## 五　概念界定及相关说明

### （一）本书中移民政策的内涵

美国移民政策是一个极为庞杂的体系，在美国学界，移民政策有狭义和广义两种含义，狭义的移民政策指联邦政府针对将成为美国永久居民的外国人制定的入境政策，主要是指民族来源限额体制。广义的移民政策既包括外来移民入境规则，也包括对已入境移民的相关政策。在广义的移民政策下，对外来移民的同化政策、难民政策、控制和遣返非法移民法案，以及地方、州和联邦对外来移民生活的相关规定都被纳入外来移民法范畴加以考虑。[①] 本书关注的是狭义上的移民政策，即移民入境政策。

---

① 详见 Erika Lee, "Immigrants and Immigration Law:A State of the Field Assessment," *Journal of American Ethnic History*, Vol. 18, No. 4, 1999, p. 86。

### （二）关于改革中对立双方的称呼

英国政治学家约翰·格雷认为，作为一种政治思潮和知识传统，自由主义传统中各种变体的共同之处在于：它是个人主义的，主张个人对于任何社会集体之要求的道德优先性；它是平等主义的，它赋予所有人以同等的道德地位，否认人们在道德价值上的差异与法律秩序或政治秩序的相关性；它是社会向善论，因为它认为所有社会制度与政治安排都是可以纠正和改善的。正是这一关于人与社会的观念赋予了自由主义以一种确定的统一性，从而使之超越了其内部巨大的多样性和复杂性。[①] 本书正是基于格雷对自由主义的阐释，将战后移民政策改革进程中博弈和辩论的对立双方分别称作自由主义改革派和保守主义者。主张彻底修正这一政策的一方为自由主义改革派，反之，维护并主张继续保留这一政策的一方为保守主义者。需要说明的是：第一，这种称呼方式是在参照诸多学者研究成果的基础上对两种意见持有者进行的一种粗略的区分；第二，无论是自由主义改革派还是保守主义者，都不是一个固定的、有组织的群体，两个群体内部各自也存在诸多意见分歧；第三，两个群体所涵盖的范围都是极为广泛的，既包括个人、社会组织、宗教团体和少数族裔群体，也包括诸如总统、行政部门官员及国会议员等政治精英。

---

① 〔英〕约翰·格雷：《自由主义》，曹海军、刘训练译，吉林人民出版社，2005，第 2 页。

# 第一章
## 理论与现实的挑战

——二战后美国移民政策的困境

20 世纪 20 年代，以当时受到学术界极度推崇的"科学种族主义"[①] 理论为基础，美国逐渐形成了一套以民族来源限额体制为核心的移民政策体系。然而，二战期间及战争结束以后，随着种族主义的全面式微，美国移民政策赖以存在的理论基础走向崩塌。与此同时，美国移民政策也遭到来自现实层面的挑战。为争取战争同盟，尤其是解决战后人口后遗症问题，美国不得不出台一系列紧急立法，以应对外来人口的入境诉求。这些特别立法凸显了当时美国移民入境政策在新的历史背景下应对现实问题的僵化与无力。正如杜鲁门在 1952 年的一篇否决辞中所言，"限额制度的缺陷自战争结束以来就显现了"[②]。的确，美国移民政策在实施了约 1/4 世纪之后，陷入了理论与现实的双重困境当中。

---

[①] 表示偏见的"种族主义"在 19 世纪末 20 世纪初被引入语言当中，但使用并不频繁。Elazar Barkan，*The Retreat of Scientific Racism: Changing Concepts of Race in Britain and the United States*, New York: Cambridge University Press, 1992, p. 2.

[②] Harry S. Truman, "Veto of Bill to Revise the Laws Relating to Immigration, Naturalization, and Nationality", June 25, 1952, http://www.presidency.ucsb.edu/ws/index.php?pid=14175, 访问时间：2017 年 5 月 20 日。

## 第一节　二战前美国移民政策的确立及其理论来源

　　没有人会认为，进入这个"自由之地、忠勇之家"是一个令人愉
快的经历；它是一个艰难而严酷的事实，受到法律的筛分、挑拣和选
择；接收健壮的，排斥虚弱和无能的。[1]

　　这是美国早期移民学者爱德华·斯坦纳于 1905 年参观爱丽丝岛后写
下的一段话。它触及的一个根本问题是，美国大门开放的时代已经过去
了，进入这个国家需要接受法律上严格的限制和选择。然而，斯坦纳没有
提到，或许也没有意识到的是，美国并没有一直按照"健壮"和"虚弱"
来选择移民，此时的它正在走向一条以种族和民族属性为选择移民基本标
准的道路。

### 一　美国移民政策确立的进程

　　实际上，自独立以来至 19 世纪末，虽然外来移民源源不断，但是，
美国联邦政府并没有就此出台明确的政策，与外来移民入境问题相关的事
务均由各州负责。[2] 这当然首先与自殖民地时期以来形成的自由劳工流动
的传统密切相关。资本主义在欧洲和北美出现以后，自由迁徙就成为一种
权利。更何况，在以机器代替手工劳动这一技术变革之前，新兴的美国急

---

[1]　参见 Erika Lee, "Immigrants and Immigration Law: A State of the Field Assessment," *Journal of American Ethnic History*, Vol. 18, No. 4, 1999, p. 85.

[2]　联邦政府很早就控制了移民政策中的归化层面，颁布了《1790 年归化法》。在入境方面
有两个例外：1819 年国会通过了一项要求改变船舶运输条件的立法，主要以鼓励移民为
目的，该项法案一直持续到 1908 年；此外，1864 年联邦政府制定了一项法案，首次以
直接立法的形式鼓励外来移民合同劳工，但也很快终止。

需劳动力进行工业建设和西部开发，自由的全球性劳工流动对"新世界"的经济发展是极为必要的；[①] 此外，在奉行孤立主义的时代，美国强烈的民族主义情感尚未出现，美国人尚不认为外侨是一种离心性力量，因而也就不会担心他们的涌入会破坏美国的凝聚力。[②] 然而，自 19 世纪末开始，情况悄然发生变化。一方面，美国的外来移民数量骤增。1905 年、1906 年、1910 年、1913 年、1914 年入境移民人数均超过 100 万人。[③] 另一方面，也是更为重要的一点是，与之前以西北欧移民为主体不同的是，此时的移民群体主要是在种族、民族、宗教和文化构成等方面与美国主体公民存在巨大差异的东南欧移民。移民数量的庞大和移民来源地的改变，加之当时美国正处于一战后第一次红色恐慌时期，种族和宗教偏见、激进主义恐惧、阶级冲突等问题叠加在一起，积聚而成的恐外情绪在美国社会呈一触即发之势。与此同时，伴随现代化、工业化的发展，联邦政府的权威不断扩张，控制移民问题的能力亦随之增强，华盛顿的官员越发将对移民的控制视作联邦而不是州的事务。[④] 在此背景下，联邦政府通过制定法案控制外来移民入境的条件已然成熟。

早在 1855 年，加利福尼亚就出现了排斥华人的运动，这一现象在之后的几十年里迅速从西海岸扩展到全国范围内。至 19 世纪末，限制华人移民及其他"不受欢迎"的人日益成为全国的一种共识。在反华排外主义的压力之下，1875 年 3 月 3 日，国会走出了管控外来移民入境的第一步，出台了美国历史上第一部移民法案——《佩奇法》。该法案规定，禁止中国、日本及其他亚洲国家的非自愿劳工和以卖淫为目的妇女进入美国。因

---

① Mae M. Ngai, *Impossible Subjects: Illegal Aliens and the Making of Modern America*, Princeton: Princeton University Press, 2004, p. 17.

② Robert A. Divine, *American Immigration Policy, 1924-1952*, New Haven: Yale University Press, 1957, p. 2.

③ The American Immigration Library, A Facsimile Reprint Collection, *Report of the Ellis Island Committee, March 1934*, Jerome S. Ozer, 1971, p. 56.

④ Erika Lee, "Immigrants and Immigration Law: A State of the Field Assessment," *Journal of American Ethnic History*, Vol. 18, No. 4, 1999, p. 89.

为很多美国人认为所有来美的中国女性都是妓女，所以中国妇女是美国政府监管的主要对象。① 1875 年法案的实施，有效抑制了华人妇女移民。② 在排华主义者的持续推动之下，国会最终于 1882 年通过了一项排华法案。该法案除允许极少数中国移民类别可申请入境外，禁止中国劳工移民美国并宣布华人没有归化为美国公民的权利。③ 由此，中国移民成为第一批以种族为基本选择标准的被禁止进入美国的移民群体。排华法案被美国著名移民史学家罗杰·丹尼尔斯视作"美国移民法律史的转折点"④。

　　1882 年之后，国会愈发频繁地利用移民立法来排斥"不受欢迎"的移民。1885 年，国会通过《外国劳工合同法》。该法规定输入外国劳工或为外国劳工的输入和外来移民进入美国提供援助的行为是非法的。1891 年，国会又通过一项新的移民法案，扩大了被排斥的移民范围，将罪犯、妓女、穷人、精神失常者、残障人士及那些可能成为公共负担的人都列入禁止入美之列。另外，该法案还禁止一夫多妻者及被指控犯有"道德败坏"罪的外国人入境。1903 年，国会再一次通过立法将无政府主义者纳入"不受欢迎"的移民的名单，并进一步规定，对每一个到达美国港口的非公民乘客征收 2 美元的人头税。⑤

　　在国会不断通过一系列移民法案增加"不受欢迎"的移民类别的同

---

① U. S. Congress, *House of Representatives Report No.1365*, *Report of Revising the Laws to Immigration, Naturalization, and Nationality*, 82nd Congress, 2nd Session, 1952, p.11, http://infoweb.newsbank.com, 访问时间：2012 年 5 月 30 日。

② Roger Daniels, *Guarding the Golden Door: American Immigration Policy and Immigrants Since 1882*, New York: Hill and Wang, 2004, p. 17.

③ U. S. Congress, *House of Representatives Report No.1365*, *Report of Revising the Laws to Immigration, Naturalization, and Nationality*, 82nd Congress, 2nd Session, 1952, p. 11, http://infoweb.newsbank.com, 访问时间：2012 年 5 月 30 日。

④ Roger Daniels, *Guarding the Golden Door: American Immigration Policy and Immigrants Since 1882*, New York: Hill and Wang, 2004, p. 3.

⑤ U. S. Congress, *House of Representatives Report No.1365*, *Report of Revising the Laws to Immigration, Naturalization, and Nationality*, 82nd Congress, 2nd Session, 1952, pp. 1661-1664, http: //infoweb.newsbank.com, 访问时间：2012 年 5 月 30 日。

时，美国外来移民数量不但没有减少，反而持续高涨。1875~1903 年，美国外来移民总数超过 1138 万人，仅 1905 年一年来美的外国人就达 102.6 万人，1907 年，这一数量更是飙升至近 130 万人。[1] 更为重要的是，以 1890 年为界，外来移民的来源国发生了重大转变，东南欧首次超过西北欧成为美国外来移民的主要来源地。例如，1881~1890 年，来美欧洲移民中数量最多的三个国家是德国、英国、爱尔兰，而 1890~1900 年，前三位已经变为意大利、奥匈帝国、俄国。至第一次世界大战前后，意大利移民依然是外来移民中最大的一个群体。[2] 诚然，来自东南欧国家的非熟练技术工人为美国工业化和城市建设提供了不可或缺的劳动力资源。但是，新移民因在文化模式、宗教信仰及生活习惯等方面与以盎格鲁 - 撒克逊人为主体的美国人存在差异，双方很快产生摩擦。随着一战的到来，这种摩擦日益严重。[3] 一战期间，民族主义的高涨引发了狂热的恐外情绪，那些名字带连字符的美国人往往被视作不忠诚于美国的人。虽然战时的民族主义主要针对德国人，但这种怀疑和偏执的氛围为限制东南欧移民的运动提供了一个广泛的基础，要求制定限制性和选择性立法的呼声日益高涨。[4] 在欧洲移民持续增加的同时，日本移民也呈上升之势，其数量由 1891~1900 年的约 2.6 万人增至 1901~1910 年的近 13 万人。[5] 移民数量的激增及移民来源地的改变一时间引发了美国人普遍的反感。他们普遍认为，新移民群体

---

[1]　U. S. Department of Commerce, Bureau of the Census, *Statistical Abstract of the United States,1944-1945*, Washington, D. C. : U. S. Government Printing Office, 1945, p. 111; U. S. Congress, *House of Representatives Report No.1365*, *Report of Revision the Laws to Immigration, Naturalization, and Nationality*, 82nd Congress, 2nd Session, 1952, pp. 1663-1664, http://infoweb.newsbank.com, 访问时间：2012 年 5 月 30 日。

[2]　U. S. Department of Commerce, Bureau of the Census, *Statistical Abstract of the United States,1944-1945*, Washington, D. C. : U. S. Government Printing Office, 1945, p. 111.

[3]　Robert A. Divine, *American Immigration Policy, 1924-1952*, New Haven: Yale University Press, 1957, p. 3.

[4]　Mae M. Ngai, *Impossible Subjects: Illegal Aliens and the Making of Modern America*, Princeton: Princeton University Press, 2004, p. 19.

[5]　U. S. Department of Commerce, Bureau of the Census, *Statistical Abstract of the United States,1939*, Washington, D. C.: U. S. Government Printing Office, 1940, p. 100.

文化水平的低下和种族上的不可同化将会拉低美国人的生活水平。<sup>①</sup> 随之而来的是，众多关于排斥移民的法案被提交到国会。1907 年，国会最终通过了一项移民法，将 1903 年移民法中规定的人头税从 2 美元增加到 4 美元；增加了排斥类别，禁止低能者、愚笨者、年龄不足 16 岁且无人陪伴的儿童，以及经医生证明，在精神或身体方面不健全的人入美。<sup>②</sup> 同年，一项被称作美日之间"君子协定"的外交协议有效地终止了日本和朝鲜劳工移民。<sup>③</sup> 同时，按照 1907 年法案，一个由参议员威廉·迪林厄姆领导的联合移民委员会迅速建立起来，在 1907~1911 年，对美国的移民问题进行了有史以来最为全面的一次调查研究，并于 1911 年发布了一项调查报告。总体来看，迪林厄姆委员会报告试图通过大量统计数据，从职业、教育等方面对来美多年的"老"移民（西北欧移民）和刚刚到达的"新"移民（东南欧移民）进行细致对比，以强调二者之间的差异。该报告最终的结论是：东南欧移民的到来与处于快速工业化和城市化时期的美国的经济混乱和困境之间存在因果关系。<sup>④</sup> 姑且不论其结论的对错，单单对不同时期来美的"新""老"移民进行简单对比就是极为荒谬的。但是，这一调查报告为当时排外主义者排斥那些"不受欢迎"的移民提供了有力的依据。

作为对持续高涨的移民潮及迪林厄姆委员会报告的回应，加之排外主义者的极力推动，国会于 1917 年出台了美国历史上第一部综合性移民法，

---

① U. S. Congress, *House of Representatives Report No.1365, Report of Revising the Laws to Immigration, Naturalization, and Nationality*, 82<sup>nd</sup> Congress, 2<sup>nd</sup> Session, 1952, p. 1665, http://infoweb.newsbank.com/, 访问时间：2012 年 5 月 30 日。

② U. S. Congress, *House of Representatives Report No.1365, Report of Revising the Laws to Immigration, Naturalization, and Nationality*, 82<sup>nd</sup> Congress, 2<sup>nd</sup> Session, 1952, p. 1664, http://infoweb.newsbank.com/, 访问时间：2012 年 5 月 30 日。

③ U. S. Congress, *House of Representatives Report No.350, Report of Restriction of Immigration*, 68<sup>th</sup> Congress, 1<sup>st</sup> Session, March 24, 1924, p.8, http://infoweb.newsbank.com/, 访问时间：2012 年 6 月 10 日。

④ U. S. Congress, *Senate Document No.747, Abstracts of Reports of the Immigration Commission*, 61<sup>st</sup> Congress, 3<sup>rd</sup> Session, Washington, D.C. : U. S. Government Printing Office, 1911, pp. 27, 33.

即 1917 年移民法。该法案对之前国会制定的所有排斥外国人的条款加以汇总，对若干前后矛盾的法案予以废除，同时又增加了新的排斥类别。新法案规定的排斥对象包括"残障人士、智商低下者、癫痫患者、酗酒者、穷人、罪犯、乞丐、精神病患者、肺结核患者、任何有危险性的传染病患者、身体残疾而无法自力更生者、一夫多妻者、无政府主义者"及那些可能成为公共负担者等。另外，作为对西海岸政治家的妥协，该法案进一步强化对亚洲移民的排斥，并设立了一个专门针对亚洲移民的地理区域——"亚洲禁区"①，禁止该区域内所有外国人进入美国。通过这一条款，美国有效排斥了所有来自印度、缅甸、泰国、马来亚、阿拉伯国家、阿富汗、俄国部分地区及波利尼西亚群岛大部分地区的移民。②需要关注的是，1917年移民法增加了一条存有争议的内容，即禁止 16 岁以上没有阅读能力的外国人进入美国，因此，该法案又被称作文化测验法。从表面看，这一条款试图将受教育程度作为移民美国的门槛之一，但是，其本质是一项限制性措施，即美国学者艾明如教授所称的"从管控到限制"（from regulation to restrict）的转变。③支持这一条款的人坦承，它将会使每年的移民数量降低 25%。更为重要的是，因为东南欧移民的文盲率很高，会比较容易受到文化测验的限制。④可见，文化测验法具有明确针对东南欧移民的意图，其主要目的就是要限制东南欧移民的进入。1917 年移民法的出台表明，继排华法案之后，又一项针对东南欧移民的群体性选择原则开始出现在美国移民政策体系中。

然而，出乎意料的是，文化测验法在阻止移民涌入方面效果甚微。一战期间有所下降的外来移民入境数量在战争结束后迅速反弹。1910~1914

---

① 包括俄国的中亚地区、阿拉伯国家、巴基斯坦、印度、东南亚、中国等。

② Edward P. Hutchinson, *Legislative History of American Immigration Policy, 1798-1965*, Philadelphia: University of Pennsylvania Press, 1981, p. 479.

③ Mae M. Ngai, *Impossible Subjects: Illegal Aliens and the Making of Modern America*, Princeton: Princeton University Press, 2004, p. 17.

④ Robert A. Divine, *American Immigration Policy, 1924-1952*, New Haven: Yale University Press, 1957, p. 5.

年，入境移民总量约为 500 万人，1915~1919 年战争期间下降至 100 万人，而战争结束后的 1920~1924 年，移民总数又迅速回升到近 200 万人。[①] 更为严峻的是，遭受战争蹂躏的欧洲出现成千上万的受害者，他们急于逃离破败的欧洲。据估计，战后仅德国一国就有 200 万~800 万人意欲移民美国。美国一名国会议员也证实，如果有一艘能够容纳 300 万人的船只，那么，波兰将有 300 万名犹太人乘坐这艘船逃往美国。[②] 大规模移民的迅速反弹引发了美国人对自身同化能力的质疑，美国弥漫着一股焦虑的氛围。他们普遍认为，将要到来的大量欧洲移民会给美国带来灾难。[③] 许多西北欧裔新教徒已经感受到由非新教徒移民增多带来的困扰，认为非新教徒移民对美国的价值观形成了严重挑战。在某种程度上，美国社会出现的普遍担忧并非空穴来风。统计数据显示，自 1900 年以来，美国人口中的外籍人口一直保持在较高比例。这一比例在 1900 年、1910 年、1920 年分别为 13.7%、14.8% 和 13.2%。[④] 至 1920 年，在美国 10 万人口以上的城市中，60% 的人口是在外国出生的人及其子女。[⑤]

就在美国港口即将又一次被移民挤满的时刻，美国国内正处于战后恢复时期，整体情况不容乐观。首先是第一次红色恐慌引发了强烈排外主义情绪。排外主义者将犹太人与布尔什维克、意大利人与无政府主义者联系

---

[①] U. S. Department of Commerce, Bureau of the Census, *Statistical Abstract of the United States, 1940*, Washington, D. C. : U. S. Government Printing Office, 1941, p. 99.

[②] U. S. Congress, "Immigration and Nationality Act of 1952," in *United States Code Congressional and Administrative News*, *82nd Congress, 2nd Session, 1952*, Vol.2, St. Paul: Wast Publishing Co., 1952, p. 1666.

[③] The American Immigration Library, A Facsimile Reprint Collection, *Report of the Ellis Island Committee, March 1934*, Jerome S. Ozer, 1971, p. 56.

[④] 这一比例直到 1930 年才开始缓慢下降。详见 Departments of Justice, Labor, and State, *Staff Report of Interagency Task Force on Immigration Policy*, Washington, D.C.: U. S. Government Printing Office, 1979, p. 245。

[⑤] Maxine S. Seller, "Historical Perspectives on American Immigration Policy: Case Studies and Current Implications," *Law and Contemporary Problems*, Vol.45, No.2, 1982, p. 148.

起来。[1] 其次是经济发展不景气。1920年底，美国经济出现衰退，整个社会面临失业和住房问题的压力。[2] 诸多不利因素的交织叠加，最终导致美国本土白人要求限制外来移民的呼声迅速高涨。

实际上，最早明确提出限制移民数量这一想法的是1911年迪林厄姆委员会报告。为禁止亚洲移民的入境及有选择的减少欧洲移民的涌入，该委员会在其报告中列举了各种可能的方法，其中就包括对后来美国移民入境政策产生重要影响的两项革新性措施。第一，将每年每个民族进入美国的数量限制在一定范围内。数量计算的依据是某特定时期内该民族每年入美人口的平均比例。第二，为每个接收外来移民的港口设定一个年度最高可接收限额。[3] 但是，国会由于当时正在考虑以文化测验方式达到削减移民的目的，搁置了迪林厄姆委员会所提出的这一限额方案。意料之外的是，文化测验方案的推进并不顺利，因此，民族来源限额的想法开始在国会取得进展。1913年6月，参议员迪林厄姆在其领导的委员会报告的基础上，创设了一套限额方案，将其作为文化测验法的替代性方案带入立法领域。他的限额方案的具体内容包括：将每个国家的移民数量限制在美国最近一次人口统计中该国在美外侨人数的10%，同时为每个国家设定一个每年5000人的最低限额。但是，这一方案最终被总统否决，随后便不了了之。[4] 至1914年，从日本传教归来的新教牧师悉尼·L. 久利保开始系统阐述限额思想并进行大量宣传活动，引起社会和各界人士的关注和支持，[5] 为

---

[1] Mae M. Ngai, *Impossible Subjects: Illegal Aliens and the Making of Modern America*, Princeton: Princeton University Press, 2004, p. 19.

[2] Robert A. Divine, *American Immigration Policy, 1924-1952*, New Haven: Yale University Press, 1957, p. 6.

[3] U. S. Congress, *Senate Document No.747, Abstracts of Reports of the Immigration Commission*, 61st Congress, 3rd Session, Washington, D. C.: Government Printing Office, 1911, pp. 47-48.

[4] Aristide R. Zolberg, *A Nation by Design: Immigration Policy in the Fashioning of America*, Cambridge: Harvard University Press, 2006, p. 237; Edward P. Hutchinson, *Legislative History of American Immigration Policy, 1798-1965*, Philadelphia: University of Pennsylvania Press, 1981, p. 157.

[5] 梁茂信：《美国移民政策研究》，东北师范大学出版社，1996，第229页。

国会第一部限额法的出台奠定了一定的舆论基础。

1920~1921 年，国会关于移民的讨论被一股惶恐的气氛所笼罩。美国各领域的爱国组织不断发出警告：逃离破败欧洲的贫穷人群正在涌向美国。随之，各种限制移民的方案相继被提交国会。来自华盛顿的国会议员阿尔伯特·约翰逊甚至呼吁立即停止移民两年。他列举了大量驻欧美国领事馆官员提交的报告，证实欧洲移民潮行将到来。排外主义、工作短缺、反布尔什维克主义联合起来形成的压力，致使国会中支持限制移民的主张逐渐占据上风。[1] 最终，国会虽然没有形成一项永久性移民法案，但以迪林厄姆提出的一项议案为基础出台了一项紧急措施，即 1921 年《移民限额法》（以下简称 1921 年限额法），5 月 29 日，由哈定总统签署生效。1921 年限额法在保留 1917 年移民法的基础上规定：每个欧洲国家每年享有一个固定的移民限额，数量为 1910 年美国人口统计中该国侨居美国人数的 3%；欧洲每年进入美国的移民总数量不得超过 35.5 万人，其中，西北欧国家占 55%，东南欧国家占 45%。[2] 可以说，这是美国历史上第一部明确限制欧洲移民的法案，开启了美国外来移民限额制度的时代。从此，移民不但要达到 1917 年移民法中所规定的质量要求，同时还要受到数量的限制。

1921 年限额法是美国出于对战后可能出现的欧洲移民潮的担忧而制定的紧急性措施，经过一次延期后，于 1924 年 7 月 1 日到期失效。该法案通过后，限制主义者对法案中的限额条款并不满意，对其实施效果更是失望。统计数据表明，1922~1924 年，大约有 150 万名移民进入美国，其中东南欧国家移民占有很大的比重。[3] 而且，当时驻欧洲各个国家的美国领

---

①　Mae M. Ngai, *Impossible Subjects: Illegal Aliens and the Making of Modern America*, Princeton: Princeton University Press, 2004, p. 20.

②　U. S. Congress, *House of Representatives Report No.1365*, *Report of Revising the Laws to Immigration, Naturalization, and Nationality*, 82nd Congress, 2nd Session, 1952, p. 1664, http://infoweb.newsbank.com/, 访问时间：2012 年 5 月 30 日。

③　U. S. Department of Commerce, Bureau of the Census, *Statistical Abstract of the United States, 1939*, Washington, D. C.: U. S. Government Printing Office, 1940, pp. 98-100.

事馆官员接连发回的报告也显示，一旦 1921 年限额法到期失效，将有大量移民到来。美国如若不制定更加严格而有效的限额法案，仅靠 1917 年移民法不足以阻止大量外国人的涌入，美国很可能即将迎来历史上最大的一次移民潮。①

为应对紧急情况并为永久性限制移民提供一个建设性的方案，1924 年，强硬的限制主义者约翰逊向国会提交了一项议案。该议案提出，将计算各国年度最高限额的基础年份从 1921 年限额法规定的 1910 年改为 1890 年，同时将各国可获得限额的比例从 3% 降至 2%。这一调整结果不仅会导致每年整体移民限额降至约 15.5 万个，而且，东南欧移民在总限额中所占的比例会降至 15%。②如前所述，1890 年是美国移民来源国发生重要变化的年份。在此之前，美国的东南欧移民数量非常有限，因此在这一年的人口统计中所占的比例不大，1890 年之后，东南欧移民数量则迅速攀升。约翰逊议案避开东南欧人占有较大比重的 1910 年和 1920 年人口统计数据，选择 1890 年作为计算限额的基础年份，其用意不言而喻，就是要针对性地限制东南欧移民的入境数量。对此，限制主义者直言不讳道，"我们充分认可东南欧民族为我们物质进步做出的贡献。但是，我们也意识到，大量东南欧移民的到来，将打乱我们的人口平衡，拉低我们的生活标准并招致不必要的对我们解决社会问题方式的控诉"③。人口统计年份的更改所展现出来的赤裸裸的种族歧视，很快遭到来自东南欧移民代表的控诉。他们谴责这是不公平的歧视行为。④同时，人口统计年份的更改也引发了欧洲国家的愤怒，

---

① U. S. Congress, *House of Representatives Report No.350, Report of Restriction of Immigration*, 68th Congress, 1st Session, March 24, 1924, p. 8, http://infoweb.newsbank.com /，访问时间：2012 年 6 月 10 日。

② Edward P. Hutchinson, *Legislative History of American Immigration Policy, 1798-1965*, Philadelphia : University of Pennsylvania Press, 1981, pp. 187-188.

③ U. S. Congress, *House of Representatives Report No.350, Report of Restriction of Immigration*, 68th Congress, 1st Session, March 24, 1924, p. 13，http://infoweb.newsbank.com/，访问时间：2012 年 6 月 10 日。

④ Stephen Thomas Wagner, The Lingering Death of the Nation Original Quota System: A Political History of United States Immigration Policy, 1952-1965, Ph.D. Diss., Harvard University, 1986, p. 7.

意大利的反应尤为强烈。意大利人认为，这一改变是对他们的歧视。意大利大使在写给美国国务院的抗议书中提到，"我们并不质疑任何国家处理自己内部事务的权利，然而，约翰逊的议案没有建立在平和与公正的基础上"。美国国务院也表示，非常希望对移民进行限制，但要尽可能寻找一种避免被控诉为歧视的形式。①

正当争论陷入僵局之时，来自纽约的共和党人亨利·H.科伦提出了一个解决问题的新思路。他认为，寻求一种既能达到歧视目的、降低东南欧移民数量，又看似公平的方案是一个理想的选择。作为在爱丽丝岛任职的移民专员，科伦在1924年2月14日参议院移民与归化委员会举行的听证会上解释了他的想法。他说："我一直认为，我们所能得到的最容易同化、最好的移民，应该是和生活在这里的成千上万的美国人最为接近的人。也就是说，每年限额的民族构成应该是当前美国民族构成的一个复制品。"他又说道，如果以美国的外国人口为基础，"英国会反对以1910年人口统计为基础，意大利会反对以1890年为基础，所以，以我们自己人口的民族构成为基础，就不会被任何人称为歧视"。②

受到科伦的启发，1924年3月，参议院移民与归化委员会主席大卫·瑞德向参议院移民与归化委员会提交了一项以美国人口的"民族来源"构成为基础的限额方案，即以特定年份美国人口的民族构成为基础为各个国家分配限额。瑞德的理由是，1921年限额法接收的东南欧移民与西北欧移民数量基本相等，歧视了"那些较早来美并对美国发展做出更多贡献的人"。为真正的公平起见，要以美国整体人口（仅指白人人口）的民族构成，而不仅仅是侨居美国的外国人口为计算限额的基础。而且，使用1890

---

① U. S. Congress, *House of Representatives Report No.350*, *Report of Restriction of Immigration*, 68th Congress, 1st Session, March 24, 1924, pp. 14-15, http://infoweb.newsbank.com/, 访问时间：2012年6月10日。

② Stephen Thomas Wagner, The Lingering Death of the Nation Original Quota System: A Political History of United States Immigration Policy, 1952-1965, Ph.D. Diss., Harvard University, 1986, p. 8.

年人口统计数据并不存在歧视，而是尽可能保持美国种族和民族现状，使用 1920 年人口统计数据才是对这个国家创立者及其后代的歧视，是他们建立并维护了这个国家的制度。① 很明显，瑞德的逻辑是，早期西北欧移民对美国贡献大，来自这一区域的未来移民理应受到优待。这是明显的"先来者"歧视"后来者"的做法。

最终，国会两院联席会议综合参众两院的议案，通过了 1924 年移民法（又称约翰逊–瑞德法）。该法案的主要内容为：保留 1917 年移民法中对某些外侨类别的排斥；彻底将亚洲移民排斥在外；建立一项针对欧洲移民的民族来源限额体制，将每年欧洲移民总数限制在 15.5 万人（这个数据依然是根据 1890 年人口统计中美国外侨数量的 2% 计算得出的），限额在各个国家间的分配以 1920 年人口统计中美国白人人口的民族来源构成为基础，即按照各民族群体在 1920 年美国人口中所占的比例分享 15.5 万个限额。法案同时规定，所有欧洲国家每年都享有不低于 100 个的移民限额。此外，西半球独立国家移民不受限额体制的限制。②

正如有的学者所言，从本质上来说，民族来源限额体制是歧视性的。因为它的前提预设是：某些欧洲国家的移民比另一些欧洲国家的移民更适合成为美国公民。而且，这一民族来源条款只适用于欧洲移民，而亚洲和非洲移民被排斥于限额体制之外。③ 也就是说，民族来源限额体制的核心作用在于，服务于具有西北欧背景的美国白人新教徒的偏见。它体现了一种种族和民族等级主义的国家观念。

---

① U. S. Congress, *House of Representatives Report No.350*, *Report of Restriction of Immigration*, 68th Congress, 1st Session, March 24, 1924, p. 16, http://infoweb.newsbank.com/, 访问时间：2012 年 6 月 10 日。

② U. S. Congress, *House of Representatives Report No.350*, *Report of Restriction of Immigration*, 68th Congress, 1st Session, March 24, 1924, p. 13, http://infoweb.newsbank.com/, 访问时间：2012 年 6 月 10 日。

③ Stephen Thomas Wagner, The Lingering Death of the Nation Original Quota System: A Political History of United States Immigration Policy, 1952-1965, Ph.D. Diss., Harvard University, 1986, pp. 14-15.

## 二 民族来源限额体制的理论来源

综上所述，从 1882 年排华法案到 1917 年移民法中"亚洲禁区"的设定；从 1917 年文化测验条款的提出，到 1921 年限额法的出台，再到 1924 年移民法中民族来源限额体制的确立，这一系列政策变化都表明了一个问题，即 19 世纪末，尤其是 20 世纪初以来，美国对于外来移民的选择越来越聚焦于种族和民族维度，并最终建立起一套以种族和民族为基础的选择移民的标准。如果说对有色人种基于肤色的歧视是美国长期以来存在的普遍现象，那么，将这种偏见延伸到欧洲人身上尚属首次。[1] 那么，具有盎格鲁－撒克逊血统的美国人到底是如何将他们对东南欧"新"移民的厌恶抵触心理合理化并将其纳入具体政策当中的？或者用某学者的话来说，"谁合理化了民族来源限额体制？"[2] 可以确定的是，这一问题绝不仅仅是上文叙述中所提及的一系列紧迫性因素所能解释的，而是有更为深层的思想理论支撑。实际上，在 20 世纪 20 年代限制性移民政策体系得以建立之前，当时美国一些顶尖社会科学家，包括人类学家、经济学家、社会学家和历史学家，就已经在利用当时流行的社会达尔文主义，为民族来源限额体制营造思想理论基础。[3] 这些科学家以种族之间生物学上的差别为基础，将东南欧移民"劣等化"，并通过直接参与或间接影响政策制定者等方式，将这种思想转化成具体政策。

研究移民政策的学者们普遍认为，在将东南欧移民"劣等化"的过程中，弗朗西斯·A.沃克是一个关键人物。沃克是 19 世纪下半叶一位著名

---

① Robert A. Divine, *American Immigration Policy, 1924-1952*, New Haven: Yale University Press, 1957, p. 11.

② William Petersen, "The Scientific Basic of Our Immigration Policy, " *Commentary*, No.20, 1955, p. 77.

③ William Petersen, "The Scientific Basic of Our Immigration Policy," *Commentary*, No.20, 1955, p. 7.

的政治经济学家，并任麻省理工学院校长一职。同时，他也是 1879~1881 年美国人口统计的主要负责人之一。[1] 1873 年，他曾在一篇文章中这样写道："如果不是移民的到来作为补偿，美国人口增长率会更早的开始下降。"言语之中不仅充满了对移民的感激，而且理论逻辑非常明确，即外来移民是维持美国人口增长率的一个重要因素。然而，20 年后，当东南欧移民入境数量接近每年 50 万的顶峰时，沃克对移民的态度发生戏剧性转变。他当时在自己的两篇文章中再次提到移民问题，只不过这时是以完全不同的口吻，且提出的理论逻辑与 20 年前的观点迥异。沃克在文中提出：第一，外来移民阻碍了美国人的自然出生率提升，因为外来移民将本土美国人排挤出非熟练技术的工种，后者为适应有限的工作机会，不得不少生孩子，结果导致美国人口出生率降低；第二，以本土出生的人为基础的美国才是最高等的，是国家伟大的基础。[2] 沃克的本土出生率下降理论为限制主义者所声称的移民威胁了整个美国的说法提供了依据。

沃克作为当时顶尖的社会科学家，其思想理论产生巨大的影响，并逐渐辐射到其他领域。历史学家也致力于炮制证据证明德国人和美国生活范式之间的根本性联系。像约翰·菲斯克等一批历史学家坚持认为，美国制度或直接或通过盎格鲁－撒克逊人来源于古代日耳曼民族，他们通过对比日耳曼人和新英格兰村庄之间的结构支持这一假说。因此，将拉丁美洲人和斯拉夫人这样的"外侨"和"劣等种族"并入美国将会削弱美国社会的基础。同为历史学家的弗兰德里克·杰克逊·特纳虽然带头抗议这种"日耳曼假说"，强调美国社会的原生性，以"边疆假说"吹响美国文化独立的号角，但是，他也认为来自南欧的意大利移民"从种族的角度判断，其价值是可疑的"。他强调："意大利人、斯洛伐克人、波兰人及其他东欧移民，连同俄国的犹太人自 1880 年以来给美国工人以极大的打击。"虽然以

---

① Aristide R. Zolberg, *A Nation by Design: Immigration Policy in the Fashioning of America*, Cambridge: Harvard University Press, 2006, p. 208.

② William Petersen, "The Scientific Basic of Our Immigration Policy," *Commentary*, No.20, 1955, p. 79.

上观点遭到一些反驳，但是，直到 20 世纪 20 年代，这种观点一直是美国史学家中的主导性论调。[①]

1916 年，优生学家麦迪逊·格兰特的《伟大种族的消失》一书出版面世。该书从遗传学角度，更为直接地将东南欧移民与"劣等性"结合起来。作者试图将种族偏见提高到科学理论的地位并将其应用到欧洲移民身上。此书的主要观点是，不同种族在品性上存在很大差异，只有诸如日耳曼这样的优秀种族才能创造伟大的文明，种族间的杂交只会导致更加劣等的种族。[②] 他在书中写道：

> 这些新的移民不再只是早期那样的北欧国家的人。这些新移民中有大量来自地中海盆地和巴尔干最底层的种族。他们虚弱、蹩脚并且智力低下。我们的监狱、精神病院和救济院被这些无业游民占据。美国人的生活、社会、道德和政治格调被他们拉低和庸俗化了。[③]

格兰特的主张得到了当时著名的优生学家和生物学专家哈里·H. 劳克林博士的支持。作为众议院移民与归化委员会的一名优生学专家顾问，劳克林向众议员阿尔伯特·约翰逊施加影响力。他向约翰逊提供了大量关于强调"退化"和"社会问题"字眼的资料，表明东南欧移民的种族低劣性和不可同化性。比如，劳克林在相关材料中列举了一战时期心理学家罗伯特·亚尔克斯在士兵中进行的智力测验作为证据。这是一项在当时引起震动的测验，测验结果表明，美国白人男性的平均智力年龄是 13 岁（12 岁即被列为低能者），非裔美国人只有 10.4 岁，而波兰人、意大利人、俄国人为 10.7~11.3 岁。因此，这名心理学家得出结论，"最近到来的移民

---

① 李剑鸣：《大转折的年代——美国进步主义运动研究》，天津教育出版社，1992，第 223 页。

② 参见 Robert A. Divine, *American Immigration Policy, 1924-1952*, New Haven: Yale University Press, 1957, p. 12。

③ 参见 President's Commission on Immigration and Naturalization, *Whom We Shall Welcome*, Washington, D.C.: U. S. Government Printing Office, 1953, p. 92。

（东南欧移民）比早先到来的移民（西北欧移民）天生具有更多的内在品性问题"①。

作为距离政策决策核心圈最近的"专业优生学代理人"，劳克林还积极推动建立种族主义信条与美国移民政策之间的直接关系。1920年，他被众议院移民与归化委员会委托对生物学与移民的关系进行研究。1922年11月，劳克林向国会提交了一项名为《美国熔炉中金属和渣滓的专业分析》（Expert Analysis of the Metal and the Dross in Americas Melting Pot）的报告。他在报告中评论道，"我们身处一个如此信仰民主或人人平等的国家，以至于我们忽略了血统和天生的、具有遗传性的智力和道德差异。任何养动植物的人都不会忽略这件事情"②。为进一步证明他的思想，劳克林在报告中将监狱、庇护所及相似机构中各个种族群体所占的比例与他们在全国人口中分别所占的比例进行对比后，得出结论：意大利人的精神失常发生率是他们在总人口中所占比例的1.5倍之多。据此，劳克林提出，就全部社会问题而言，所有外国人的品质都是堪忧的，尤其是那些来自东南欧的外国人。他还断言，引发诸如"犯罪行为"的"首要和主要的"原因是"血统"，而"我们的（移民）法律中还没有提出任何除个人价值之外的条件。这个可靠的生物学原则就是通过控制移民的遗传性因素，指引美国沿着安全和健康的种族轨迹发展"。③约翰逊在阅读了劳克林的报告后说道："我已经检查了劳克林博士的数据和表格，发现它们不管是从生物学角度还是从统计学角度来看，都是严谨的，具有明显的合理性。"④可见，约翰逊对劳克林报告中所体现出的思想是非常认同的。在劳克林提

---

① Mae M. Ngai, *Impossible Subjects: Illegal Aliens and the Making of Modern America*, Princeton: Princeton University Press, 2004, p. 24.

② President's Commission on Immigration and Naturalization, *Whom We Shall Welcome*, Washington, D.C.: U. S. Government Printing Office, 1953, p. 92.

③ William Petersen, "The Scientific Basic of Our Immigration Policy," *Commentary*, No.20, 1955, pp. 81-82.

④ President's Commission on Immigration and Naturalization, *Whom We Shall Welcome*, Washington, D.C.: U. S. Government Printing Office, 1953, p. 92.

交报告的两年之后，他的建议被体现到美国移民立法当中，即 1924 年移民法。

在上述众多受世人尊敬、掌握重大话语权的知识分子的努力下，针对东南欧移民的种族主义被披上了一层科学的光环。众所周知，19 世纪是一个迷信科学的时代，当时没有人会违背甚至怀疑被打上科学烙印的东西。因此，社会科学家们所构建起的"科学种族主义"及他们个人化的政策倾向对国会政策制定者们产生了重大影响，追随这些理论的国会议员将学术界推崇的逻辑运用到政策辩论当中。比如，为维护民族来源限额体制，限制主义者宣称："很明显，改变人口的特征和构成必将不可避免地导致以其为基础的政府形式的演变。因此，若要保留宪政政府所保卫的个人自由的原则，那么，就必须保持我们人口的基本血统，维护我们的经济准则。"[1]显而易见，在这些议员看来，美国伟大传统的存留与美国盎格鲁－撒克逊人占主体的人口构成是直接相关的，其他族裔人口的到来可能会对美国人口的基本血统形成冲击，进而导致美国丧失其伟大传统。这一认知逻辑从侧面指明了东南欧移民的"劣等性"和以盎格鲁－撒克逊人为核心的西北欧移民的"优越性"。

可以说，正是在这种"科学种族主义"的庇佑下，歧视非西北欧（主要是东南欧）移民的民族来源限额体制才得以堂而皇之地走上历史舞台。美国最终也得以构建起一套充满种族等级色彩的外来移民入境体制，即鼓励西北欧移民、限制东南欧移民、排斥亚洲移民。正如劳克林所言，"1924 年移民法中的民族来源条款标志着一个转折点，从此我们背离了以避难所理想为基础的移民控制，而明确的赞同生物学上的基础"[2]。这种以血统和出生地为基础选择移民的方式，在 1965 年之前的美国移民政策中一直处于正统地位。

---

[1]　President's Commission on Immigration and Naturalization, *Whom We Shall Welcome,* Washington, D.C.: U. S. Government Printing Office, 1953, p.103.

[2]　U. S. Congress, *Report of U. S. Immigration Law and Policy: 1952-1986*, 100th Congress, 1st Session, Washington, D. C. : U. S. Government Printing Office, 1988, p. 4.

## 第二节　理论基础的崩塌

### ——"科学种族主义"走下神坛

从前文分析可以看出，"科学种族主义"本身就是怀有偏见的知识分子为达到限制东南欧移民的目的而臆造的理论，是将美国社会转折时期的困惑发泄到移民身上的无良之举。虽然这一理论被其在国会中的信奉者转化到移民政策当中，但是，披着科学光环的种族主义很快受到质疑和挑战并最终被学术界抛弃。联邦政府和民间团体也积极关注并推动对种族理论及美国社会种族关系的研究，从而对种族主义信条提出正面挑战。与此同时，二战也推动了美国公众对于种族态度的转变。至二战结束时，美国社会的种族关系已有了一定程度的改善，州和联邦层面的反种族歧视的立法也纷纷出台。种种迹象表明，至二战结束前后，种族主义已经从神坛上跌落下来，成为被广泛抨击的对象。

### 一　"科学种族主义"在学术界的自行衰退

实际上，早在众多学界著名人士杜撰"科学种族主义"的过程中，社会科学领域就有少数知识分子表达不同观点。哥伦比亚大学人类学家弗朗兹·博厄斯（Franz Boas）在反种族主义思潮的形成中发挥了重要作用。博厄斯出生在普鲁士一个犹太自由主义家庭，1887年，他从德国移民到美国。博厄斯很早就密切关注反犹主义，在20世纪初美国关于移民的辩论中，他强烈支持保持美国人口多样性，并着力抨击从种族角度解释人类群体智力和社交能力差异的做法。博厄斯主要通过持续地阐述文化概念完成他的使命，提出文化决定人类行为的思想。1911年，他出版《原始人的思维》一书。该书的主题是，种族、文化和语言是独立的因素，不应该混在一起。他认为，移民和历史变迁已经将这三个因素重叠在一起，但是，从原则上讲，它们是独立的。至30年代，博厄斯在种族问题上的立场开始对美国社会科学家产生重要影响。[1]

早在 20 世纪 20 年代末，在英美的主要科学圈里，以生物学上的种族差异解释文化差异的做法就受到质疑。这些质疑者认为，种族差异只是人的一种外在特点而已。至 30 年代，"种族主义"作为一个贬义性的新词开始在有记录的英语中出现。同时，学术界也开始将其作为具有压迫性和教条性的意识形态加以关注。美国人类学家鲁思·本尼迪克特在其《文化模式》一书中指出，"从人的生物学结构来讲，任何人都能接受不同的文化，生物学上的构造和人的行为没有必然关联"。人类学家玛格丽特·米德也以相似的口吻，积极推广"环境因素"高于"天性"的说法。[2]

1933 年希特勒在德国上台后，纳粹政权以日耳曼种族优越论对犹太人进行迫害和屠杀。这一赤裸裸的事实将种族主义的内在罪恶暴露无遗，它使人们更真实、更直接地感受到了种族主义致命的可能性及对其滥用的恐怖后果。纳粹暴政为学术领域进行的关于"种族主义"的辩论提供了一个活生生的参照，直接推动了学术界对"科学种族主义"的抛弃。自 1933 年开始，除少数右翼激进分子外，大多数科学家将纳粹种族主义视作一派胡言。[3]

可以说，德国纳粹分子利用种族理论支持其迫害犹太人和其他少数种族的残酷政策的行为与早期鲁思·本尼迪克特等人类学家的著作，共同打破了"科学种族主义"在学术界的声望。[4]

50 年代初，美国人类学协会前主席、加利福尼亚大学人类学教授拉尔

---

[1]　Kevin MacDonald, "Jewish Involvement in Shaping American Immigration Policy,1881-1965: A Historical Review, " *Population and Environment*, Vol.19, No.4, 1998, pp. 305-308; Elazar Barkan, *The Retreat of Scientific Racism: Changing Concepts of Race in Britain and the United States*, New York: Cambridge University Press, 1992, p. 81.

[2]　参见 Elazar Barkan, *The Retreat of Scientific Racism: Changing Concepts of Race in Britain and the United States*, New York: Cambridge University Press, 1992, p. 341。

[3]　Carl J. Bon Tempo, *Americans at the Gate: The United States and Refugees During the Cold War*, Princeton: Princeton University Press, 2008, p. 21.

[4]　Robert L. Fleegler, A Nation of Immigration: the Rise of "Contributionism" in the United States, 1924-1965, Ph.D. Diss., Brown University, 2005, p. 88.

夫·L.比尔斯从个人和群体的角度进一步解释种族主义的荒谬，他说道：

> 所有科学证据表明，任何人从本质上讲都能够接受和适应我们的文明。在不同生活方式（人类学上的术语称作不同文化）下成长起来的人会发现，作为一个成年人很难适应一种新的环境，困难的程度因其所形成的生活方式的不同而异。简单来讲，因为经历不同，一些人会很容易适应美国的文明，但是，这种不同与他们所属特定群体的内在品行无关。[①]

1950年7月18日，《纽约时报》刊登了一篇报告，报告题目为"世界专家小组发现种族偏见是没有科学基础的"。该报告由联合国教科文组织发布，报告中"提供了证明种族歧视没有科学依据的证据"[②]。应该说，这是一个划时代的事件。它所展现的一个事实是，经过几十年的研究和辩论，至1950年，科学家们最终就种族概念达成了一个新的共识：不同种族之间是平等的。虽然学术界的共识在现实中的美国还远远没有达成，但是，其意义重大。如果说19世纪末20世纪初的科学家们向公众传达的信息是科学证实了种族偏见的合理性，那么，至1950年，科学家们在向公众传递一个相反的信息：科学否认了惯常的种族偏见。

## 二 政府和民间团体对种族关系的研究和质疑

"科学种族主义"在知识界走向衰落的同时，美国政府和民间团体也开始关注种族问题。早在战争期间，联邦政府就投入史无前例的资源对这一问题进行研究，使诸多反种族主义的信条得以被详细阐述。政府对

---

① President's Commission on Immigration and Naturalization, *Whom We Shall Welcome*, Washington, D.C.: U. S. Government Printing Office,1953, p. 93.

② Elazar Barkan, *The Retreat of Scientific Racism: Changing Concepts of Race in Britain and the United States*, New York: Cambridge University Press, 1992, p. 341.

这一问题的介入，在某种程度上也推动了社科领域的变革。美国性格心理学家戈登·W.阿尔伯特的《偏见的本质》(*The Nature of Prejudice*) 一书堪称代表性成果。他将种族传统思维作为一个特殊案例纳入行为科学的研究主流中，提出偏见是引发歧视的原因。从此，认知理论成为研究偏见和歧视的主导性理论视角。[①] 在积极推动学术界对种族问题进行研究的同时，种族问题也开始被纳入国内政治生活当中。二战期间，在批准招募日裔美国人士兵时，罗斯福总统表示，"美国主义从来不是一个种族和血统问题"[②]。1946 年 12 月 5 日，杜鲁门发布第 9908 号行政命令，创立总统民权委员会。[③] 该委员会迅速展开对全国民权状况的广泛调查。在委员会调查期间，杜鲁门总统屡次公开提到民权问题。1947 年 1 月 6 日，杜鲁门在向国会提交的国情咨文中提及，"最近我们目睹了由种族歧视和宗教偏见引发的大量针对公民个人宪法权利的攻击性事件"。他倡导与这些行为做斗争。[④] 同年 10 月 29 日，总统民权委员会完成调研工作并向杜鲁门提交了名为《保障这些权利》的报告。该报告着重强调了美国社会中存在的侵犯民权的现象，提出的建议之一就是加强机会平等的权利，在美国人民的生活中消灭以种族、肤色、信仰和民族来源为基础的种族歧视和隔离。总统民权委员会报告反映了战后美国社会对国内种族问题的反思及对其应对方式的探索。[⑤] 白宫对这项报告给予了高度评价，并希望该委员会

---

[①] Irwin Katz, "Gordon Allport's '*The Nature of Prejudice*'," *Political Psychology*, Vol. 12, No. 1, 1991, p. 125.

[②] 参见 Stephen Thomas Wagner, The Lingering Death of the Nation Original Quota System: A Political History of United States Immigration Policy, 1952-1965, Ph.D. Diss., Harvard University, 1986, p. 27。

[③] Harry S. Truman, "Executive Order 9808—Establishing the President's Committee on Civil Rights", December 5, 1946, http://www.presidency.ucsb.edu/ws/index.php?pid=60711, 访问时间：2017 年 6 月 10 日。

[④] Harry S. Truman, "Annual Message to the Congress on the State of the Union", January 6, 1947, http://www.presidency.ucsb.edu/ws/index.php?pid=12762, 访问时间：2017 年 6 月 13 日。

[⑤] 谢国荣：《民权运动的前奏——杜鲁门当政时期美国黑人民权问题研究》，人民出版社，2010，第 152~153 页。

报告成为"当代人类的自由宪章"①。可以说，美国政府对种族问题的关注及在这一问题上的公开表态，在美国历史上是空前的，它成为战后美国种族主义式微的一个重要体现。

与此同时，美国犹太人委员会也对种族和宗教偏见的根源展开研究。经过大量调查，该委员会于 1950 年出版《权威性格》（*Authoritarian Personality*）一书。该书提出，反犹主义远不是一个孤立的现象，它更是普遍的右倾意识形态的一部分，是扭曲的"消极进攻"（passive-aggressive）人格的产物。②另一个热衷于研究种族关系的民间机构是纽约卡内基基金会。1938 年，该基金会资助瑞典经济学家、诺贝尔奖获得者贡纳尔·默达尔对美国种族关系进行一次客观公正的评估。1944 年，默达尔的《美国的困境》（*An American Dilemma*）一书出版。这部著作对传统的种族态度提出了正面挑战。在书中，作者在对美国种族关系的历史、现状和前景进行了全面和系统的分析后指出，美国的价值观和种族政策之间存在冲突和差距。③在全世界都在反对纳粹主义和种族主义斗争的背景下，默达尔的著作引起了美国国内对自身种族政策的关注。虽然该书主要指向的是美国黑人种族问题，但它很难不引发对美国种族主义思想和政策的整体质疑。

## 三　民众种族态度的转变和种族关系的改善

毫无疑问，无论从哪个角度来讲，二战对美国来说都是一个具有分水岭意义的事件，由其引起的变化之一就是美国社会和意识形态的变化。为反对种族主义的纳粹政权，美国积极倡导不同背景的人组成同盟，并肩作战。为实现战时团结，促进国内生产和军事胜利，美国政府高喊团结和宽

---

① Harry S. Truman, "Statement by the President Making Public A Report by the Civil Rights Committee", October 29, 1947, http://www.presidency.ucsb.edu/ws/index.php?pid=12780, 访问时间：2017 年 6 月 15 日。

② 参见 Aristide R. Zolberg, *A Nation by Design: Immigration Policy in the Fashioning of America*, Cambridge: Harvard University Press, 2006, p. 299。

③ 谢国荣：《二战对美国民权运动的影响》，《世界历史》2005 年第 3 期，第 15 页。

容。即使在战争结束后，为实现战后经济的平稳过渡和应对悄然到来的冷战，文化多元主义和宽容精神依然受到推崇。正如有的学者所言，战时宣传及战后相关活动中对宽容和合作的强调成为美国认同的一个重要部分。[①]

美国自由主义者为促进国家团结和人人机会平等，也抓住这个机会宣传互相尊重和兄弟情谊。路易斯·阿达米克（Louis Adamic）作为一名出生于斯洛文尼亚的移民作家，早在20世纪30年代就拥有大量读者。1940~1945年，他连续撰写了四本著作，这些著作均致力于宣扬一种观点：美国的价值观产生于"普利茅斯和爱丽丝岛"（美国历史上的两大移民入口），美国是"万国之邦"。作为杰出的移民代表，阿达米克和阿尔伯特·爱因斯坦、托马斯·曼恩等被移民和归化局邀请到电台，参加一档广受欢迎的广播节目——《我是一个美国人》。此外，来自苏联的移民亚历山大·阿兰德于1943年出版图片集——《美国对位》。该图片集的序言中这样讲道，"当一个男人或一个女人，因为种族和宗教、肤色和阶级而轻视另一个男人和女人时，就说明美国受到了威胁"。华莱士·斯蒂格与《瞭望》的编辑在他们1945年出版的《一个国家》中，同样为"多样性的团结"发出了抗辩。1942~1945年，甚至好莱坞电影产业也有意识地努力促进这个国家大多数种族群体之间更好地理解对方，以及从更广阔的层面上促进二战中与美国结成同盟的国家和种族之间的理解。[②] 以上种种事例说明，美国社会的种族歧视和偏见氛围在某种程度上已经有所稀释。

此外，下面这个真实的故事也许更能说明战后美国白人种族观念的弱化。上文提到，美国曾于1917年通过一项文化测验法，该项法案主要以限制意大利等东南欧国家移民为基本目标。实际上，早在1894年就有人开始倡导这一法案，当时的新英格兰参议员亨利·卡伯特·洛奇就是倡导

---

① Robert L. Fleegler, " 'Forget All Differences until the Forces of Freedom are Triumphant' : The World War II – Era Quest for Ethnic and Religious Tolerance," *Journal of American Ethnic History*, Vol.27, No.2, 2008, pp. 68-69.

② Stephen Thomas Wagner, The Lingering Death of the Nation Original Quota System: A Political History of United States Immigration Policy, 1952-1965，Ph.D. Diss., Harvard University, 1986, pp. 25-27.

者之一。这个对东南欧移民充满抵触心理的本土白人还是文化测验法的文本撰写者。老洛奇有一个孙子名叫约翰·洛奇，然而，成年后小洛奇的所作所为都是和他祖父不同甚至是相反的：他与一个意大利演员结婚；1946年，进入政界后，他选择在一个意大利人众多的选区竞选国会议员；竞选中，小洛奇用意大利语在意大利观众前发表演讲，成为一个受欢迎者，而他的对手虽然是一个年轻的意裔美国人并有光辉的战争经历，却不会说意大利语，最终小洛奇赢得了胜利。[①] 通过这个故事，我们可以看出，相比于19世纪末20世纪初，二战前后美国社会中的种族意识趋向淡薄，种族界限也不再分明。

如果说种族观念的改变更多的是一种无形的感受，那么，战后种族关系的改善则是清晰可见的。例如，至二战结束时，"寻求进入专业学校的犹太人比1929年的申请者多了10%~15%的机会；第一代东南欧背景的天主教徒在中上阶层住宅区购买住房的困难小了很多；二战期间，美国黑人第一次感受到在北部华丽的百货公司担任销售员这一白领职位的荣誉；劳工申诉委员会的黑人代表已变得习惯于和他的白人同事一样自由地大声说话"[②]。

需要强调的是，我们不应过高估计二战前后美国社会种族观念和种族关系的改变程度。实际上，种族主义从未消失，只是它不再受到尊重和推崇。[③] 但是，可以肯定的是，相对于战前来讲，在美国民众，尤其是白人民众心目中，种族的重要性明显呈下降趋势，舆论氛围也确实正在缓慢地发生变化。[④] 这一变化足以说明，20世纪20年代形成的充满种族等级

---

① Arthur Mann, "Attitudes and Policies on Immigration: An Opportunity for Revision," *Publications of the American Jewish Historical Society,* Vol.46, No.3, 1957, p. 289.

② Aristide R. Zolberg, *A Nation by Design: Immigration Policy in the Fashioning of America*, Cambridge: Harvard University Press, 2006, p. 297.

③ Elazar Barkan, *The Retreat of Scientific Racism: Changing Concepts of Race in Britain and the United States*, New York: Cambridge University Press, 1992, p. xi.

④ 〔美〕塞缪尔·亨廷顿：《我们是谁？——美国国家特性面临的挑战》，程克雄译，新华出版社，2005，第255页；David M. Reimers, *Still the Golden Door: The Third World Comes to America*, New York: Columbia University Press, 1992, p. 13。

色彩的移民政策已经和美国真实的现实不相符合。[1] 也就是说，以种族和民族属性评判移民已经失去了以前的权威性，它在公众领域已经很难发挥主导性作用。虽然以种族主义为基础的民族来源限额体制在这场种族主义的全面式微中并未遭遇公开、正面的挑战，但是，它已经明显不符合新时代对"种族伦理"的认知。正如 1953 年移民与归化总统委员会报告所言，"既然民族来源限额体制的基础消失了，那么，这一体制本身也应该消失"[2]。的确，失去根基的房子必然走向坍塌。

## 第三节 "世界主义"转向下移民政策自由化趋向

美国移民政策体系形成于孤立主义盛行的 20 世纪 20 年代，移民的种族和民族属性是当时政策制定中的一个主导性因素，而政策的外交意义则处于相对次要的地位。[3] 这种情况一直持续到美国参加第二次世界大战。随着美国向世界主义转向，带有孤立主义烙印的美国移民政策愈发显得不合时宜，持续遭遇来自现实的挑战。

### 一 亚洲移民的新契机

众所周知，1943 年 12 月 7 日，日本突袭美国在夏威夷的军事基地珍珠港，次日美国宣布参战。在战时特殊情况下，中国成为一个受尊敬的盟国。当时，中国是远东战场抗击日本法西斯的中坚力量，中美结盟以联合抗击

---

[1] Arthur Mann, "Attitudes and Policies on Immigration: An Opportunity for Revision," *Publications of the American Jewish Historical Society*, Vol.46, No.3, 1957, p. 289.

[2] President's Commission on Immigration and Naturalization, *Whom We Shall Welcome*, Washington, D.C.: U. S. Government Printing Office, 1953, p. 97.

[3] 尤其是在对欧洲和亚洲移民的政策上，外交政策考量非常有限，但是对西半球移民政策却比较多地关注外交政策影响。在 1924 年讨论移民法案中的亚洲排斥条款时的确有传教士提出其外交上的不良后果，但最终被国会忽略掉。

日本既符合美国的根本利益，也是美国在亚洲赢得战争胜利的根本保证。因此，在向中国提供经济和军事援助的同时，美国还开始重新考虑现行的排华法案。如上文所言，排华法案是对华人公然的种族歧视，这对于美国所急切追求的中美合作必然是一个巨大的障碍。因此，在"废除排斥华人公民委员会"的积极游说之下，来自华盛顿的民主党议员沃伦·G. 马格纳森向国会提交一项议案，基于外交需要的视角要求废除排华法案。该提案得到广泛支持。罗斯福总统在给国会的信中也强调了废除排华法案的意义："这一立法对于打赢这场战争和建立巩固和平的事业是重要的。"[1] 司法部长在写给参议院的信中同样谈道，"中国人民的英雄主义已经赢得了联合国的尊敬和爱戴。国会废除我们过时的排斥法案，可以表达我们对中国的感激之情和尊敬"。[2] 当然，在听证会上，废除排华法案的反对者也陈述了一些传统的理由进行反驳。例如，他们并不认为排华法案属于种族歧视，而是出于经济考虑及华人的难以同化性。还有一些人认为，移民政策是内政问题，与战争无关，在战争时期改变移民政策是不明智的。[3] 虽然在听证会阶段各方争执不下，但是，当议案被提交国会讨论时，反对者寥寥，参众两院顺利予以通过。1943 年 12 月 17 日，该法案由罗斯福总统签署生效，这就是《马格纳森法案》。该法案主要包括三方面的内容：第一，废除了之前所有排斥华人的法案。第二，将限额条款的应用范围象征性地扩展至中国，为其每年分配105 个移民名额。第三，华人移民及其后裔获得归化的权利。[4]

---

[1] Franklin D. Roosevelt, "Message to Congress on Repeal of the Chinese Exclusion Laws", October 11, 1943, http://www.presidency.ucsb.edu/ws/index.php?pid=16325, 访问时间：2017 年 5 月 15 日。

[2] U. S. Congress, *Senate Report No.535, Repealing the Chinese Exclusion Laws and to Establish Quotas*, 78th Congress, 1st Session, November 16, 1943, p. 2, http://infoweb.newsbank.com/, 访问时间：2012 年 6 月 10 日。

[3] U. S. Congress, *House of Representatives Report No. 732, Part 2, Repealing the Chinese Exclusion Laws, Minority Views*, 78th Congress, 1st Session, 1943, p. 1, http://infoweb.newsbank.com/, 访问时间：2012 年 6 月 10 日。

[4] U. S. Congress, *Senate Report No.535, Repealing the Chinese Exclusion Laws and to Establish Quotas*, 78th Congress, 1st Session, November 16, 1943, pp. 3-4, http://infoweb.newsbank.com/, 访问时间：2012 年 6 月 10 日。

从此，中国移民拥有了归化和入境的权利。罗斯福总统在随后的声明中满意地说道，"（中美）之间一个令人遗憾的障碍被废除了，远东战争的努力会更加积极，我们之间会对共同目标有更深的理解"①。1946年，出于同样的考虑，美国又给予印度和菲律宾两国移民与中国移民相似的待遇。随后，因为1943年废除排华法案时未考虑到美国公民的中国妻子问题，所以，国会于1946年又通过法案，授予美国公民的中国妻子非限额移民的身份（双方必须在1924年5月26日之前已经结婚）。毋庸置疑，战争期间美国给予中国、印度和菲律宾等亚洲国家移民入境和入籍权主要出于外交需要。从根本上讲，这些政策变化并未触及美国移民政策的本质。但是，正如有的学者所言，授予中国、印度及菲律宾限额，将不可避免地引发更进一步的要求，直至整个亚洲排斥政策被废除。②

果不其然，1947年，来自明尼苏达的众议员沃尔特·贾德向国会提交一项议案，要求废除移民法中歧视和排斥亚洲移民的条款，就像之前给予中国、印度和菲律宾人移民和归化的权利一样，给予所有亚洲和太平洋地区国家③移民同样的权利。作为一名曾经在中国传教的医学传教士，自1947年以来，贾德就开始倡导这一理念，借以终结"亚洲排斥"。具体来讲，他的主张主要包括两项内容。第一，设立一个"亚洲—太平洋三角区"（以下简称"亚太三角区"）④，以此取代1917年文化测验法中的"亚洲

---

① Franklin D. Roosevelt, "Statement on Signing the Bill to Repeal the Chinese Exclusion Laws", December 17, 1943, http://www.presidency.ucsb.edu/ws/index.php?pid=16354, 访问时间：2017年6月20日。

② Robert A. Divine, *American Immigration Policy, 1924-1952*, New Haven: Yale University Press, 1957, p. 154.

③ Edward P. Hutchinson, *Legislative History of American Immigration Policy, 1798-1965*, Philadelphia: University of Pennsylvania Press, 1981, p. 275.

④ 指东经60度以东、西经165度以西、南纬25度以北的地区，其中具体包括阿富汗、巴基斯坦、东南亚各国、中国、蒙古人民共和国、日本、韩国、菲律宾及夏威夷群岛以西的太平洋岛屿。参见 U. S. Congress, "Immigration and Nationality Act of 1952," in *United States Code Congressional and Administrative News, 82nd Congress, 2nd Session, 1952*, Vol.2, St. Paul: West Publishing Co., 1952, p. 1690。

禁区"。所有处于这一地理区域内的国家每年均享有 100 个签证限额，同时还增设额外的 100 个限额，提供给这一地区的混血后裔和殖民地居民。第二，与欧洲人申请移民美国是以出生国为基础不同的是，"亚太三角区"所有国家的人申请移民美国需以血统为基础。也就是说，一名出生在南美洲国家却具有泰国血统的人，如果想申请移民美国，那么，他（她）必须占用泰国限额，而不能因为出生在西半球独立国家而具有非限额移民的身份。① 尽管备受争议，但是贾德的议案也得到了多方支持并在众议院获得通过，而参议院此时正进行全面移民问题调查，以暂不处理任何移民相关问题为由将此议案搁置。

除了为争取某些亚洲国家在战争中的合作，美国不得不放宽针对它们的移民政策外，美国军人与其亚洲配偶的团聚也是它必须面对的问题。二战期间，大量海外作战的美国军人和具有亚洲血统的女孩结婚。战争结束后，随着这些军人的复员回国，美国明显急迫需要对他们的亚洲新娘或未婚妻实施一项更加人道主义的政策。② 实际上，早在 1945 年 12 月 28 日，国会就通过一项紧急法案——《战争新娘法》。该法案规定，美国公民的外籍新娘及其未成年子女可以以非限额移民身份进入美国，但是，法案同时提出，该法只适用于限额体制下符合条件的欧洲人，不包括因没有归化权而被排斥的亚洲移民。也就是说，只有美国海外士兵的欧洲新娘及其未成年子女可以享受该法案赋予的特权，而亚洲新娘及其未成年子女则不在法案适用之列。因此，1947 年，国会对 1945 年《战争新娘法》做出修正，将限额体制下不符合入境条件的美国军人配偶及其未成年子女纳入其中，

---

① U. S. Congress, *House of Representatives Report No.65, Providing the Privilege Becoming A Naturalized Citizen of the United States to All Immigrants Having a Legal Right to Permanent Residence, to Make Immigration Quota Available to Asian and Pacific Peoples*, 81st Congress, 1st Session, February 10, 1949, pp.7-11, http://infoweb.newsbank.com/, 访问时间：2012 年 6 月 10 日。

② Philip E. Wolgin and Irene Bloemraad, " 'Our Gratitude to Our Soldiers' : Military Spouses, Family Re-Unification, and Postwar Immigration Reform," *Journal of Interdisciplinary History*, Vol.41, No.1, 2010, p. 27.

此次修正主要针对亚洲人。①

综上可以看出，战争期间及战后一系列特别立法的出台，为民族来源限额体制下受到排斥的亚洲移民进入美国提供了新契机，美国的亚洲移民迅速增加。以《战争新娘法》为例，1946~1950 年，虽然在该法案下进入美国的外籍配偶中的绝大多数来自欧洲，但是，来自亚洲，尤其是来自中国的战争新娘数量急剧增加。据统计，在法案通过之初，大部分战争新娘来自英国和澳大利亚，至 1948 年财年，中国就成为战争新娘的主要来源国之一。这一年，居前四位的战争新娘来源国为德国（3316人）、中国（2643 人）、意大利（2520 人）、日本（296 人）。从 1946年 4 月第一艘载有战争新娘的船只到达美国，至 1948 年 12 月 31 日该法案期满失效，进入美国的所有战争新娘中，每 100 人中至少有 18 人来自亚洲。②

对于以上针对亚洲国家的移民特别立法，人们的评价历来分歧甚大。例如，当国会出台废除排华法案的立法时，当时旧金山唐人街的一名自由主义记者吉尔伯特对此进行强烈谴责。他认为，国会的这一行为只是一个象征性姿态，甚至是对华裔美国人的侮辱。③ 政治学学者丹尼尔·J. 蒂奇纳也强调，排华法案的废除只是一个空壳性的胜利，是政策制定者为维护战时同盟的利益做出的一个象征性姿态。④ 相反，美国著名移民史学家罗

①　U. S. Congress, *Senate Report No.501, Amending the Act to Expedite the Admission to the United States of Alien Spouse and Alien Minor Children of Citizen Members of the United States Armed Forces*, 80ᵗʰ Congress, 1ˢᵗ Session, July 11, 1947, pp. 1-2, http://infoweb.newsbank.com/，访问时间：2012 年 6 月 10 日。

②　U. S. Congress, *House of Representatives Report No.150, Authorizing Completion of the Processing of the Visa Cases, and Admission into the United States of Certain Alien Fiances and Fiancees of Members, or of Former Members, of the Armed Forces of the United States, as was Provided in the So-Called GI Fiancees Act (60 Stat 339), As Amended*, 81ˢᵗ Congress, 1ˢᵗ Session, February 17, 1949, pp. 3-4, http://infoweb.newsbank.com/，访问时间：2012 年 6 月 10 日。

③　Roger Daniels, "Immigration Policy in a Time of War: The United States, 1939-1945," *Journal of American Ethnic History*, Vol.25, No.2/3, 2006, p. 109.

④　Daniel J. Tichenor, *Dividing Lines: The Politics of Immigration Control in America*, Princeton: Princeton University Press, 2002, p. 177.

杰·丹尼尔斯则有不同看法。他高度评价废除排华法案的意义，将其视作美国移民政策的一个重要转折，认为这一变化预示着美国移民政策从强调种族和民族来源朝更加看重意识形态的方向转变。[1]

诚然，1943 年美国废除排华法案的《马格纳森法案》只是一个战时法令，没有触动移民政策本质，美国移民政策中歧视和排斥亚洲移民的法律依然存在。而且，中国每年只能得到 105 个移民限额，且限额的使用只能以血统而不是以出生国为基础。在某种程度上，这的确是对中国另一种形式的歧视。更何况，美籍华人的妻子及未成年子女不能像欧洲裔美国人的直系亲属那样获得非限额移民身份（1947 年通过立法加以修订）。因此，上文那位自由主义记者的观点是可以理解的。但是，如果就亚洲移民获得移民美国机会这一事实而言，排华法案的废除已经猛烈撞击了亚洲排斥这块铁板。[2] 因此，从这个意义上说，第一种批判性观点过于矮化了这一时期针对亚洲移民的特别立法。对于第二种观点，如果仅仅由于因战争需要而对中国进行特殊对待，就将其视作美国移民政策的转折点，似乎又过高评价了 1943 年国会废除排华法案的意义。实际上，就美国整个移民政策体系而言，亚洲排斥原则依然是存在其中的。

尽管如此，但正如前众议员约翰逊的顾问约翰·B. 特雷弗所言，排华法案的废除和随后对印度和菲律宾的同样对待，以及接纳美国军人的亚洲新娘等一系列特别立法，对于美国移民政策而言，更多的是"形成了巨大威胁"。[3]这种威胁的发生本身就对美国移民政策形成了一种事实上的挑战。

但是，总体而言，战时及战后初期，针对亚洲移民的一系列特别法案在国会辩论的过程中争议相对较小，尤其是在接收战争新娘的问题上更是

---

[1]　Roger Daniels, "Changes in Immigration Law and Nativism Since 1924," *American Jewish History*, Vol.76, No.2, 1986, p. 164.

[2]　Philip E. Wolgin and Irene Bloemraad, " 'Our Gratitude to Our Soldiers' : Military Spouses, Family Re-Unification, and Postwar Immigration Reform," *Journal of Interdisciplinary History*, Vol.41, No.1, 2010, p. 28.

[3]　Roger Daniels, "Changes in Immigration Law and Nativism Since 1924," *American Jewish History*, Vol.76, No.2, 1986, p. 166.

几乎没有争议。[①] 形成这种高度共识的原因首先是所有法案涉及的移民数量都比较少；其次是法案支持者强调战争需要或解决与战争直接相关的问题，探讨的重心并不是修改移民政策问题，因此没有引起保守主义者太大的反感，甚至来自得克萨斯州的众议员、极端限制主义者埃德·戈塞特都坚称，废除排华法案是"一项战时的、和平的措施"。[②]

如果说保守主义者对于一系列针对亚洲移民的特别立法还能坦然接受并游刃有余地控制的话，那么，当面对战后欧洲数百万流亡人员问题时，他们则感受到了史无前例的危机。

## 二  欧洲难民问题与美国的应对

### （一）欧洲难民问题与美国最初的应对方式

伴随着二战中双方敌对状态的结束，欧洲流亡人员问题就在德国、奥地利和意大利出现了。战争终止时，欧洲大约 800 万名无家可归者需要得到盟军的保护。这些人员包括集中营中的犹太人幸存者、战俘及德国战时从其征服和占领国家强行掠夺的劳工。此外，在苏联军队进入之前，成千上万的东欧国家的逃亡者也进入西欧，而且，哪怕在战争结束后，逃亡者依然持续不断，包括 1946 年波兰反犹暴动中的幸存者及共产党政权的恐惧者。[③] 面对欧洲数量庞大的流亡人员，美国应该做何反应？

从历史上来讲，美国并不是第一次面对难民问题。众所周知，第一次世界大战也曾导致欧洲出现数百万难民，但是，由于当时美国反外情绪高涨，并且参议院拒绝加入国际联盟，当时美国几乎没有为难民提供任何帮助。甚至有学者认为，20 世纪 20 年代美国出台的限制性移民法案实际上

---

① Stephen Thomas Wagner, The Lingering Death of the Nation Original Quota System: A Political History of United States Immigration Policy, 1952-1965, Ph.D. Diss., Harvard University, 1986, p. 30.

② Robert A. Divine, *American Immigration Policy, 1924-1952*, New Haven: Yale University Press, 1957, p. 151.

③ U. S. Congress, *Senate Report No.950, Displaced Persons in Europe*, 80th Congress, 2nd Session, Washington, D. C. : U. S. Government Printing Office, 1948, p. 8.

就是为阻止遭受战争破坏的欧洲移民的涌入。[①] 时至 30 年代，由于纳粹的上台及其展开的针对犹太人的迫害活动，德国出现大量犹太难民。二战爆发后，随着纳粹德国对其他国家的侵入、吞并和占领，欧洲更是不断出现大量难民。如何应对这些欧洲难民？虽然美国也就这一问题进行过激烈的讨论和争执，但是，它始终没能从根本上动摇 20 年代形成的民族来源限额体制，只是通过行政手段，象征性地接收了一些难民。比如，1940 年巴黎沦陷后，罗斯福政府临时决定接收因纳粹侵入而必须离开法国的德国"政治和知识分子"难民；[②] 1944 年，罗斯福总统命令接收来自意大利难民营的 982 名欧洲犹太人。[③] 可见，面对一战以来欧洲的历次难民问题，美国只是利用行政手段，象征性地接收了少量对美国"有用"的难民。

如果说，二战之前和二战当中美国对欧洲难民基本持漠然态度，那么，二战结束之后，面对数量如此庞大的欧洲难民，它是否可以继续袖手旁观呢？这一问题恐怕很难给出肯定的回答。原因有二。第一，二战结束后，美国自诩为"自由世界领导者"。为此，它不仅要维护其权威者形象，还要承担起作为领导者的责任和义务，维护"自由世界"的秩序。第二，战后与苏联的渐行渐远以及冷战的最终兴起，导致美国日益将欧洲视作与苏联斗争的桥头堡，重建和重新武装欧洲已逐渐上升为其外交上的最高优先事务。因此，此时的欧洲之于美国已然有了巨大的地缘政治利益。在此背景下，如何解决战后欧洲难民问题就成为美国无法回避的问题。

然而，也许出于惯性，二战结束后，当面对欧洲庞大数量的难民时，美国并没有迅速从以往的态度和做法中转变过来，不但没有对难民给予特别关注，更没有打算将难民安置到美国，而是寻求在战时同盟的框架内，

---

[①] Mae M. Ngai, *Impossible Subjects: Illegal Aliens and the Making of Modern America*, Princeton: Princeton University Press, 2004, pp. 234-235.

[②] David Wyman, *Paper Walls: America and the Refugee Crisis,1938-1941*, Amherst: University of Massachusetts Press, 1968, pp. 137-138.

[③] Franklin D. Roosevelt, " Cablegram to Ambassador Robert Murphy in Algiers on Bringing Refugees to the United States", June 9, 1944, http://www.presidency.ucsb.edu/ws/index.php?pid=16519, 访问时间：2017 年 5 月 14 日。

将难民问题作为一个战争善后工作加以考虑。1945 年 2 月 11 日，美国和苏联就照管与遣返欧洲难民的程序在雅尔塔签订了协定。按照该协定，在美国支持下，联合国善后救济总署于 1945 年之前将大约 800 万名难民遣返回其母国。然而，意料之外的是，在英法美德占领区及奥地利和意大利，大约有 100 万名难民因其母国政治和社会剧变而拒绝被遣返回国。这些有家不回的难民在欧洲游荡，成为一个巨大的流亡人员群体。因为《雅尔塔协定》中并无解决这一意外情况的预案，这导致美苏之间产生分歧。美国的态度非常坚定，拒绝强迫遣返难民；苏联则认为，应该将苏联占领或共产党政府控制的波罗的海国家、乌克兰、波兰等国的在外流亡人员强行遣返回国。[①] 美国既然拒绝强行遣返，也就意味着它要承担起照管这些流亡人员的责任。然而，在这一问题上，美国内部的态度并不一致。

### （二）美国各方态度及政策困境

以杜鲁门总统为代表的一方强调人道主义及国际领袖角色的责任，主张营救和接收苏联要求强制遣返的流亡人员。1945 年，他曾派遣前移民与归化事务专员厄尔·哈里森前往欧洲调查难民营情况，并根据哈里森提交的调查结果——《哈里森报告》，积极寻求安置难民的方式。杜鲁门一方面致力于推动英国开放巴勒斯坦，允许犹太人进入；[②] 另一方面于 1945 年 12 月 22 日发布行政命令，指示在现有移民法案下，优先对待所有难民，尤其是孤儿，并要求将战争期间积累的未用限额用于接收流亡人员。[③] 然而，大部分欧洲流亡人员的来源国恰恰是那些在限额体制中享有移民限额很少的东南欧国家，再加上执行过程的复杂性，最终导致总统行政命令效果不佳。

---

① U. S. Congress, *Senate Report No.950, Displaced Persons in Europe*, 80th Congress, 2nd Session, Washington, D. C. : U. S. Government Printing Office, 1948, p.8.

② Leonard Dinnerstein, *The America and the Survivors of the Holocaust: The Evolution of United States Displaced Persons Policy, 1945-1950*, New York: Columbia University Press, 1982, p.73.

③ Harry S. Truman, "Statement and Directive by the President on Immigration to the United States of Certain Displaced Persons and Refugees in Europe", December 22, 1945, http://www.presidency.ucsb.edu/ws/index.php?pid=12253，访问时间：2017 年 6 月 10 日。

1946 年，在行政命令下真正获得入境机会的欧洲流亡人员不到 5000 人。[①]
对此，杜鲁门并没有放弃，他进一步思考更多接收难民的途径，甚至在
1946 年夏与拉丁美洲代表及参众两院负责移民事务的议员召开会议进行磋
商，积极考量将流亡人员安置到拉丁美洲的可能性。但是，杜鲁门最终的
选择是，他将谋求通过国会立法的方式接收一定数量的流亡人员。[②] 随后，
在 1947 年的国情咨文中，杜鲁门利用他的"第一号讲台"，竭力劝说国会
制定专门的流亡人员立法。正如他在国情咨文中所言，行政部门的确已经
"在现有移民法案和限额限制之下竭尽所能"地援助流亡人员，现在"向成
千上万的无家可归者履行责任的"任务落到了国会身上。[③]

对杜鲁门寻求通过立法接收流亡人员的想法，美国众多民间团体也都
表现出极大的关注。美国犹太人委员会等犹太团体和美国基督教教堂联合
会都以官方名义支持接收更多的欧洲流亡人员。此外，众多媒体也给予了
积极回应。《纽约时报》和《华盛顿邮报》等媒体都纷纷表示支持。《纽约
时报》赞扬总统的做法并附和道："我们必须承担难民项目中公平的份额。"
《生活》杂志是第一个对推动一项新的政策表现出兴趣的全国性杂志，其
编辑坚定地宣称："关于这些流亡人员的困境最令人震惊的一个事实是，美
国政府和人民本来能够为他们打开大门，但是没有这样做。"该杂志编辑
在纽约州政客的要求下，推动杜鲁门于 10 月再次重申了建议国会通过立
法帮助流亡人员的想法。[④]

---

[①]　Josephine Ripley, "The Climate Shifts on Immigration," *Commentary*, No.5, 1948, p. 36.

[②]　Harry S. Truman, "White House Statement on Palestine and on the Problem of Displaced Persons in General", August 16, 1946, http://www.presidency.ucsb.edu/ws/index.php?pid=12504, 访问时间：2017 年 6 月 10 日。

[③]　Harry S.Truman, "Annual Message to the Congress on the State of the Union", January 6, 1947, http://www.presidency.ucsb.edu/ws/index.php?pid=12762, 访问时间：2017 年 6 月 13 日。

[④]　Harry S. Truman, "Statement by the President Following the Adjournment of the Palestine Conference in London", October 4, 1946, http://www.presidency.ucsb.edu/ws/index.php?pid=12520, 访问时间：2017 年 6 月 13 日；Leonard Dinnerstein, *The America and the Survivors of the Holocaust: The Evolution of United States Displaced Persons Policy, 1945-1950*, New York: Columbia University Press, 1982, p. 118.

　　以国会为代表的另一方则持相反意见。他们拒绝接收欧洲流亡人员，强调这一做法对国家安全和国内政治的不利影响。面对杜鲁门总统1945年的行政命令，众议院移民与归化委员会提出抗议并致信总统，信中这样写道："委员会认为在这样的时刻不应该鼓励外来移民。"参议院移民与归化委员会主席、来自佐治亚的罗素·拉塞尔呼吁任何改变限额体制的举动都是一个"危险的先例"。此外，众多其他参众议员也表达厌恶接收更多流亡人员的想法。一名马萨诸塞州议员认为，"太多所谓的难民涌入这个国家，带来了共产主义、无神论、无政府状态、不忠诚行为"，这是令人不能容忍的。众议院议员埃德·戈塞特作为战后强硬的限制主义者的代表人物，曾多次提出终止移民的提案，此时在流亡人员问题上更是态度坚决地反对。①参议员查普曼·雷弗科姆同样对杜鲁门关于流亡人员入境的计划持强烈怀疑态度。他警告道，这一计划将"毋庸置疑地破坏当前国家分配方案和民族来源限额体制"，其敌对态度暴露无遗。②

　　除国会议员之外，美国军方人员也表现出对欧洲流亡人员，尤其是其中的犹太人的厌恶。巴顿将军作为驻德美国高级将领之一，在其日记中写道："流亡人员中的犹太群体，大部分是低于人类的物种，他们不具备任何我们这个时代的文化和社会教养。"虽然巴顿的观点有些极端，但是，当时负责实施美国占领区政策的很多人员对流亡人员普遍不友好。极具讽刺性的是，军队军官和其他美国官员对希特勒的受害者及流亡人员的冷漠无情，与他们对希特勒支持者的欢迎有加形成鲜明对比。最明显的一个例子就是对火箭科学家的态度。这些愿意来美国参与火箭项目的人受到美国的热烈欢迎，很快被归化为美国公民，而他们的纳粹背景被忽略了。③

---

① Leonard Dinnerstein, *The America and the Survivors of the Holocaust: The Evolution of United States Displaced Persons Policy,1945-1950*, New York: Columbia University Press, 1982, p.145.

② Robert A. Divine, *American Immigration Policy, 1924-1952*, New Haven: Yale University Press, 1957, p.114.

③ Roger Daniels, *Guarding the Golden Door: American Immigration Policy and Immigrants Since 1882*, New York: Hill and Wang, 2004, p.47.

此外，一些社会团体和组织也反对接收欧洲流亡人员。除了诸如美国军团此类传统上反对外来移民的爱国组织外，犹太复国主义者组织也属其中之一。其认为，总统的人道主义姿态是错误的，允许流亡人员进入美国，将减少在巴勒斯坦建立犹太人国家的压力。与此同时，战后全国舆论也偏于保守，民众对难民问题基本持负面立场。1945年的一项盖洛普调查显示，当被问及是否应该允许比战前更多的、同等或更少的欧洲移民进入时，只有5%的受访者认为应该允许更多移民进入，32%的受访者认为应保持相同水平，37%的受访者认为应更少接收移民，其余表示无所谓。1946年8月的一项调查结果体现了相似的情况。72%的受访者不同意杜鲁门关于"要求国会允许超过现有法律许可的数量的犹太人和其他欧洲难民进入美国"的计划，而受访者中只有16%的人表示支持。[1]

在美国政府和社会各界就接收欧洲难民问题争论不休之时，欧洲的难民形势持续恶化和复杂化。1946年夏，波兰发生针对犹太人的暴力事件，随后，大约10万名犹太难民逃入德国和奥地利的美国占领区。同时，至1947年夏，大约300万名居住在波兰、捷克斯洛伐克、匈牙利的德裔被驱逐，他们随后涌进德国的美国占领区。[2]一时间，德国的美国占领区出现严重的人口过多问题。

欧洲流亡人员问题愈演愈烈，严重影响到欧洲社会和经济秩序的重建。然而，当时美国安置战争难民的依据依然是1924年移民法中所确立的民族来源限额体制。在这一体制下，欧洲国家每年的总限额大约是15.5万个，其中5/6分配给西北欧国家，1/6分配给东南欧国家。而问题恰恰就在于，欧洲的流亡人员，除德国犹太人外，大部分都来自限额较少、不能

---

[1] Roger Daniels, *Guarding the Golden Door: American Immigration Policy and Immigrants Since 1882*, New York: Hill and Wang, 2004, p.103; Leonard Dinnerstein, *The America and the Survivors of the Holocaust: The Evolution of United States Displaced Persons Policy, 1945-1950*, New York: Columbia University Press, 1982, pp. 114-115.

[2] U. S. Congress, *Senate Report No.950, Displaced Persons in Europe*, 80th Congress, 2nd Session, Washington, D. C. : U. S. Government Printing Office, 1948, pp. 9-12.

满足实际需求的东南欧国家。因此，这些国家的流亡人员几乎很难在常规限额制度下获得移民签证。对此，英国政府建议英美合作探寻在欧洲之外安置流亡人员的可能性。[①] 也有少数美国官员开始建议，问题的解决可能需要在美国安置其中的一部分。[②] 但是，美国能否超越传统移民政策，解欧洲燃眉之急呢？

### （三）1948 年《流亡人员法》的出台

著名犹太社会科学家和政治活动家厄尔·拉布指出，犹太团体在改变美国移民政策偏向西北欧国家的过程中发挥了领导性的作用。[③] 应该说，这种说法符合历史事实，美国犹太团体的确在这一具有挑战性的问题上发挥了极为重要的作用。实际上，出于对同胞的关心，美国犹太团体一直在密切关注着欧洲难民，尤其是犹太难民问题的发展。在欧洲敌对状态结束时，德国的美国占领区的犹太难民数量并不是很多，大约 1 万人。面对限制主义情绪强烈的国会，美国犹太团体选择通过行政部门解决欧洲犹太难民移民美国的问题。可以说，杜鲁门总统战后初期的一系列行政措施，几乎都离不开犹太组织背后的积极推动。然而，如前所述，这些行政措施的效果非常有限。1946 年波兰反犹暴动的发生使原有问题雪上加霜。在这次暴动中逃离波兰的共有 10 万名犹太人，他们进入德国的美国占领区，但并不打算留在欧洲。其中大多数人的第一选择是去巴勒斯坦，其次是进入美国。[④] 然而，当时英国拒绝开放巴勒斯坦。美国犹太组织意识到，行政部门的措施根本无法达到充分安置欧洲犹太难民的目的，推动国会立法是

---

① Leonard Dinnerstein, *The America and the Survivors of the Holocaust: The Evolution of United States Displaced Persons Policy,1945-1950*, New York: Columbia University Press, 1982, p.73.

② Aristide R. Zolberg, *A Nation by Design: Immigration Policy in the Fashioning of America*, Cambridge: Harvard University Press, 2006, p. 304.

③ Kevin MacDonald, "Jewish Involvement in Shaping American Immigration Policy, 1881-1965: A Historical Review," *Population and Environment*, Vol.19, No.4, 1998, p.300.

④ U. S. Congress, *Senate Report No.950, Displaced Persons in Europe*, 80th Congress, 2nd Session, Washington, D. C. : U. S. Government Printing Office, 1948, p. 16.

唯一选择。当然，犹太组织的这一想法也受到杜鲁门总统 1946 年 8 月讲话的鼓舞。在犹太组织看来，有了总统的支持，推动一项立法的可能性大增。但是，考虑到战后笼罩美国的反犹、反移民情绪，为增加立法通过的概率，犹太组织在两个方面进行了策略调整。第一，将难民和移民问题分开对待，以减少来自劳工组织的阻力；第二，淡化推动立法过程中的犹太人色彩，以免激怒反犹主义者。①

随后，美国犹太人委员会和美国犹太教协会于 1946 年底领导创立了一个名为"流亡人员公民委员会"的民间组织，美国犹太人委员会的欧文·恩格尔负责委员会的管理，莱辛·罗斯瓦尔多及其家庭成员提供大部分资金援助。为彰显非宗派的形象，该委员会吸纳了包括天主教和新教领袖、商业组织中的杰出人士、社会工作者、政府官员、学者等各领域人士作为成员。美国前移民与归化事务专员厄尔·哈里森被委任为委员会主席。委员会的日常管理和在华盛顿的游说活动则由毕业于耶鲁大学的威廉·S. 伯纳德负责运作。②委员会很快在全国范围内展开对民众的教育活动，为立法宣传造势。流亡人员公民委员会成为推动美国制定难民立法的先头部队。

经过宣传酝酿，流亡人员公民委员会很快提出了立法目标。1947 年 4月 1 日，他们委托来自伊利诺伊的众议员、保守的新教共和党人威廉·斯坦顿向国会提交了一项议案。应该说，这是一项相当直截了当的议案，它要求在四年时间内，每年在民族来源限额体制之外接收 10 万名欧洲难民，四年共安置 40 万名难民。为安抚反对者，该议案强调，申请移民美国的

① U. S. Congress, *House of Representatives Report No.1854*, *Report of Emergency Displaced Persons Admission Act*, 80th Congress, 2nd Session,1948, p. 20, http://infoweb.newsbank.com/, 访问时间：2012 年 6 月 10 日；Leonard Dinnerstein, *The America and the Survivors of the Holocaust: The Evolution of United States Displaced Persons Policy, 1945-1950*, New York: Columbia University Press, 1982, p. 120.

② Roger Daniels, *Guarding the Golden Door: American Immigration Policy and Immigrants Since 1882*, New York: Hill and Wang, 2004, p. 105；Daniel J. Tichenor, *Dividing Lines: The Politics of Immigration Control in America*, Princeton: Princeton University Press, 2002, p. 106.

流亡人员应该符合美国移民法所规定的所有除限额之外的条件，同时给予美国公民的直系亲属和盟国退伍军人以优先权。[1]可见，斯坦顿议案无意改变美国现行移民法，议案中接收难民的数量也是基于战争期间未用限额总量而设定的。但是，不可否认的是，该议案明显冲击了移民法中有关非限额移民及每年移民总限额的条款。因此，议案的支持者与反对者展开了激烈的辩论。

美国国务院希望斯坦顿议案获得通过，竭力推动国会行动。在就该议案举行的听证会上，国务院代表不断提醒国会，对欧洲流亡人员问题的解决只有四种可选方案。第一，将流亡人员强迫遣返到其已经被共产党控制的母国，而他们是憎恨这一政治制度的。第二，无限期将流亡人员保留在欧洲难民营中，由美国所领导的国际难民组织照管，继续消耗美国纳税人的钱。第三，让流亡人员自己在德国谋生，这将会加重流亡人员和德国人之间的摩擦，进而使占领军处于永无休止的麻烦当中。第四，在友国或美国安置这些流亡人员。比较来看，最后一种方案更能促进流亡人员走向自食其力，因而是唯一一个永久性及人道性的解决方案。[2]

美国商业集团出于短期需要和长期的国家利益考量，也对斯坦顿议案表示支持。第一，其认为美国很多行业存在劳动力短缺问题；第二，美国商界向来关注美国的财政支出，通过调查得知，一个流亡人员在欧洲一年的费用是300美元，而将他们带入美国只需200美元。因此，就经济利益而言，美国商业集团是支持该项议案的。此外，众多其他民间组织也纷纷表示对斯坦顿议案的认可。这些组织包括美国劳工联合会（以下简称劳联）、产业组织联合会（以下简称产联）、全国基督教福利大会、美国基督教教堂联合会、美国犹太人委员会及美国犹太协会等。作为一个传统上

---

[1]　U. S. Congress, *House of Representatives Report No.1854*, *Report of Emergency Displaced Persons Admission Act*, 80th Congress, 2nd Session, 1948, pp. 20-21, http://infoweb.newsbank.com/，访问时间：2012 年 6 月 10 日。

[2]　U. S. Congress, *House of Representatives Report No.1854, Report of Emergency Displaced Persons Admission Act*, 80th Congress, 2nd Session, 1948, p.8, http://infoweb.newsbank.com/，访问时间：2012 年 6 月 10 日。

支持限制移民的组织，劳联对斯坦顿议案的支持尤为重要。其全国总干事威廉姆·格林对此解释道：每年进入美国的移民有 10 万人，其中最多有 6 万人是潜在的工作寻找者，这一数量相对于拥有 6000 万人口的美国劳动力市场来讲是微不足道的。此外，美国军团立场的反转也意义重大。该组织一向强调移民对"纯粹"美国主义潜在的威胁，但是，其全国总负责人保罗·格里菲斯在 1947 年 10 月参观欧洲难民营后，迅速修正其在难民问题上的立场，宣布将出于人道主义考虑，支持美国接收有限数量的流亡人员。但是，他同时强调，他对传统移民政策的立场不变。①

当然，斯坦顿议案也遭到了反对者的强烈质疑。戈塞特控诉道，流亡人员中充满寻求进入美国的苏联间谍和代理人。美国共产党的《每日工人报》持类似观点。同时，反对者们还诉诸一些传统的论据，比如"抢夺"美国工人工作等。②

就在美国国内就接收欧洲难民问题争论不休之时，"大屠杀真相"开始被揭露出来。越来越多的人开始了解到 30 年代纳粹迫害造成的恐怖后果，而这一后果的产生在很大程度上是盟军没有采取足够、迅速的行动制止纳粹对 600 万名犹太人的屠杀。③

在流亡人员公民委员会的领导下，斯坦顿议案的支持者给人留下了深刻的印象。但是，共和党控制的第 80 届国会并没有受到外界干扰，依然将议案拖延至国会休会，最终将其扼杀在众议院移民委员会中。虽然斯坦顿议案未能被提交国会讨论，但是，其支持者继续对国会施加广泛而有力的影响。为拖延立法进程，1947 年，参议院通过第 137 号决议，决定启动一项针对美国所有移民问题和政策的调查和研究。同时，决议要求，在对移民问题和政策调研之前，首先要对当时的欧洲难民问题单独进行一手资料的调查取证并提交相关立法建议。随后，参议员雷弗科姆、唐奈、麦格

---

① Josephine Ripley, "The Climate Shifts on Immigration," *Commentary*, No.5, 1948, pp. 37-38.

② Josephine Ripley, "The Climate Shifts on Immigration," *Commentary*, No.5, 1948, p. 39.

③ Carl J. Bon Tempo, *Americans at the Gate: The United States and Refugees During the Cold War*, Princeton: Princeton University Press, 2008, p. 21.

拉斯及 4 名工作人员进行了一次欧洲之旅。他们通过采访美国的领事官员、国际难民组织官员及走访难民营等方式，获取大量一手资料，并于 1948 年 3 月向新一届参议院提交了一项名为《欧洲流亡人员》的报告。该报告的结论是，流亡人员需要被安置，美国需要制定一项谨慎的方案接纳有限数量的流亡人员。与此同时，报告中也表达了对流亡人员的某些质疑。第一，报告认为，1945 年之后进入欧洲的犹太人和东欧难民是有预谋的，是受美国和欧洲的犹太组织鼓动的，不应成为被安置的对象。第二，报告对流亡人员的意识形态存有极大担忧，同时也不认同所有流亡人员回到母国都会受到迫害的说法。最终，根据此项报告，参议院提出一项接收流亡人员的具体方案。内容包括四个方面。第一，在两个财政年度内接收流亡人员不超过 10 万人。这一数量仅相当于斯坦顿议案的 1/4。第二，接收范围仅限于 1945 年 12 月 22 日之前登记的流亡人员。这一截止日期将 1946 年和 1947 年进入西欧的十多万名来自波兰的犹太难民排斥在外，对此，参议院强调，援助应仅限于直接因战争而流亡的人员。第三，来自苏联占领的波罗的海国家的流亡人员和从事农业的人员应各占接收数量的 50%。参议院对此解释道：波罗的海国家难民如果被遣返回国将遭受最严重的迫害，农业人员优先的目的是满足美国农业劳工的短缺。第四，该方案要求每个流亡人员入境前都要获得由美国公民提供的就业和住房担保。这一条款主要是防止入境者成为美国的公共负担。[①]

在参议院就立法进行调研和辩论之时，众议院也在采取行动。1947 年 12 月，在欧洲考察了几个月的众议院外交事务委员会下属专门委员会向国会提交报告，该报告的结论和参议院报告的类似，认为再安置是唯一可行的方案。[②] 随即，众议院启动立法进程。在考量了斯坦顿议案和参议院议

---

① U. S. Congress, *Senate Report No.950, Displaced Persons in Europe*, 80<sup>th</sup> Congress, 2<sup>nd</sup> Session, Washington, D. C. : U. S. Government Printing Office, 1948, p. 50.

② Robert A. Divine, *American Immigration Policy,1924-1952*, New Haven: Yale University Press, 1957, p. 157.

案两个版本后，1948 年 5 月，众议院司法委员会移民与归化分委员会[①]主席、来自缅因州的弗兰克·费洛斯向国会提交一项折中的流亡人员接收方案。其主要包括：第一，在两年的时间里，接收 20 万名流亡人员；第二，1947 年 4 月 21 日之前登记入册的难民都在安置范围之内；第三，为争取限制主义者的配合，提出了一项"限额抵押"条款，即不允许流亡人员以非限额移民的身份入美，而是要占用其出生国未来年份中的限额签证的名额，并规定各国可以抵押未来每年限额签证数量的 50%。[②]这一点深受众议院中温和限制主义议员的欢迎，这就意味着流亡人员可以在无须违反限额制度的前提下入美。在众议院的辩论中，由于温和限制主义者因"限额抵押"条款支持费洛斯议案，限制主义阵营力量大减。1948 年春季，众议院司法委员会限制主义者不情愿地支持了众议院的费洛斯议案。

参众两院分别就欧洲流亡人员问题采取调查和立法行动，充分说明在流亡人员公民委员会领导的斯坦顿议案支持者的压力之下，国会已经认可了美国应该接收欧洲流亡人员这一观点，转而寻求在数量、入境方式和范围上的限制，两院提出的议案基本都体现了这种诉求。

最终，在联席会议上参众两院达成妥协。参议院吸纳了费洛斯议案中关于接收难民总数量和接收方式的条款，即在两年内接收 20 万名流亡人员及"限额抵押"条款。作为交换条件，众议院同意将接受流亡人员的登记时间界定在 1945 年 12 月 22 日，也同意给予波罗的海国家和农业工人以优先权，但各自所占比例有所下降。此外，参议院还要求，每一个流亡人员入境之前，必须得到一个美国担保人所提供的住房和就业担保，否则

---

① 以 1947 年为界，在此之前参众两院中负责移民事务的机构分别是众议院移民与归化委员会和参议院移民与归化委员会；从 1947 年开始，两院的移民事务均转到各自的司法委员会中，分别叫众议院司法委员会移民与归化分委员会和参议院司法委员会移民与归化分委员会。

② U. S. Congress, *House of Representatives Report No.1854, Report of Emergency Displaced Persons Admission Act*, 80th Congress, 2nd Session,1948, pp. 1-2, http://infoweb.newsbank.com/, 访问时间：2012 年 6 月 10 日。

不得入境。[①] 这一要求也得到众议院的认可。很明显，参众两院方案妥协的结果已经与最初的斯坦顿议案相去甚远，不但数量大打折扣，从 40 万人降至 20 万人，而且依然受到限额体制的束缚。因此，当该法案被送到杜鲁门总统办公桌上时，他"非常勉强地"签署了这一法案。这就是 1948 年《流亡人员法》（以下简称 1948 年难民法）。在随后的声明中，杜鲁门指出，法案的条款反映了"与美国正义感不相协调的歧视和狭隘"，"公然地"歧视了犹太人和天主教徒。并且，他认为，难民应该在非限额的基础上入境。[②] 迫于各方压力，国会于 1950 年对 1948 年难民法进行了修订，将难民入境的数量扩大到 41 万人并将该法延期到 1952 年 8 月 31 日，而且重新界定了流亡人员的范围，将 1949 年 1 月 1 日之前进入德国、奥地利或意大利的人员全部纳入其中，旨在接收更多的犹太人和天主教徒。但是，国会未能废除"限额抵押"条款。[③]

# 小　结

综上所述，可以看出，二战前后种族主义在美国的全面式微将以此为基础的美国移民政策置于一种尴尬境地。如果说理论基础的崩塌对政策的冲击是缓慢而隐蔽的，那么，现实的挑战却是赤裸而有力的。为满足战时需要和应对战后欧洲难民问题，美国各界经过激烈的争辩，陆续出台了一系列移民特别立法。单就这种以特别立法形式解决现实急迫性

---

① U. S. Congress, *Senate Report No.2242, The Displaced Persons Act of 1948*, 80th Congress, 2nd Session, June 25, 1948, pp. 1-2, http://infoweb.newsbank.com/, 访问时间：2012 年 6 月 10 日。

② Harry S. Truman, "Statement by the President Upon Signing the Displaced Persons Act", June 25, 1948, http://www.presidency.ucsb.edu/ws/index.php?pid=12942, 访问时间：2017 年 6 月 20 日。

③ U. S. Congress, *House of Representatives Report No.4567, Amendment of the Displaced Persons Act of 1948*, 81st Congress, 2nd Session, June 16, 1950, pp. 1-8, http://infoweb.newsbank.com, 访问时间：2012 年 6 月 10 日。

问题的事实，就充分显露出了美国现行移民政策的僵化无力，说明它已经无法应对新形势下复杂的移民问题。移民特别立法的实施结果更是极大地打乱了限额体制所规定的每年外来移民数量和宗教构成。以 1948 年难民法为例，1948 年 9 月，负责实施该项法案的流亡人员委员会[①]启动实施程序。当年 10 月，第一批总共 813 名流亡人员到达美国。随后，每个月的到来者人数平稳增长，至 1949 年 12 月 31 日，在 1948 年难民法下进入美国的移民数量达到 12 万人之多。这些移民的宗教属性大体如下：47% 属于天主教徒，25% 属于犹太教徒，25% 属于新教和东正教徒，3% 属于其他信仰者。[②]

更为重要的是，战争期间及战后的一系列特别立法，尤其是 1948 年难民法及其 1950 年修正案，引发了自由主义改革派和保守主义者心理上新的波动。前者从中获取了极大的信心，将目标开始逐步锁定基本移民政策的改革。在 1950 年 12 月 5 日移民和归化法律协会的年会晚宴上，自由主义众议员伊曼纽尔·塞勒就明确谈道，他将提出一揽子移民改革方案，并准备将这一改革方案建立在个人技能和家庭团聚的基础之上，以取代民族来源限额体制。[③]虽然塞勒的想法还处初步预想阶段，并未付诸实施，但是，保守主义者已如惊弓之鸟，感受到了空前的危机。实际上，早在 1948 年难民法刚刚通过之后，来自内华达州的保守主义参议员、民族来源限额体制的坚定维护者——帕特·麦卡伦，在其写给女儿的信中，就这样描述了自己的心情：我遭遇了敌人，它在 1948 年难民法

---

① 根据法案规定，建立一个下属于国务院的"流亡人员委员会"来负责实施 1948 年难民法，委员会委员由总统任命。参见 U. S. Congress, *Senate Report No.2242, The Displaced Persons Act of 1948*, 80th Congress, 2nd Session, June 25, 1948, p. 4, http://infoweb.newsbank. com/，访问时间：2012 年 6 月 10 日。

② U. S. Congress, *House Report No.1507, Displaced Person in Europe and Their Resettlement in the United States*, 81st Congress, 2nd Session, Washington, D. C. : U. S., Government Printing Office, 1950, p. 49. 此处数据根据该页提供数据计算所得。

③ Daniel J. Tichenor, *Dividing Lines: The Politics of Immigration Control in America*, Princeton: Princeton University Press, 2002, p. 189.

中战胜了我。[①] 可见，在麦卡伦看来，1948 年难民法及其修正案破坏了民族来源限额体制。从某种程度上来说，他的感受是对的。第一，民族来源限额体制虽然依旧不可撼动，但并非铁板一块，法案中的"限额抵押"条款赋予了其某种程度的灵活性，打破了常规限额体制的实施规则。第二，就移民入境数量而言，1948 年难民法中规定的每年入境数量远远超过限额体制所规定的数量。美国流亡人员委员会曾这样评价 1948 年难民法：它在美国移民政策史和外交政策史上是一个转折点，为促进难民的进入，限制性和排斥性的法案在 21 世纪第一次有所松动。[②] 由此可见，虽然后来的事实证明，该法案并没有彻底解决欧洲难民问题，但是，作为美国历史上第一项难民法案，1948 年难民法使战后的限制主义发生倒转。[③]从这个意义上讲，正如有的学者所言，1948 年难民法成为战后"美国移民政策改革的催化剂"[④]。

① Leonard Dinnerstein, *The America and the Survivors of the Holocaust: The Evolution of United States Displaced Persons Policy, 1945-1950*, New York: Columbia University Press, 1982, p. 248.

② David M. Reimers, "Post-World War II Immigration to the United States: America's Latest Newcomers," *Annals of the American Academy of Political and Social Science*, Vol. 454, 1981, p. 2.

③ Philip Eric Wolgin, Beyond National Origins: The Development of Modern Immigration Policy-making, 1948-1968, Ph.D. Diss., University of California, Berkeley, 2011. p. 8.

④ Daniel J. Tichenor, *Dividing Lines: The Politics of Immigration Control in America*, Princeton: Princeton University Press, 2002, p. 189.

# 第二章
# 自由主义和保守主义的首次博弈
## —— 1952 年《外来移民与国籍法》的出台

　　二战期间及战争结束以来，种族主义的衰退和一系列特别移民法令的出台，为自由主义改革派推进移民政策自由化改革打开了一条希望之路。面对日益陷入困境的移民政策，保守主义者保持着高度警惕。20 世纪40 年代末 50 年代初，冷战的兴起及逐步升级，推动美国将国家安全置于空前重要的地位，外国人和国家安全被紧密地联系起来。保守主义者以此为契机主动发起进攻，他们利用美国传统的反激进主义及恐外心态，在麦卡锡主义的"反共"高潮中，以先发制人的策略掌握制定移民政策的主导权，推动国会通过了 1952 年《外来移民与国籍法》。作为战后自由主义改革派和保守主义者首次正面交锋的结果，该项法案在"弱化"对亚洲移民种族歧视的基础上，重申了民族来源限额体制，并在若干方面强化了在外来移民入境方面的种族性要求，从而遏制了战后移民政策的自由化趋向。自由主义改革派在此轮博弈中的失利表明，处于冷战初期的美国在政治上的包容性极为有限，移民政策自由化改革的时机尚未成熟。

# 第一节　二战以来美国各界对移民政策的反思和评估

参加二战是美国历史发展的一个分水岭，是其外交思想从孤立主义向世界主义转变的一个关键点。战争结束后，随着美苏之间由合作走向对抗，美国以"自由世界领导者"自居。在新的国际和国内环境下，形成于孤立主义时代的美国移民政策在其国内引发了一场大辩论。从民间团体到国会，从基层民众到政要精英，纷纷就移民政策未来发展方向发表不同观点。这场意识形态领域的辩论为战后美国移民政策改革的全面展开奠定了思想基础。

## 一　民间团体的思考与评估

1924 年移民法实施后，对其的质疑声从未中断。欧洲战事的展开也在一定程度上影响了美国国内关于移民问题的探讨。众所周知，1933 年德国纳粹上台后，疯狂推行迫害犹太人的政策，大量德国犹太难民被迫寻求在德国之外安身立命。然而，国际社会却冷漠以待。虽然关心同胞命运的美国犹太团体积极敦促美国政府伸出援手，但是，在整个 30 年代，美国严格遵守传统的民族来源限额体制，拒绝考虑任何要求在限额之外接收难民的提案。[①] 美国政府的态度引发民间自由主义人士的不满。1940 年，一批自由主义活动家齐聚华盛顿，参加美国保护外籍人员委员会的一次会议。此次会议中的 310 名与会者代表了广泛的族裔集团、民权组织、人道主义和宗教团体、专业协会、学术团体及美国产联领导的几个劳工组织。会议主

---

① 　Robert A. Divine, *American Immigration Policy, 1924-1952*, New Haven: Yale University Press, 1957, pp. 97-99.

题是如何阻止"对非公民基于民族、政治、经济、宗教信仰或因缺乏公民权而进行的歧视"。然而，代表们很快将会议探讨的内容范围延伸到对美国移民政策的评论上，尤其对民族来源限额体制进行了批判。一些代表认为，民族来源限额体制导致家庭分离，拒绝为走投无路的难民提供庇护，挑战了美国根本的"平等观念"。来自产联的代表明确谴责国家移民政策。产联全国总干事詹姆斯·B.凯里告诉与会代表，美国劳工必须清楚这样一个事实：国会中的限制主义者同样对美国劳工的需求持有敌意，"当今宣称移民加重了我们失业的鼓吹者，恰恰就是没有什么也不想去解决美国失业的人"①。

如果说1940年会议上各民间组织代表对移民政策的攻击更多的是一种情绪的发泄，那么，二战结束后，在美国犹太团体的推动下，美国社会则出现了相对理性的分析及对新政策框架的构想。实际上，早在二战进行期间，出于对欧洲犹太难民的关注，美国犹太人大会和其他犹太团体就开始思考关于修改限制性移民法案的问题。它们于1944年组建了一个名为"战后移民政策全国委员会"的组织机构。该机构虽然主要由犹太团体资助，但是它们力图把它打造成一个无宗派的组织，吸纳的成员包括美国犹太协会、全国基督教福利大会、美国基督教教堂联合会、美国基督教难民委员会及美国团结共同协会等。战后移民政策全国委员会的主要宗旨就是推动一项自由主义移民政策的出台，为此，该委员会建立了一个由著名学者和专家组成的分委员会，其负责对移民的经济、社会和文化贡献进行一次全新的调查。②1950年，该分委员会主席威廉·伯纳德以调查结果为基础提交了一项报告——《美国移民政策的再评估》。该报告的基本立场是，"美国的法律不应该以种族为基础剥夺任何人成为公民或作为一个移民入境的权利"，并对"暗含着种族主义信条"的民族来源限额体制给予

①　Daniel J. Tichenor, *Dividing Lines: The Politics of Immigration Control in America*, Princeton: Princeton University Press, 2002, pp. 176-177.

②　Daniel J. Tichenor, *Dividing Lines: The Politics of Immigration Control in America*, Princeton: Princeton University Press, 2002, p. 177.

了严厉控诉。报告认为：第一，现有移民政策是时代的错误，以种族和民族为基础的区分是没有科学依据的，优先对待西北欧移民而反对东南欧移民是站不住脚的；第二，移民会"抢夺"本土人工作机会的说法纯属宣传辞令，这种观点以错误的前提预设为基础，即认为工作数量是固定的，从而忽略了移民创造就业的能力；第三，东南欧移民已经拥有有效融入美国社会的能力。[①]

基于以上考虑，报告对移民政策的改革方向提出如下建议：第一，增加每年移民数量；第二，将战争期间未用完的限额重新汇总分配给限额较少的国家和逃离迫害的难民，提高民族来源限额体制实施中的灵活性。这是二战后自由主义改革派首次提出明确的改革意向。它具有非常明显的特点：第一，主张修改而不是废除民族来源限额体制；第二，虽然有明确的改革构想，但是，报告中并未列出详细的可行性步骤，而是建议建立一个国会联合委员会，由该委员会起草一个能被各方接受的方案。[②]

由上可见，犹太团体虽然希望对移民政策进行自由化改革，但是，它们并没有做好领导一场改革运动的准备，而更多的是打着追求"移民政策自由化"的幌子，促进欧洲犹太难民的入境。

## 二　国家层面的反思和调研

### （一）1945 年众议院的调查评估

20 世纪 30 年代大危机和二战进行期间，国家生存问题居于政治议题的中心，关于移民政策的探讨退居次要地位。然而，随着二战的行将结束，移民问题又重新泛起。早在 1944 年，就有议员提出关于减少和终止移民的议案。路易斯安那的众议员艾伦将移民与失业联系起来。他提出两

---

① William Bernard, ed., *American Immigration Policy: A Reappraisal*, New York: Harper & Brothers, 1950, pp. 261-267.

② William Bernard, ed., *American Immigration Policy: A Reappraisal*, New York: Harper & Brothers, 1950, pp. 275-277.

点建议：第一，在战争期间应该终止所有外来移民；第二，在战争结束之后，要在一段时间内终止移民，直到包括退伍军人在内的美国失业人口降到 100 万人之下。1945 年，共五项此类限制性的议案被提交国会，其中两项要求减少限额，三项提出终止移民五年。以上议案得到了美国军团和美国革命之女等爱国组织的拥护，它们认为，战后美国将会进入一个艰难的调整时期，移民的到来只会加剧国内问题的复杂化。[1]

然而，在收紧移民政策的呼声出现的同时，还有一种要求放宽政策的声音。二战开始以来，随着美国放弃孤立主义、日益频繁地参与国际事务，移民政策也变成一个更为复杂的问题。在战争尚未结束之时，就有一些政府官员开始思考移民政策的国际效应。1944 年，在一次社会工作者大会上，美国移民与归化事务专员厄尔·哈里森指出，美国需要考虑移民政策的"国际意义"并"思考采用一种更加灵活的限额制度的可能性，以便我们能够应对紧急情况"。这种从国际层面对移民政策进行的考量也得到其继任者乌戈·柯西的认同。1945 年，在联合国成立这一事件的鼓舞下，柯西呼吁道："（我们）没有理由不把国家合作的观念扩展到移民相关的政策当中。"甚至温和的限制主义者——耶鲁大学的莫里斯·戴维也以同样的口吻强调，"移民已经在建立一种持久和平的计划中具有了新的意义"。[2]

面对各方对移民政策前景的不同期待，美国国会意识到，"在和平即将到来之际，应该对这一问题进行一次综合性考察，以应对国家未来发展及满足处理与其他国家关系的需要。更何况，自 1924 年移民法制定以来，

---

[1] Edward P. Hutchinson, *Legislative History of American Immigration Policy, 1798-1965*, Philadelphia: University of Pennsylvania Press, 1981, pp. 266-270; Mae M. Ngai, *Impossible Subjects: Illegal Aliens and the Making of Modern America*, Princeton: Princeton University Press, 2004, p. 234.

[2] Mae M. Ngai, *Impossible Subjects: Illegal Aliens and the Making of Modern America*, Princeton: Princeton University Press, 2004, p. 234; Aristide R. Zolberg, *A Nation by Design: Immigration Policy in the Fashioning of America*, Cambridge: Harvard University Press, 2006, p. 304.

美国已经 20 余年没有就总体移民问题进行切实全面的调查研究"①。1945 年众议院率先采取具体行动。当年 3 月 21 日，众议院通过第 52 号决议，要求由众议院移民与归化委员会及相关机构，就所有与移民相关的问题进行一次调研，以协助国会制定一部必要的关于移民和归化的法案。

1945 年 8 月，负责调查移民和归化问题的分委员会在纽约、克利夫兰、芝加哥、圣弗朗西斯及洛杉矶等城市相继举行听证会。在听证会上，与会者就移民入境问题提出两种截然相反的观点：一部分代表认为，在战后恢复时期，美国应该在一定的时期内终止移民；另一部分代表则认为，美国应该重新审视现行移民政策中涉及种族歧视的政策。后者又分为两个派别，其中一派认为现行限额制度不合理地歧视了东南欧国家，美国应在更加平等的基础上对其进行修改，将每年的未用限额汇总并重新分配给那些限额不足的国家。同时，美国应该允许某些特殊人员以非限额移民身份入境，庇护权利应该成为移民政策中明确的一部分。另一派则比较激进，他们主张直接废除建立在僵化的民族来源基础上的限额方式，建立一项以申请者个人特质为基础的体制。②

基于所获信息之间的巨大冲突性，调查委员会没有足够的依据进行评判，因此，它得出的结论是：在对形势进行详细分析之前，不可能制定一部全面的立法。同时，委员会建议，国会应该指定一个由专职的专家组成的委员会对所有移民问题进行一次公正、全面的研究分析，而且该委员会有权向国会提供关于修正移民法案的建议。因此，在一项权威的研究出炉之前，委员会建议不对现行的限额和移民选择条款进行全面修订。③

---

① U. S. Congress, *House of Representatives Report No.1312, Immigration and Naturalization Laws and Problem*, 79ᵗʰ Congress, 1ˢᵗ Session, November 27, 1945, p. 1, http://infoweb. newsbank.com/, 访问时间：2012 年 6 月 15 日。

② U. S. Congress, *House of Representatives Report No.1312, Immigration and Naturalization Laws and Problem*, 79ᵗʰ Congress, 1ˢᵗ Session, November 27, 1945, pp. 3-5, http://infoweb. newsbank.com/, 访问时间：2012 年 6 月 15 日。

③ U. S. Congress, *House of Representatives Report No.1312, Immigration and Naturalization Laws and Problem*, 79ᵗʰ Congress, 1ˢᵗ Session, November 27, 1945, p. 10, http://infoweb. newsbank.com/, 访问时间：2012 年 6 月 15 日。

1945 年的国会调研结果表明，战后初期的美国政府在移民政策改革问题上尚未形成明确的态度。但是，显而易见的是，这次无果而终的调研也释放了两个重要信号：第一，在经历了大危机和二战期间的相对沉寂之后，移民问题重新进入国会视野，成为战后全国性的重要政治议题之一；第二，国会对民族来源限额体制的认同出现摇摆，它虽未正面质疑该项制度，但也并没有对其予以认可，而是建议对现有移民政策体系进行更为深入系统的调研。

### （二）1947 年参议院调查

1945 年众议院调查结束之后，国会就全面转向进行关于欧洲难民问题的讨论，移民政策改革问题被暂时搁置。然而，在探讨难民问题的过程中，尽管支持接收难民的一方尽量将移民和难民问题区别开来，但是，接收难民可能对现有移民政策产生的不利影响依然牵动着反对者的神经。为拖延难民立法，1947 年，在西弗吉尼亚参议员威廉·雷弗科姆的催促下，参议院通过了第 137 号决议，要求参议院司法委员会对美国移民政策进行一次全面彻底的调查研究。按照决议，该委员会在第一年集中于对欧洲难民问题的调研。[①]1949 年参议员帕特·麦卡伦代替雷弗科姆成为委员会主席后，调查活动开始转向总体的移民问题。

在两年的调查时间里，参议院司法委员会从政府各部门、相关私人组织及主要的欧洲移民来源地收集信息和证词。可以说，参议院的这次调研是自 1911 年迪林厄姆委员会以来，国会在移民问题上进行的首次富有成效的调查。它将战后美国各界关于移民政策的讨论推向了高潮。此次调研的最终成果是 1950 年参议院发布的第 1515 号报告——《美国的移民和归化制度》。然而，需要指出的是，与当年的迪林厄姆委员会相似，此次参议院的调研是在保守主义者的操控之下完成的。不但受邀参与调研的主要人

---

① Robert A. Divine, *American Immigration Policy, 1924-1952*, New Haven: Yale University Press, 1957, p. 165.

员是现有移民政策的维护者，而且，调研报告也是由委员会主席麦卡伦所指定的极端保守主义者完成的。这项长达 900 页的报告，内容广泛而庞杂。它从世界人口及种族分类谈起，勾勒了国际移民发展史、世界其他国家的移民政策及美国的移民政策史，并分析了美国人口在种族、年龄和性别等层面的分布情况，最后探讨了外侨对美国宗教、犯罪及经济和就业等方面的影响。应该说，报告中的很多分析都是建立在实际调研基础之上的，尤其是对于外侨对美国社会的影响这一问题，报告中的评论直接而客观。但是，与此同时，报告中体现出的偏见也是非常明显的。比如，它对美国欧裔群体的讨论延续了 1911 年迪林厄姆委员会报告中的"新""老"移民的说法。这种歧视性的区分曾在 20 年代民族来源限额体制形成过程中被广泛接受。在讨论美国人口增长过快的问题时，报告警告道：现有人口已经超出很多专家所认为的最适宜的数量范围。[①] 正如有的学者所言，尽管委员会没有就移民和人口增长之间的关系定论，但明确暗示，移民的大量增长违背了美国的国家利益。[②]

参议院报告的核心部分是对民族来源限额体制的评估。报告指出，从限制移民数量的角度讲，民族来源限额体制是成功的，但就其维持国家的种族构成这一更为根本性的目标来讲，其并没有充分地实现。报告同时也承认，"该项体制得以出台的最大动因是限制东南欧移民，维护西北欧移民在美国整体人口中的主导性。但数据显示，东南欧移民对限额的利用率比西北欧移民高得多，已经颠覆了精心策划的移民模式"。[③]

针对参议院报告对民族来源限额体制的评估结果，虽然自由主义改

① U. S. Congress, *Senate Report No.1515, The Immigration and Naturalization Systems of the United States*, 81st Congress, 2nd Session, Washington, D. C. : U. S. Government Printing Office, 1950. pp. 7-11.

② Philip Eric Wolgin, Beyond National Origins: The Development of Modern Immigration Policymaking, 1948-1968, Ph.D. Diss., University of California, Berkeley, 2011, pp. 47-48 .

③ U. S. Congress, *Senate Report No.1515, The Immigration and Naturalization Systems of the United States*, 81st Congress, 2nd Session, Washington, D. C. : U. S. Government Printing Office, 1950, p. 442.

革派像以往一样，呼吁修改民族来源限额体制，认为应该以移民的个人特质而不是其群体的种族属性为选择移民的标准，然而，他们的建议基本被忽略。参议院报告最终的结论是，美国应该继续保留民族来源限额体制。其给出的解释是，"经验证明，民族来源框架更多的是一种数量选择的方式，而不是以预想的比例从各个国家自动选择移民的方式"。同时，报告还列出了若干证明该政策合理性的理由：第一，它提供了一种"自动抵挡特殊对待压力"的选择框架，换言之，该体制是唯一一种能够避免不同族裔团体抗议的可行性方式；第二，对于自由主义改革派提出的以申请需求为基础重新分配未用限额的建议，报告认为，这一做法"将导致更多的签证限额转移到东南欧国家"。[①]很明显，1950年参议院报告中的话语逻辑与20年代的限制主义者如出一辙，其基本目标依然是限制东南欧移民。

当然，在建议保留民族来源限额体制的前提下，参议院的确也做出若干妥协。首先，在种族优越理论不再流行的50年代，报告中没有以公然的种族主义话语来为民族来源限额体制辩护，而代之以"文化背景的相似性"。报告指出："（民族来源限额体制）并不是依据西北欧种族优越理论，而是通过这样一种方式，能够最好的保持美国社会和文化的平衡。不可否认，相对于东南欧来讲，它更有利于西北欧国家，但是，那些为美国发展做出最大贡献的人完全有理由决定这个国家不再是进一步殖民的地区。因此，我们不但要进一步限制移民，还要专注于接收那些其文化背景与我们人口中主要部分相似的移民，以便更容易同化他们。"[②]其次，参议院在具体政策层面也做出一些改变。对于自由主义改革派所提出的以移民个人特

---

① U. S. Congress, *Senate Report No.1515, The Immigration and Naturalization Systems of the United States*, 81st Congress, 2nd Session, Washington, D. C. : U. S. Government Printing Office, 1950, p. 455.

② U. S. Congress, *Senate Report No.1515, The Immigration and Naturalization Systems of the United States*, 81st Congress, 2nd Session, Washington, D. C. : U. S. Government Printing Office, 1950, p. 455.

质代替民族来源作为选择移民的方式，参议院报告中虽并未给予其太多关注，但是它认同建立一种在更大程度上积极选择移民的方式。因此，报告中建议，在各国限额的基础上制定一项签证分配的优先体制。具体来讲就是，第一优先类别赋予那些具有美国所急需技能的外国人（包括他们的配偶及未成年子女），他们享有每个国家 30% 的签证限额。第二优先类别是美国公民的父母，每个国家 50% 的签证限额预留给这部分人。第三优先类别是美国永久性居民的配偶和 21 岁以下的未婚子女，他们享有其所在国签证限额的 20%。这一优先体制虽然从属于民族来源限额体制，但是，它预示着美国选择移民的一种新思路的出现，并且经过几度修改，这一优先体制最终在 1965 年移民法中取代民族来源限额体制，成为美国选择外来移民的基本标准。最后，在对待亚洲移民问题上，参议院报告中建议废除亚洲排斥条款，接受众议员沃尔特·贾德提出的"亚太三角区"的概念，即授予伊朗以东所有无限额的亚洲国家每年 100 个限额，总共 2000 个限额（"亚太三角区"这一概念在第一章已述，在此不再赘述）。[1] 此外，报告还建议加强对共产党成员或任何专制政党成员的排斥和驱逐等。[2]

应该说，在保守主义者的操控之下，参议院针对移民问题的调查结论基本忽略了自由主义改革派的要求。美国移民史学家罗杰·丹尼尔斯对此直言不讳地指出，（1950 年参议院）报告虽然明确否定了"西北欧种族优

---

[1]　在 1950 年，只有中国、菲律宾、印度和巴基斯坦拥有签证限额。针对亚洲移民的这一条款在学者中存在争议，大部分学者强调其进步性，突破了移民政策中对亚洲移民的排斥；也有一小部分学者认为，它非但没有冲破对亚洲移民的排斥，由于条款中对亚洲移民使用不同于欧洲移民的一套入境标准，反而更加凸显了对亚洲移民的歧视。参见 U. S. Congress, *Senate Report No.1515, The Immigration and Naturalization Systems of the United States*, 81[th] Congress, 2nd Session, Washington, D. C. : U. S. Government Printing Office, 1950, pp. 457-458; Arthur Mann, "Attitudes and Policies on Immigration: An Opportunity for Revision," *Publications of the American Jewish Historical Society*, Vol.46, No.3, 1957, p. 292。

[2]　U. S. Congress, *Senate Report No.1515, The Immigration and Naturalization Systems of the United States*, 81st Congress, 2nd Session, Washington, D. C. : U. S. Government Printing Office, 1950, p.798.

越论"，但是，从根本上来讲，它的建议依然坚持了陈旧的种族主义。[①] 即便如此，在特殊的历史背景下，参议院报告成为 20 世纪 50 年代初期美国移民政策改革的基础。

## 第二节　立法中的博弈

### ——1952 年《外来移民与国籍法》的出台

二战期间及战争结束以来，美国社会各界就美国移民政策展开的激烈辩论，终于在 50 年代初期演变成了一场立法中的博弈。在这一转变过程中起关键作用的是来自内华达的参议员帕特·麦卡伦。作为参议院中的保守主义阵营核心人物，麦卡伦就任参议院司法委员会主席后，决定采取先发制人的策略，以制定一项综合性立法的形式遏制自由主义改革派改革构想的达成，扭转战后移民政策的自由化趋向。而当时由冷战不断升级引发的全国上下对国家安全的极度关注，为保守主义者提供了一个有利契机。随即，自由主义改革派和保守主义者就移民政策问题展开了战后首次正面博弈。

### 一　冷战阴影下保守主义的回潮

如前所述，美国的参战及战争导致的人口后遗症为移民政策的自由化打开了一条希望之路。然而，与此同时，与轴心国的对抗也触发了美国人潜在的恐外情绪。1940 年 6 月，法国沦陷后，保守主义者担心纳粹代理人（尤其是第五纵队）混入移民当中或乔装成难民进入美国，推动罗斯福总统通过一项行政命令，将移民和归化局从劳工部转移到司法部。同年 6 月

---

① Roger Daniels, *Guarding the Golden Door: American Immigration Policy and Immigrants Since 1882*, New York: Hill and Wang, 2004, p.116.

底，国会又通过一项《外侨登记法》（也称《史密斯法》），要求所有 14 周岁及以上的外侨前往当地邮局进行登记，并每三个月向移民和归化局通报其住址变更情况。①珍珠港事件爆发后，罗斯福总统于 1942 年 2 月 19 日再次发布一项行政命令，将生活在美国西海岸的 11 万名日本外侨和日裔美国人迁至怀俄明、犹他、阿肯色等地监禁起来。②以上各项措施的实施，目的是防止在战争期间，外侨对美国国家安全构成威胁或破坏。战争结束后，随着与苏联由合作转向对抗，尤其是冷战的逐步升级，美国对外来移民的态度更趋保守，最终导致 1950 年《国内安全法》的出台。

二战结束后，对美国来说，世界范围内出现一系列共产主义的进攻性信号。首先是苏联影响下的东欧逐步走向稳定。1949 年 8 月 29 日，苏联原子弹爆炸实验成功。与此同时，中国共产党于 1949 年 10 月 1 日在大陆取得决定性胜利，掌握政权。1950 年 6 月 25 日，朝鲜战争爆发。这些事件的接连发生，如同"多米诺骨牌效应"，激发了美国国内疯狂的反共情绪。早在 1947 年，为表达坚定的反共态度，杜鲁门政府就发布了一项行政命令，呼吁对政府雇员进行"忠诚测验"。③1950 年 6 月，参议员麦卡锡在西弗吉尼亚北部城市惠灵一家妇女俱乐部的活动上，当众展示了一份据称有 205 名共产党人的名单，并声称，美国国务卿早就知道有这样一份名单，可名单上的人此时仍在左右着美国外交政策。从惠灵开始，麦卡锡在参议院掀起了一波又一波揭露和清查美国政府中的共产党人活动的浪潮。④可以说，和苏联之间的对抗与美国传统上对激进主义

---

① U. S. Congress, *House of Representatives Report No.2683, Alien Registration of 1940*, 76th Congress, 3rd Session, June 21, 1940, p. 5, http://infoweb.newsbank.com /, 访问时间：2012 年 6 月 10 日。

② Franklin D. Roosevelt, "Executive Order 9066—Authorizing the Secretary of War To Prescribe Military Areas", February 19, 1942, http://www.presidency.ucsb.edu/ws/index.php?pid=61698, 访问时间：2017 年 6 月 20 日。

③ Harry S. Truman, "Executive Order 9835—Prescribing Procedures for the Administration of an Employees Loyalty Program in the Executive Branch of the Government", March 21, 1947, http://www.presidency.ucsb.edu/ws/index.php?pid=75524, 访问时间：2017 年 6 月 14 日。

④ 王希：《麦卡锡主义的闹剧和悲剧》，《世界知识》2001 年第 18 期，第 35 页。

的恐惧叠加在一起，共同导致了一种认知，即国内颠覆活动成为国家动乱的根源。这一政治氛围无疑对处理移民和种族问题的国会议员、知识分子和政策制定者产生直接影响。他们坚信："一场世界性的共产主义运动在进行，这场革命性运动的目的是在全世界所有国家建立共产主义专制政权，而任何形式的专制政权的建立对我们政府的宪政体制都是有害的，因为它们将会镇压所有反对者并否定我们的政府形式所代表的基本权利和自由。因此，我们的移民法案需要加强对这些将对我们基本制度带来威胁的外侨入境的监控。"[①]

实际上，对于安全的关注并不是移民政策的中心问题。在18世纪90年代末期，随着美法关系的日益恶化，美国国会通过相关法令，授权总统驱逐或者监禁他认为可能威胁美国国家安全的外籍人。[②] 其后，自19世纪下半叶至20世纪上半叶，国会通过一系列移民立法，将那些无政府主义者和支持推翻美国政府或任何其他政府的外国人列入被排斥之列。尤其是随着苏联的崛起，颠覆分子问题已经成为所有关于国家移民与归化政策的评估中的一个重要因素。二战期间，与轴心国的对抗更是促成了美国移民限制和国家安全之间的紧密联系。1947年发起全面调研美国移民政策体系的参议院司法委员会甚至将危险分子问题作为调查报告中的一个重要部分进行分析。该报告指出，随着冷战的日益加剧，现有法案中的安全条款已经不足以应对当前国家安全所遭遇的更大威胁。它在应对危险移民问题上存在缺陷。第一，当前法案中被纳入危险类别加以排斥的移民只包括支持以武力、暴力推翻美国政府或任何政府的人员及支持这一信条的组织及其隶属组织成员。这一条款依据的是这些外国人当下的身份和意识形态，其漏洞在于，很多人为获取入境资格，隐藏了自己的真实想法。因此，麦卡

---

① U. S. Congress, *Senate Report No.1515, The Immigration and Naturalization Systems of the United States*, 81st Congress, 2nd Session, Washington, D. C. : U. S. Government Printing Office, 1950, p. 796.

② Edward P. Hutchinson, *Legislative History of American Immigration Policy, 1798-1965*, Philadelphia: University of Pennsylvania Press, 1981, pp.12-13.

伦在报告中强调，"我们必须将移民体制与反共产主义的策略联系起来"①。

早在 1949 年，麦卡伦就提出一项议案，要求制定更加严格的排斥和驱逐条款来强化针对颠覆性外侨的防卫，并随后将这一条款加入一项综合性法案的提案当中。②至 1950 年夏，随着共产主义在全世界范围内的广泛兴起和冷战对抗的加剧，参议院司法委员会意识到排斥危险移民已经成为一件刻不容缓的事情。但是，关于移民政策改革的辩论还在无休止地进行当中，一项综合性的移民立法无法在短时间内出台。③于是，麦卡伦就防范危险移民问题单独提出一项议案，两院于 9 月 20 日毫无争议地予以通过，这就是 1950 年《国内安全法》。根据该法案，美国将排斥所有曾是共产党成员或任何被认为是共产主义"前沿"组织成员的外国人，同时迅速驱逐居住在美国境内的非公民共产党成员或从事任何被认为"颠覆国家安全"活动的非公民人员。同时法案要求，美国公民中的共产党成员需立即向司法部长登记。④

然而，当该法案在 9 月 22 日被送交杜鲁门总统签字批准时，总统予以否决。他认为，"该法案基本的错误在于，它违背言论自由的信仰，这是对权利法案和我们所自称的世界自由国家代表这一称号的嘲讽"⑤。总统反对排斥已经脱离专制组织并抛弃其意识形态的成员，因为这样会伤及无辜，排斥一些对美国有利的人员。但是，参众两院最终推翻总统否决，再次通过该项法案。

---

① U. S. Congress, *Senate Report No.1515, The Immigration and Naturalization Systems of the United State,* 81st Congress, 2nd Session, Washington, D. C. : U. S. Government Printing Office, 1950, pp. 795-796.

② Edward P. Hutchinson, *Legislative History of American Immigration Policy, 1798-1965*, Philadelphia: University of Pennsylvania Press, 1981, p. 290.

③ Mae M. Ngai, *Impossible Subjects: Illegal Aliens and the Making of Modern America*, Princeton: Princeton University Press, 2004, p. 237.

④ U. S. Congress, *Internal Security Act of 1950*, 81st Congress, 2nd Session, September 23, 1950, pp. 991-992，http://heinonline.org, 访问时间：2016 年 6 月 20 日。

⑤ Harry Truman, "Veto of the Internal Security Bill", September 22, 1950，http://www.presidency.ucsb.edu/ws/index.php?pid=13628,访问时间：2017 年 6 月 20 日。

应该说，1950 年《国内安全法》是麦卡锡时代的主要产物。它将移民可能带来的威胁与国内普遍存在的对共产党的"恐惧"联系在一起。同时，它也是对二战以来一系列挑战现有移民政策中限制主义精神的特别立法的反驳。对此，美国学者罗伯特·迪万评价说："它标志着移民政策形成中的一个极为重要的转变，如果说之前限制主义者的主要动机是种族和文化民族主义，那么，随着专制政府的出现及二战中的危机，国家安全成为民族主义的最根本含义。"[1]虽然这种观点有些言过其实，但是，法案中对国家安全的重新强调的确增加了修订和重新编纂美国移民法的急迫性。[2]或者说，1950 年《国内安全法》作为冷战刺激下保守主义的一次回潮，将外国人与国家安全更为紧密地联系在一起，为保守主义者推动一项维护民族来源限额体制的立法提供了一个契机和合理的话语逻辑。

## 二　改革立法程序的启动及辩论

### （一）保守主义者的"未雨绸缪"与自由主义改革派的反击

1948 年国会中期选举结束后，共和党失去对参议院的控制，民主党参议员麦卡伦取代共和党参议员雷弗科姆成为参议院司法委员会及其移民与归化分委员会主席。麦卡伦于 1933 年进入参议院，作为内华达州的爱尔兰移民的后裔、虔诚的天主教徒，他是一个典型的老派西部人。麦卡伦有着老西部人潜意识中对于外国人的不信任，这一特点在他的相关言论中展露无遗。他曾宣称："我相信，在保卫美国免于遭受不受欢迎的外国人的涌入方面，我是对的。"作为一名二战前的孤立主义政策的维护者，在冷战的背景下，麦卡伦转变为一名狂热的反共主义者。他甚至质疑联合国在纽约的建立是向外国间谍和共产党人打开了大门。作为坚定的反共主义者

---

[1]　Robert A. Divine, *American Immigration Policy, 1924-1952*, New Haven: Yale University Press, 1957, p. 163.

[2]　Reed Ueda, *Postwar Immigrant America: A Social History*, New York: Bedford Books of St. Martin's Press, 1994, p. 42.

和冷战斗士，麦卡伦执掌参议院司法委员会及其移民与归化分委员会、拨款分委员会及外交援助分委员会等要害机构。这使他不但控制了众多议案的处理权，还掌控着国务院、商务、司法及联邦法院系统的财务。[①] 在移民问题上，麦卡伦与杜鲁门及其他自由主义改革派人士不同，他愿意将移民视作一个国内问题，并致力于维护 20 世纪 20 年代建立的种族和民族框架及保护美国不受外部威胁，而后者倾向从美国作为全球领导者的角度看待移民。因此，随着 1948 年难民法及其修正案的通过，麦卡伦内心的危机感愈发强烈。正如当时著名美国移民史学家奥斯卡·汉德林所提供的解释，麦卡伦的排外主义也产生于其证明自身美国性的欲望。汉德林认为："麦卡伦当前对外国人的恶意产生于对外国人的仇恨，这是年轻时留下的阴影，回忆中的恐惧使他害怕受到陌生人的攻击。"[②]

这个排外、反共、特立独行的参议员成为司法委员会主席后，迅速推动参议院移民政策调查委员会从对欧洲难民问题的调查转移到对美国移民政策的全面调研上来。如上文所述，麦卡伦通过掌控整个调查过程，最终推动了一项符合保守主义者意愿的报告出炉。与此同时，麦卡伦还提交了一项相应的移民政策改革议案，但此项议案在 1950 年并没有引起国会的注意。1951 年新一届国会开始后，麦卡伦再次提出前一年的议案，同时，众议院司法委员会成员、来自宾夕法尼亚的民主党人弗朗西斯·沃尔特也在众议院提交了一项相似的议案。随着麦卡伦和沃尔特议案分别在参众两院的提出，战后美国移民政策改革的立法进程拉开了帷幕。自由主义改革派和保守主义者就美国移民政策改革问题在立法中的正面对抗也随即展开。

应该说，麦卡伦和沃尔特的议案是对战后美国移民政策的自由化趋向做出的策略性回应。从内容上看，两项议案大同小异。第一，它们都是对之前所有与移民相关的政策、法规等的汇编。第二，更为重要的是，二者均再次肯定了民族来源限额体制，同时呼吁各国现有限额的签证分配应建

---

① Alfred Steinberg, "McCarran, Lone Wolf of the Senate," *Harper's Magazine*, November 1950, pp.89-92.

② Oscar Handlin, "The Immigration Fight Has Only Begun," *Commentary*, No.14, 1952. p. 3.

立在一项强调个人技能和家庭团聚的优先体制之上。第三，在对待亚洲移民问题上，都主张废除亚洲排斥条款，代之以一项"亚太三角区"条款。但是，用麦卡伦的话来说，为了"以现实主义的方式"废除"当前的种族歧视，"该法只给予"亚太三角区"内的每个国家100个移民限额，这一限额的计算基础是血统而不是出生地，该条款暴露了保守主义者对维持美国现存的种族构成的持续关注。<sup>①</sup> 第四，两项议案都主张增加一个针对政治激进主义的危险移民类别，即排斥曾经是或现在是共产党或任何专制政党成员的外国人。第五，二者都主张继续保留西半球独立国家移民非限额移民的身份。麦卡伦和沃尔特两项议案的唯一不同之处在于，后者相对温和一些，主张将优先体制中较高优先类别未用完的移民签证限额重新分配给较低优先类别或非优先类别申请者使用。这一方法将保证各国限额能充分利用。<sup>②</sup>

通过以上分析可以看出，麦卡伦和沃尔特议案均采取了避重就轻的方式，在对移民政策做出少许修改的同时，重新肯定了民族来源限额体制。毋庸置疑，麦卡伦和沃尔特议案违背了战后自由主义改革派逐渐形成的对改革的期许。因此，他们迅速给予回击。首先发声的是东南欧裔组织。其不但否认了1924年移民法通过以来美国在移民政策改革上所取得的进步，还将保守主义议案中提出的优先体制视作对东南欧移民的进一步限制。最严厉的批判来自意大利秩序之子（Order Sons of Italy）。其向众议院全体成员声明，强烈反对"当前的这两项议案"，并计划"发起一次有力的运动以阻止本届议会通过这些议案"，除非对它们进行彻底的修正。<sup>③</sup> 与此

---

① Maddalena Marinari, "Divided and Conquered: Immigration Reform Advocates and the Passage of the 1952 Immigration and Nationality Act," *Journal of American Ethnic History*, Vol. 35, No. 3, 2016, p. 13.

② Edward P. Hutchinson, *Legislative History of American Immigration Policy, 1798-1965*, Philadelphia: University of Pennsylvania Press, 1981, pp. 303-305.

③ Maddalena Marinari, "Divided and Conquered: Immigration Reform Advocates and the Passage of the 1952 Immigration and Nationality Act," *Journal of American Ethnic History*, Vol.35, No.3, 2016, p. 22.

同时，国会中的自由主义改革派也发起了立法层面的反击。

如前所述，二战以来，自由主义群体已多次表达出相对明确的改革意向。然而，他们从未形成具体的改革方案，在寻求法律层面的突破上也行动迟缓。这一方面是因为保守主义势力的强大影响力，另一方面也与自由主义改革派内部在改革策略上存在分歧有关。在麦卡伦和沃尔特议案的刺激下，自由主义改革派也开启了立法进程。1951 年 2 月，众议院司法委员会主席、资深自由主义改革派伊曼纽尔·塞勒提交了一项移民政策改革议案。[1] 1952 年 3 月 12 日，参议员赫伯特·莱曼和舒伯特·汉弗莱也提交了一项综合性议案。[2] 可以说，50 年代初期自由主义改革派在移民政策改革问题上的主流立场基本体现在这两项议案当中。与保守主义者提出的议案一样，自由主义改革派的议案也认可了民族来源限额体制。但是，他们主张在保留这一体制的前提下，对其进行某些修改，尤其是剔除其中明显的种族性痕迹。具体来讲，第一，将计算限额的人口统计基础年份从 1920 年变为 1950 年，这一变化将导致每年最高限额增加 1/3 之多，从原来每年约 15 万上升至约 21 万。第二，在每年年底汇总当年未用限额，将之重新分配给四类移民，即欧洲难民、亲属、技术劳工及特殊移民，且在重新分配时不考虑民族因素。第三，对于亚洲移民，议案接受了保守主义议案中的改革方案，但是做了两个重要的修改。其一，废除以血统为基础使用限额的做法；其二，终止"亚太三角区"这一设计方案。第四，自由主义议案同样主张禁止危险分子入境，但要求以更为确凿的证据为基础，而不是以领事官员的主观臆断为准。[3]

由上可见，20 世纪 50 年代初，无论是自由主义改革派还是保守主义者，他们都将民族来源限额体制视作一个不可动摇的移民入境框架。只

---

① Edward P. Hutchinson, *Legislative History of American Immigration Policy, 1798-1965*, Philadelphia: University of Pennsylvania Press, 1981, p. 302.

② Edward P. Hutchinson, *Legislative History of American Immigration Policy, 1798-1965*, Philadelphia: University of Pennsylvania Press, 1981, p. 304.

③ Roger Daniels, *Guarding the Golden Door: American Immigration Policy and Immigrants Since 1882*, New York: Hill and Wang, 2004, p. 118.

不过保守主义议案的目标是原封不动地将其保留下来，而自由主义议案则寻求对其进行某种修订，增强其灵活性，尤其是要去除其中明显的不公平性。汉德林对此有比较中肯的评价，他认为自由主义议案是"过于谨慎的"，是"和限额制度妥协的产物"。[①]

### （二）双方辩论焦点及各自话语逻辑

保守主义者和自由主义改革派各自议案的提出，意味着战后双方在移民改革问题上的争论进入立法进程当中。同时，双方围绕移民政策的博弈和辩论也走向前台，形成战后移民问题大辩论的一个高潮。

为在辩论中取得相对优势，保守主义者和自由主义改革派各自招揽了大量同盟者。麦卡伦指使大量活跃的爱国组织和退伍老兵组织，诸如美国军团和外国战争退伍军人组织等，在听证会上作证支持麦卡伦和沃尔特议案。自由主义改革派则争取到天主教、新教、犹太教等宗教组织，日裔及意裔等少数族裔组织，移民和归化法律协会这样的专业性组织及产联、国际妇女洗衣工人联合会等工人组织的支持。[②] 值得注意的是，劳工组织的态度在 20 世纪 50 年代初期的移民辩论中发生了颇为微妙的变化。美国劳工组织内部在这个问题上存在分歧。一方面，美国劳联青睐麦卡伦和沃尔特议案，因为其成员希望以此换取麦卡伦对限制墨西哥移民或废除农业临时劳工计划的支持。但是，他们的热情不高，在听证会上只是发表了一些一般性的支持言论。[③] 另一方面，产联则反对保守主义议案，欢迎更多的欧洲移民。劳工组织的态度发生微妙变化主要源于如下方面：第一，30 年代的罗斯福新政已经为工人设置了最低工资并授予其集体谈判的权利，工

---

① Oscar Handlin, "The Immigration Fight Has Only Begun," *Commentary*, No.14,1952, pp. 1-2.

② Maddalena Marinari, "Divided and Conquered: Immigration Reform Advocates and the Passage of the 1952 Immigration and Nationality Act," *Journal of American Ethnic History*, Vol.35, No.3, 2016, pp.15-35.

③ Maddalena Marinari, "Divided and Conquered: Immigration Reform Advocates and the Passage of the 1952 Immigration and Nationality Act, " *Journal of American Ethnic History*, Vol.35, No.3, 2016, p. 15.

人自我保护能力有所增强；第二，更为重要的是，劳工组织成员，尤其是产联内部，东南欧移民的子女越来越多；[1] 第三，自 30 年代以来，美国外来移民数量一直处于较低的水平上，加上战后相对繁荣的经济，导致移民对劳工组织来讲并不是一个很重要的问题。[2] 在 1952 年产联召开的大会上，他们宣称："我们可以自信地说，美国当前的经济发展状态可以接纳大量的移民，既不会损害经济，也不会拉低美国人的工资和生活水平。"[3]

在努力争取同盟者的基础上，自由主义改革派和保守主义者也力图从理论层面为自身寻找合理性。双方在 1951 年听证会上及随后的国会辩论中主要围绕以下问题展开争论。

第一，种族歧视与文化同质性。自由主义改革派对保守主义议案的批判中最为激烈的一点是对其本质的否定。他们认为，民族来源限额体制最大的错误是持续的种族歧视。意裔和犹太裔组织的代表反复控诉民族来源限额体制，认为它代表了一种种族主义观念，违背了以个体价值为判断个人的唯一标准的民主理想。一名意裔组织领袖声称："我们在允许'排外主义'者宣扬一种非科学的、危险的种族主义信条，它从根本上是危险的、非民主的。"代表犹太团体利益的犹太法学博士拉比·西蒙·里夫金德（Rabbi Simon Rifkind）从广义的民权角度看待民族来源限额体制，谴责它是种族主义的。[4] 参议员莱曼提醒他的保守主义同事，"德国电台在 30 年代就渲染民族来源限额体制，暗示我们国会议员和纳粹一样持所谓的日耳曼优越论"。他伤感地指出，美国已经赢得了这场战争（指第二次世界

---

[1]　Roger Daniels, *Guarding the Golden Door: American Immigration Policy and Immigrants Since 1882*, New York: Hill and Wang, 2004, pp. 114-115.

[2]　Mae M. Ngai, *Impossible Subjects: Illegal Aliens and the Making of Modern America*, Princeton: Princeton University Press, 2004, p. 243.

[3]　Aristide R. Zolberg, *A Nation by Design: Immigration Policy in the Fashioning of America*, Cambridge: Harvard University Press, 2006, p. 313.

[4]　U. S. Congress, Subcommittees of the Committees on the Judiciary, *Revisions of Immigration, Naturalization and Nationality Laws, Joint Hearings on S. 716, H.R.2379, and H.R.2816*, March 6, 7, 8, 9, 12, 13, 14, 15, 16, 20, 21, and April 9, 1951, Washington, D. C. : U. S. Government Printing Office, 1951, pp. 379, 384.

大战），但"纯粹的种族主义和种族主义理论"依然存在于国家的移民政策之中。[1]

相反，保守主义者否认民族来源限额体制的种族性。他们放弃像 20 年代那样，以维护美国的种族构成来为该体制进行辩护，而是以一种新的话语逻辑——"文化同质性"代之。在他们看来，任何对传统限额框架的背离都会"毁坏保护性的移民体制，这一体制维护了美国的文化同质性"。麦卡伦认为，"如果废除民族来源限额体制，我国的种族和文化构成会在一代人的时间里发生变化"。[2] 可见，在他看来，美国移民政策需要防范的是拥有不同于美国主流种族和文化背景的人。也有保守主义者从贡献主义的角度表达立场。在 1951 年的听证会上，参议员理查德·艾伦咄咄逼人道："难道不是西北欧的人建立了这个国家的机构，建立了这个国家的传统，建立了我们当今引以为豪的民主体制？从习俗、传统和信仰的角度来讲，难道不是他们做出了 5/6 的贡献？""难道你不承认，各民族群体之间在思想、习俗及潜在的可同化性方面存在差异？"[3] 不独如此，保守主义者还通过强调亚洲排斥条款的废除来证明自己的反种族主义。他们说道，"在当前议案下（麦卡伦和沃尔特议案），民族来源限额体制已经扩展到适用于所有国家"[4]。

第二，外交政策需要与国内安全。自由主义改革派和保守主义者都诉诸冷战话语以支持自己的观点。前者认为，建立在恐外主义基础上的麦卡伦和沃尔特议案是对美国信仰的否定，其结果必然是"在全世界抹黑美

---

[1] Daniel J. Tichenor, *Dividing Lines: The Politics of Immigration Control in America*, Princeton: Princeton University Press, 2002, p. 192.

[2] Robert L. Fleegler, A Nation of Immigration: the Rise of "Contributionism" in the United States, 1924-1965, Ph.D. Diss., Brown University, 2005, p.152.

[3] U. S. Congress, Subcommittees of the Committees on the Judiciary, *Revisions of Immigration, Naturalization and Nationality Laws, Joint Hearings on S. 716, H.R.2379, and H.R.2816*, March 6, 7, 8, 9, 12, 13, 14, 15, 16, 20, 21, and April 9, 1951, Washington, D. C. : U. S. Government Printing Office, 1951, pp. 635-638.

[4] Robert L. Fleegler, A Nation of Immigration: the Rise of "Contributionism" in the United States, 1924-1965, Ph.D. Diss., Brown University, 2005, p. 152.

国的声誉",从而使其失去在国外的威望。这对美国外交政策会产生毁灭性影响。自由主义者还提出,从现实来讲,考虑到与苏联之间主要是一场意识形态冲突,提倡一项更加宽容的政策将会使美国民主的原则传播到国外。[①]国会议员帕斯顿明确指出,自由主义议案将鼓励其他人"和我们一道反对苏联统治"[②]。麦卡伦和其他保守主义者并不否认美国要承担重要的战后国际义务,但是,他们强调,美国作为"西方文明最后的希望","如果因打开大门无限制地允许移民入境而摧毁了国内安全,我们也将会摧毁国家的安全"[③]。大多数恐外主义议员跟随麦卡伦的领导,在国家安全的名义下维护广泛的排斥并发出警告,"罪犯、共产党分子、颠覆者正在像水流过筛子一样获得进入这个国家的途径"。这是一个陈旧的话题,但也是一个能产生共鸣的历史问题,毕竟此时有81%的美国人一致认为,"共产党分子或不忠人士"在国务院中活动。麦卡锡向着迷的观众讲述威胁国家的阴谋。诸如外国战争退伍军人组织和美国军团等著名爱国组织也认为,国家的内部力量依赖于严格的移民限制。[④]

很明显,在战后变化的国际环境下,保守主义者虽然认识到移民政策的制定有必要考虑外交需求并默认做出的一些调整,如废除亚洲排斥条款,但是,孤立主义思维依然主导着他们的政策立场,导致他们的视野更多地局限在国内。相反,自由主义改革派则更强调移民政策对美国国际形象、威望的影响。正如海厄姆所观察到的那样,"双方都没有意愿和构想将美国传统原则与现代世界的实际情况创造性地联系起来"[⑤]。

---

① Robert A. Divine, *American Immigration Policy,1924-1952*, New Haven: Yale University Press, 1957, pp. 178-179.

② Robert L. Fleegler, A Nation of Immigration: the Rise of "Contributionism" in the United States: 1924-1965, Ph.D. Diss., Brown University, 2005, p. 154.

③ Robert A. Divine, *American Immigration Policy,1924-1952*, New Haven: Yale University Press, 1957, pp. 77, 191.

④ Daniel J. Tichenor, *Dividing Lines: The Politics of Immigration Control in America*, Princeton: Princeton University Press, 2002, pp. 192-193.

⑤ John Higham, "American Immigration Policy in Historical Perspective," *Law and Contemporary Problems*, Vol. 21, No. 2,1956, p. 213.

　　第三，自由主义阵营内部的分歧。需要注意的是，自由主义改革派虽然反对民族来源限额体制，但是，其内部在改革策略上也存在分歧。美国犹太人委员会等激进团体主张废除民族来源限额体制，以一种"先来先得"的政策取而代之。[①] 然而，自由主义改革派中的大部分属于温和派。他们反对民族来源限额体制，但不主张废除它，而是对其进行修改，增强其灵活性，进而使其能够应对各方需求。代表人物塞勒在听证会上明确表态，"我并不是攻击民族来源理论，尽管我不认同这一理论"[②]。自由主义阵营中还有一类非常独特的群体，他们虽然反对种民族来源限额体制，但出于自身利益的考量，暂时性地支持麦卡伦和沃尔特议案，日裔美国公民联盟就是这一派别的代表。该联盟建立于1930年，一直致力于推动具有永久居留权的日裔外侨获得公民身份。20世纪50年代初，在美国大陆和夏威夷总共有约8万名日裔外侨。他们已经在此居住了几十年之久，但因为移民法中对亚裔入境和归化的排斥，始终没有资格获得公民身份。因此，日裔美国公民联盟主要着眼于麦卡伦和沃尔特议案中对亚裔外侨归化途径的开放。其负责人麦克·增冈在1951年参众两院联合听证会上明确讲道："在现有移民政策下，日本人既没有移民的权利，也没有归化的权利，作为代表日裔的唯一一个全国性组织，我们极为关注这些种族性条款的废除。"因此，他们认为有责任为日裔外侨获得这些利益。[③] 对于日裔美国

---

① U. S. Congress, Subcommittees of the Committees on the Judiciary, *Revisions of Immigration, Naturalization and Nationality Laws, Joint Hearings on S. 716, H.R.2379, and H.R.2816*, March 6, 7, 8, 9, 12, 13, 14, 15, 16, 20, 21, and April 9, 1951, Washington, D. C. : U. S. Government Printing Office, 1951, p. 379.

② U. S. Congress, Subcommittees of the Committees on the Judiciary, *Revisions of Immigration, Naturalization and Nationality Laws, Joint Hearings on S. 716, H.R.2379, and H.R.2816*, March 6, 7, 8, 9, 12, 13, 14, 15, 16, 20, 21, and April 9, 1951, Washington, D. C. : U. S. Government Printing Office, 1951, p. 351.

③ U. S. Congress, Subcommittees of the Committees on the Judiciary, *Revisions of Immigration, Naturalization and Nationality Laws, Joint Hearings on S. 716, H.R.2379, and H.R.2816*, March 6, 7, 8, 9, 12, 13, 14, 15, 16, 20, 21, and April 9, 1951, Washington, D. C. : U. S. Government Printing Office, 1951, pp. 47-48.

公民在移民政策改革中的这一立场，其领导人增冈诚恳地解释道，"我们当然愿意和其他自由主义者进行全力的配合，但是，我们最关心的是父辈能尽早获得归化权。他们中的很多人已经到了人生的暮年"①。可见，日裔美国公民联盟从根本上来讲是反对民族来源限额体制的，但是，在这场改革运动中，其从更为务实的角度出发，转而支持麦卡伦和沃尔特议案。在1952年3月一次由自由主义改革派参与的会议上，增冈进一步解释道，"亚洲人的确没有得到和欧洲人同样的对待，但是，聊胜于无"。因此，他敦促与会者支持麦卡伦和沃尔特议案，认为在这两项议案通过后，再为更好的移民制度做斗争也不迟。② 毫无疑问，自由主义阵营内部的分歧在某种程度上弱化了他们在与保守主义者的斗争中的攻击力。

虽然双方的辩论陷入僵持，但是，1952年4月25日，沃尔特议案在未做任何修改的情况下，以206票支持、68票反对在众议院获得通过。同年6月，麦卡伦议案经过一系列修改也在参议院获得通过。最终两项议案被提交至两院移民改革协商委员会并顺利通过，是为1952年《外来移民与国籍法》（又称《麦卡伦－沃尔特法》）。随后，法案只待杜鲁门总统签署生效。

## 三　否决与反否决

1952年《外来移民与国籍法》在国会的通过对自由主义改革派来说是一个巨大打击。当法案被送交总统签字批准之际，他们决定抓住最后机会，敦促总统否决该项法案。而即将赢得这场博弈的保守主义者并没有放松警惕，双方随后又展开一场向总统施压的斗争。

---

① Stephen Thomas Wagner, The Lingering Death of the Nation Original Quota System: A Political History of United States Immigration Policy, 1952-1965, Ph.D. Diss., Harvard University, 1986, p. 69.

② Maddalena Marinari, "Divided and Conquered: Immigration Reform Advocates and the Passage of the 1952 Immigration and Nationality Act, " *Journal of American Ethnic History*, Vol.35, No.3, 2016, p. 23.

### （一）影响总统之争

作为总统，杜鲁门虽然在战后接收欧洲难民问题上表现活跃，但是，在 1952 年之前，他对美国移民政策并没有表现出太多的关注，更没有明确表达自己的立场。因此，当国会将《外来移民与国籍法》放到他面前时，他的反应并不是一件非常确定的事。这就为自由主义改革派和保守主义者影响总统最终决定留下了很大的空间。

保守主义阵营中在反对总统否决上态度最为明确的是国务院。早在 1952 年 1 月 11 日，国务院移民与归化政策委员会①第 58 次会议讨论众议院通过的沃尔特议案期间，签证部门官员罗伯特·亚历山大就曾提出，国务院应该避免提出任何建议而拖延议案的通过。他认为该议案在很多方面是非常好的，尤其是废除了影响亚洲移民入境和归化的种族障碍。日本将不会因为种族而被禁止入美，每年享有 185 个限额，这对于处理与日本的外交关系是非常重要的。②当《外来移民与国籍法》在参众两院大会获得通过后，国务院移民与归化政策委员会召开第 62 次会议对新法案进行讨论。在这次会议上，各位与会的国务院官员基本表达了对新法案的支持。亚历山大依然认为，"相对于现有法案，新的法案总体上有所改进，尤其对美国与亚洲外交关系的改善有利，它废除了种族障碍，以限额制度取而代之"。欧文·托比指出："该法案明显是当前条件下，我们所能接受的最好的方案。"理查德·J. 克里也提出，应该建议总统不要否决该项法案，因为它是当前美国所能得到的最好的结果。③

---

① 1947 年 6 月 18 日，国务院第 573 号公告宣布建立移民与归化政策委员会。委员会随机开会，其主要任务是，对国会正在讨论的移民议案进行评论，同时对各种移民和归化问题表明立场，并对 1950 年《国内安全法》中与移民相关的条款对美国外交政策的影响进行分析。参见 *Foreign Relations of the United States, 1952-1954*, Volume I: General: Economic and Political Matters, Part 2, Washington, D. C. : U. S. Government Printing Office, 1983, p. 1560。

② *Foreign Relations of the United States, 1952-1954*, Volume I: General: Economic and Political Matters, Part 2, Washington, D. C. : U. S. Government Printing Office, 1983, p. 1571.

③ *Foreign Relations of the United States, 1952-1954*, Volume I: General: Economic and Political Matters, Part 2, Washington, D. C. : U. S. Government Printing Office, 1983, p. 1610.

值得注意的是，虽然当时出于外交利益考虑，国务院官员明确反对总统否决《外来移民与国籍法》，但是，他们显然并非完全接受法案内容。官员丹尼尔·古特提议，在向总统提出建议时，美国应该强调这样一个事实，即从美国外交关系的角度来讲，该法案的制定是有益的。在关于"亚太三角区"这一设计的讨论中，亚历山大承认这一设计比原有的"亚太禁区"要好。托比也认为，"亚太三角区"这一设计将扩展进入美国的亚洲移民的来源区域范围，因此，对美国的外交政策是有益的。但是，他们同时建议，应该对"亚太三角区"条款中规定的以亚洲血统来源而不是出生国为使用限额的原则的合理性做出说明。对于西半球移民问题，国务院的态度是纠结的。其陷入一种道德和现实利益的两难选择中。比如，亚历山大就提出，将西半球独立国家纳入种族来源限额体制可以消除我们移民法案中的种族歧视，但是，国务院反对这一提议。对于限额的设定问题，国务院官员也提出不同看法。塞缪尔·博格斯认为，将 1950 年作为计算限额的人口统计基础年份更为公平。同时，他还提出，应该将黑人人口纳入计算限额的人口基数当中。克里也指出，美国人口构成中民族来源的改变不仅仅源于移民来源的变化，还与北欧和地中海国家出生率和死亡率的差异有关。也就是说，民族来源限额体制并不一定能够确保维持美国的人口构成。① 实际上，克里的分析视野扩展到美国之外的地方，明显意识到美国移民政策的有限性。

除国务院之外，国会中的保守主义领袖也对杜鲁门进行"威逼利诱"。尤其是参议院司法委员会主席麦卡伦利用其在参议院预算委员会中的地位向国务院施压，督促他们反对总统否决法案。②

如果说保守主义阵营内部在反对总统否决问题上表现出了高度的一致

---

① *Foreign Relations of the United States, 1952-1954*, Volume I: General: Economic and Political Matters, Part 2, Washington, D. C. : U. S. Government Printing Office, 1983, pp. 1610-1611.

② Stephen Thomas Wagner, The Lingering Death of the Nation Original Quota System: A Political History of United States Immigration Policy, 1952-1965，Ph.D. Diss., Harvard University, 1986, p. 106.

性，那么，自由主义改革派阵营内部一直以来存在的分歧依然在延续。日裔美国公民联盟重申了其在之前辩论中的观点。该联盟的领导人伦道夫·荣田催促总统签署法案，以消除美国移民制度中的"反东方哲学"和"我们政府与东方人之间的"障碍。犹太团体是自由主义改革派阵营中的激进派。其"在考察了潘多拉盒子里的反犹、反天主教、反殖民地、反欧、反非、反亚、反移民及反美国偏见之后，"劝告杜鲁门否决该法案。在天主教内部，对总统否决问题也存在不同立场。天主教救济服务局的爱德华·旺斯特罗姆和全国天主教慈善大会的约翰·奥格拉蒂将移民视作一个国际关系问题，他们认为总统应该对《外来移民与国籍法》予以否决。奥格拉蒂在一篇文章中反驳道，"该法案实际上将我们成千上万的人视作二等公民并歧视了亚洲人、加勒比海人和非熟练技术移民。"考虑到二战和冷战为移民政策改革所创造的契机，他认为，"如果我们与其他宗教组织团结一致"，"麦卡伦法永远不会在参议院获得通过"。而与此同时，全国天主教福利大会的莫勒则将移民政策视作推动国内民权的工具。他认为应该对新法案予以批准。莫勒在其公开发表的两篇文章中指出，如果总统否决该项法案仅仅因为它"不够开放，那么，这将拖延对现有众多法案的汇编，并以自由主义的名义击退了迈向更加自由化移民政策的第一步"；因此，不能仅仅"因为它未能废除限制性的民族来源框架，就全盘否定该法案的进步性"。①

## （二）总统否决辞及其话语逻辑

从相关文献来看，我们很难确定来自各方的压力在多大程度上影响了杜鲁门总统的决定。但是，他最终于1952年6月25日向国会提交了一篇言辞激烈的否决辞。此文是杜鲁门任总统以来，第一次针对美国移民政策明确表达自己的观点，也可以视作其积极参与移民政策自由化改革运动的

---

① Maddalena Marinari, "Divided and Conquered: Immigration Reform Advocates and the Passage of the 1952 Immigration and Nationality Act," *Journal of American Ethnic History*, Vol.35, No.3, 2016, p. 29.

开始。如前所述，自二战结束以来，杜鲁门一直致力于接收欧洲难民，这一表现在一定程度上说明他对外来移民是抱有极大同情的。而且，此时的杜鲁门也有着更为现实的考虑。第一，从外交层面来说，民族来源限额体制的保留继续阻碍着东南欧国家，尤其是意大利的移民，而"增加意大利移民将会对意大利产生重大的影响，将会对意大利共产党形成强有力的打击。据估计，大量增加意大利限额将使意大利共产党在下一届选举中损失数百万张选票"。第二，从国内政治需要来讲，1952 年是一个大选年，反对民族来源限额体制的不公平性，倡导"增加意大利移民，无疑将得到意裔美国人选民的支持"。[①] 可见，杜鲁门最终否决了《外来移民与国籍法》并非意料之外。

杜鲁门否决辞主要是针对民族来源限额体制的。他从两个层面对其进行谴责。第一，首先从理论层面对民族来源限额体制进行了剖析。他指出，"当前民族来源限额体制最大的劣根性就是，它有意歧视了全世界很多人，其最终目的就是削减或完全废除东南欧移民限额"。杜鲁门认为，"这一观念与我们的传统和信仰是完全不相称的。他违背了《独立宣言》中'人人生来平等'的伟大政治信仰，否认了自由女神像底座上向全世界所宣称的人道主义信条"。他进一步指出，这项体制在"1924 年就是错误且无价值的，现在它更加是错误的，是对我们大部分公民的爱国主义、能力及尊严的诽谤"。[②] 应该说，在杜鲁门之前，从理论上批判民族来源限额体制的言论已经不绝于耳，尤其在 1951 年国会就移民政策改革议案举行的听证会期间，种族歧视问题就是自由主义改革派反复阐发的论点。但是，当时持这种观点的只是一小部分比较激进的犹太裔组织和意裔组织。它们的声音是辩论中最尖锐的，但并未成为主流。而杜鲁门以否决辞的形

①　Stephen Thomas Wagner, The Lingering Death of the Nation Original Quota System: A Political History of United States Immigration Policy, 1952-1965, Ph.D. Diss., Harvard University, 1986, p. 79.

②　Harry S.Truman, "Veto of Bill to Revise the Laws Relating to Immigration, Naturalization, and Nationality", June 25, 1952, http://www.presidency.ucsb.edu/ws/index.php?pid=14175, 访问时间：2017 年 5 月 20 日。

式，对民族来源限额体制的种族主义本质进行公开的、逻辑严密的分析，这在美国官方文件中尚属首次。

第二，从现实层面来讲，杜鲁门再次强调了移民政策与外交政策之间的关系。他认为，移民政策应该成为"我们外交政策的一个适当的工具，它是我们在国内外所为之奋斗的理想的真实反应"。然而，在冷战背景下，"民族来源限额体制已然成为（外交政策的）一个障碍"。杜鲁门指出，为击败"人类所面对的最恐怖的威胁"，美国加入了北约，与包括意大利、希腊及土耳其在内的欧洲自由国家结成同盟。"然而，通过该项移民法案，我们却对他们的人民说：相比于英国人和爱尔兰人，你们不受美国欢迎。"而且，"东欧国家已经处于共产党执政之下，东欧国家人民与外界失去联系，被带刺的电线和地雷所包围，穿越边界都要冒着生命危险。我们没有必要防范来自这些国家的移民，相反，我们要去拯救这些设法逃离东欧的人，去帮助这些有勇气逃离野蛮环境的人"。但是，"我们无法做到，因为（我们）给波兰的限额只有 6500 个，而整个欧洲有 13.8 万名正在流亡的波兰人寻求进入美国；因为波罗的海国家的限额只有 700 多个，而正在恳求我们进入美国开始新生活的波罗的海难民大约有 2.3 万人；因为罗马尼亚的限额只有 289 个，而大约 3 万名罗马尼亚人正在设法逃离劳工集中营或遭受他们苏联主人的驱逐，他们已经向我们发出了求援。这些只是少数荒谬的例子"。杜鲁门最后得出结论，歧视性的移民政策"扼杀了美国冷战外交目标"。[①]

当然，杜鲁门总统对法案中某些具有国际意义的方面也给予认可，比如，法案废除了移民归化中的所有种族障碍，并废除对亚洲移民的排斥条款，给予亚洲每个自由国家少量的移民限额。同时他也指出，法案所规定的"有亚洲血统的人不论出生在哪里，他们的祖先已经离开出生地多久，都要占用亚洲国家的限额的条款没有正当理由"。因此，杜鲁门认为，所

---

[①] Harry S. Truman, "Veto of Bill to Revise the Laws Relating to Immigration, Naturalization, and Nationality", June 25, 1952, http://www.presidency.ucsb.edu/ws/index.php?pid=14175, 访问时间：2017 年 5 月 20 日。

有的改善并不能抵消法案中存留的缺陷。①

　　最后，杜鲁门感叹道，"我们国家生活中没有任何一个领域像移民领域一样被死者之手所束缚和扰乱，我们没有将城市限制在 1920 年的边界，我们没有将公司控制在 1920 年的市值"。因此，杜鲁门最后提出若干建议。第一，建立由杰出的专家组成的委员会，对美国移民政策的基本设想、民族来源限额体制和移民政策的影响等进行一次专业性的调研。委员会成员由总统任命 4 人，参众两院各任命 4 人，这些成员要超越党派之见，并专职进行工作。② 应该说，杜鲁门认识到了移民政策改革的复杂性，也认为已有政策是保守主义操控下的产物，所以提出对移民政策进行一次更为科学化、专业化的评估，而并未直接提出废除民族来源限额体制。但是，基于当时外交政策紧急性的考虑，他提出两点应急性意见。第一，他希望国会通过单独立法将法案中对亚洲人设置的种族障碍剔除。他认为"这一障碍对我们没有任何益处，只能给我们和远东人民的关系带来严重不良后果"。第二，杜鲁门强烈催促国会制定临时紧急移民立法。鉴于当时欧洲人口过多和逃离东欧共产主义国家的难民的增多，他请求国会在三年的时间内允许 30 万名额外移民入境。这些移民包括希腊人、荷兰人、意大利人和德国族裔。③

　　杜鲁门总统的否决辞引发了美国社会对移民问题更为广泛的关注，尤其激发了自由主义改革派的强烈认同。国会中的自由主义议员对总统的否决感到"兴奋和惊讶"。④ 意裔美国人组织甚至开始反抗立法并寻求抑制

① Harry S. Truman, "Veto of Bill to Revise the Laws Relating to Immigration, Naturalization, and Nationality", June 25, 1952, http://www.presidency.ucsb.edu/ws/index.php?pid=14175, 访问时间：2017 年 5 月 20 日。

② Harry S. Truman, "Veto of Bill to Revise the Laws Relating to Immigration, Naturalization, and Nationality", June 25, 1952, http://www.presidency.ucsb.edu/ws/index.php?pid=14175, 访问时间：2017 年 5 月 20 日。

③ Harry S. Truman, "Veto of Bill to Revise the Laws Relating to Immigration, Naturalization, and Nationality", June 25, 1952, http://www.presidency.ucsb.edu/ws/index.php?pid=14175, 访问时间：2017 年 5 月 20 日。

④ Stephen Thomas Wagner, The Lingering Death of the Nation Original Quota System: A Political History of United States Immigration Policy, 1952-1965, Ph.D. Diss., Harvard University, 1986, p. 117.

和攻击它的方式。① 然而，保守主义者并未受到总统否决的影响，甚至给予坚决回击。在众议院，沃尔特对总统的否决表示不可思议，并自认为受到"一个严重的打击"，他要求众议院推翻总统的否决，同时反复指出，否决辞并非总统本人所写。在参议院，麦卡伦将杜鲁门否决辞中提出的移民立法方案称作"我职业生涯中所见到的最非美的方案之一"。他发挥了自己所有的影响力，并"以上帝的名义、以美国人民的名义、以美国未来的名义"说服参议院议员同时支持他的法案。此外，沃尔特和麦卡伦还都以新法案中的亚洲条款争取支持。沃尔特在回应总统的否决时，陈述了一系列可能出现的不利影响。他指出，"如果支持总统的否决，在日本和韩国的美国退伍士兵就不能将他们的亚洲妻子带入美国"。麦卡伦也强调，不通过新法案，诸如亚洲移民入境和归化的权利就无法实现。② 最终，参众两院分别在 6 月 26 日、27 日以超过 2/3 的支持率推翻了杜鲁门总统的否决，再次通过《外来移民与国籍法》（下文有时简称 1952 年移民法）。

杜鲁门总统未能阻挠保守主义者在 50 年代初对种族性移民政策的重新肯定。也许正是因为这一点，大部分学者在相关研究中对总统的否决一带而过。然而，否决的失败并不能抹杀否决的意义。第一，正如美国移民史学家艾明如所指出的，杜鲁门在否决辞中明确阐明的观点，即移民政策应该"是一个外交政策的合适的工具，并真实地反映我们国内外所捍卫的理想"，后来成为整个 50 年代移民改革派的核心话语逻辑；③ 第二，总统在移民政策改革问题上的介入有力地激发了自由主义阵营的改革信心。从这个意义上说，杜鲁门总统的否决成为战后美国移民政策改革中自由主义力量发展的一个分水岭。在此之前，自由主义改革派在行动上基本是被动

---

① Danielle Battisti, Relatives, Refugee, and Reform:Italian American and Italian Immigration During the Cold War, 1945-1965, Ph.D. Diss., State University of New York, 1996, p. 320.

② Philip Eric Wolgin, Beyond National Origins: The Development of Modern Immigration Policy-making, 1948-1968, Ph.D. Diss., University of California, Berkeley, 2011, p. 37.

③ Mae M. Ngai, *Impossible Subjects: Illegal Aliens and the Making of Modern America*, Princeton: Princeton University Press, 2004, p. 239.

的、回应性的；而在此之后，他们具有了更强的改革自觉，尝试各种方式推进改革，在与保守主义者的博弈中表现出强大的主动性。

### 四　法案内容及实施效果评析

#### （一）法案内容分析

作为 50 年代初期美国移民政策改革运动的一个成果，1952 年移民法首先是对之前所有移民、归化和国籍相关法案、规定的汇编，同时也是对 20 年代形成的美国移民政策体系的一次"检修"。然而，该法案的通过并没有平息各方矛盾，随后的质疑和支持之声几乎同时铺天盖地袭来。法案的反对者认为，它是"邪恶的歧视和歇斯底里的恐惧的产物"，而维护它的人则将其视作"抵抗种族堕落和政治颠覆的壁垒"。[1] 两种截然对立的观点足以说明在当时美国社会变革及国际冷战的背景下，人们对这一法案的分裂性认知和强烈的情绪反应。然而，随着时间的推移，人们开始理性地探讨法案的内容及其在美国移民政策史上的地位。早期一些自由主义学者认为，1952 年移民法是保守主义者的一次"彻底胜利"。近些年来，学者对该法案的评价趋向温和客观。比如，艾明如强调，该法案最大的特点是"对现有政策的强化，并进行了少许的改革和更新"[2]。还有学者提出，尽管并未彻底废除美国移民政策中以种族为基础的歧视性条款，但这（《外来移民与国籍法》）是一部重要的、有历史意义的移民立法。[3] 的确，纵观整个 20 世纪美国移民政策改革史，1952 年的这次移民政策改革具有明显的承上启下的意义。它既保留了 20 年代移民政策中诸多种族性的特点（甚

---

[1] Louis L. Jaffe, "The Philosophy of Our Immigration Law," *Law and Contemporary Problems*, Vol.21, No.2, 1956, p. 358.

[2] Mae M. Ngai, *Impossible Subjects: Illegal Aliens and the Making of Modern America*, Princeton: Princeton University Press, 2004, p. 237.

[3] Alicia J. Campi, "The McCarran-Walter Act: A Contradictory Legacy on Race, Quotas, and Ideology", 2004, https://www.americanimmigrationcouncil.org/research, 访问时间：2013 年 6 月 15 日。

至还增加了一个种族歧视的内容），也引入了一些新的、延续至今的政策内容。

第一，法案保留了 1924 年移民法中所建立的民族来源限额体制，沿用 1924 年移民法对于各类移民的界定。在确定限额移民的数量上，欧洲移民限额为欧洲各国的族裔人口在 1920 年美国人口中所占比例的 0.16%，移民总限额为 15.6 万个（包括新增的亚洲限额），西北欧国家所占的限额仍为全部限额的 83%，东南欧国家移民依然拥有极为有限的入境机会。可见，种族主义依然是 1952 年《外来移民与国籍法》的基础。[1] 但是，法案在民族来源限额体制下增加了一项全部限额优先体制。具体来讲就是，各国要将本国每年总限额的 50% 用于那些受过高等教育、拥有美国急需的专业技术和突出才能的签证申请者；另外 50% 用于 21 岁及以上美国公民和合法外侨与其外籍亲属的家庭团聚，其中，30% 用于美国公民的父母和未婚子女，20% 用于具有永久居留权的外侨的妻子和未婚子女。凡不具有上述身份属性的移民，入境时不得享受优先权，且入境时必须向劳工部说明进入美国后打算从事的职业。如果该移民入境后从事的职业可能造成美国人失业或降低美国人的工资，司法部应予以拒绝。[2] 以上做法产生的影响是巨大的，因为"这个国家能够选择外国人而不是外国人选择美国"[3]。实际上，全部限额优先体制更大的意义在于，保守主义者在一定程度上将以个人特质为基础接收移民的哲学思想纳入美国移民政策当中，尽管它要受到民族来源限额体制的制约。

第二，1952 年移民法中对亚洲政策的调整被普遍认为是最重要的一项

---

[1]　Mae M. Ngai, *Impossible Subjects: Illegal Aliens and the Making of Modern America*, Princeton: Princeton University Press, 2004, p. 237.

[2]　U. S. Congress, "Immigration and Nationality Act of 1952," in *United States Code Congressional and Administrative News, 82nd Congress, 2nd Session, 1952*, Vol.2, St. Paul: West Publishing Co.,1952, p. 1691.

[3]　Mae M. Ngai, *Impossible Subjects: Illegal Aliens and the Making of Modern America*, Princeton: Princeton University Press, 2004, p. 238.

改革,[1]也是杜鲁门口中"唯一引以为傲的变化"[2]。它终止了1924年移民法中对亚洲移民的排斥条款,设立了一个"亚太三角区"。这一区域每年可享有数量最高不超过2000个的区域限额,而处于这一区域的每个国家则享有每年最高不超过100个的移民签证限额。而且,更为重要的是,法案授予包括亚洲移民在内的所有移民归化的权利。从这一点来讲,新法案的确展现出了宽容的姿态。但是,法案同时规定,亚洲限额的使用要以血统为基础,而不是非亚洲移民所依据的出生国。[3]正如有的学者所言,法案中针对亚洲移民的政策是一个"混合体"(mixed bag),既打破了原有移民政策中禁止亚洲人移民和归化的原则,又以独特的限额使用标准限制了亚洲移民。[4]保守主义者这种看似矛盾的政策思维恰恰反映了冷战外交需要与传统种族主义思想之间的拉扯。一方面,亚洲移民政策体现了战后美国在亚洲的地缘政治利益,它需要一个公平的假象巩固"好的亚洲人"(来自中国台湾、韩国和重建后的日本的人)的忠诚,去反对"坏的亚洲人"(中国人和其他共产党人);另一方面,对大部分国会议员来讲,对大规模的亚洲移民仍然是厌恶的。[5]

第三,法案虽然依然保留了西半球独立国家移民非限额移民的身份,但同时规定,殖民地土生居民移民美国时不得继续使用其宗主国的限额。

---

① Mae M. Ngai, *Impossible Subjects: Illegal Aliens and the Making of Modern America*, Princeton: Princeton University Press, 2004, p. 238.

② Harry S. Truman, "Veto of Bill to Revise the Laws Relating to Immigration, Naturalization, and Nationality", June 25, 1952, http://www.presidency.ucsb.edu/ws/index.php?pid=14175, 访问时间:2017年5月20日。

③ U. S. Congress, "Immigration and Nationality Act of 1952," in *United States Code Congressional and Administrative News*, *82$^{nd}$ Congress, 2$^{nd}$ Session, 1952*, Vol.2, St. Paul:West Publishing Co., 1952, pp. 1689-1690.

④ Alicia J. Campi, "The McCarran-Walter Act: A Contradictory Legacy on Race, Quotas, and Ideology", 2004, https://www.americanimmigrationcouncil.org/research, 访问时间:2013年6月15日。

⑤ Mae M. Ngai, *Impossible Subjects: Illegal Aliens and the Making of Modern America*, Princeton: Princeton University Press, 2004, p. 238.

每年各殖民地入美人数不得超过 100 人。这一规定主要适用范围是英属西印度群岛、香港、法属印支半岛和荷属印度尼西亚。[①] 而在 1924 年移民法中，这部分人移民美国时所占用的限额计入其宗主国，法案对各殖民地移民人数没有做出明确的规定。而且，如果移民血统中有 1/4 以上属于亚洲血统，那么，该移民迁入美国时所使用的限额必须计入其祖籍所在的亚洲国家。很明显，这项规定所针对的都是非白人种族地区的移民。因此，这一设计的意图很明显是"限制黑人移民美国"[②]。也就是说，有色人种依然是美国移民法所排斥的对象。

值得注意的是，除了种族性条款的更新，1952 年移民法还详细阐明了有关申请签证、入境口岸检查以及归化程序的规定。比如，规定 31 类"不受欢迎"的人禁止入境，其中包括：精神病患者、传染病患者、妓女、乞丐、"有可能成为公共负担者"、无政府主义者、罪犯、有可能威胁美国安全和社会制度的人等。更为突出的是，出于反共主义的警惕，1952 年移民法将 1950 年《国内安全法》中若干反危险分子的条款作为一部分纳入其中。不同之处是，1952 年移民法中的安全条款稍微有所弱化，规定来自专制国家的移民，如果曾经是颠覆性组织的非自愿性成员，并且公开反对该专制主义已经至少五年，那么，他们的入境就不受安全条款的限制。[③]

### （二）法案实施效果分析

作为战后美国各界参与下的移民政策辩论和改革的结果，1952 年移民法没有平息各方的争端，而且，法案的实施效果进一步加剧了自由主义

---

① U. S. Congress, "Immigration and Nationality Act of 1952," in *United States Code Congressional and Administrative News, 82<sup>nd</sup> Congress, 2<sup>nd</sup> Session, 1952*, Vol.2, St. Paul: West Publishing Co., 1952, p. 1690.

② Mae M. Ngai, *Impossible Subjects: Illegal Aliens and the Making of Modern America*, Princeton: Princeton University Press, 2004, p.238.

③ U. S. Congress, "Immigration and Nationality Act of 1952," in *United States Code Congressional and Administrative News, 82<sup>nd</sup> Congress, 2<sup>nd</sup> Session, 1952*, Vol.2, St. Paul: West Publishing Co., 1952, pp. 1699-1704.

改革派和保守主义者之间的紧张关系。在民族来源限额体制下，出现了一个充满悖论的现象：一方面，西北欧国家每年成千上万的签证限额因未被使用而浪费掉；另一方面，东南欧和亚洲国家每年出现大量的签证申请积压。

　　我们选取比较典型的国家为例进行说明。按照民族来源限额体制，英国（包括北爱尔兰）、德国和爱尔兰每年的签证限额分别约为 6.5 万个、2.6 万个和 1.8 万个，这三个国家每年限额之和大约占总限额的 70%。然而，美国司法部移民和归化局的统计数据显示，1953~1965 年，除德国外，英国和爱尔兰从未使用完其所得限额。在此期间，这两个国家的限额年平均使用率都只有 37%。英国平均每年浪费的限额超过 4 万个，爱尔兰超过 1 万个之多。英国即使在其限额使用率最高的 1964 年，使用数量也只有约 3 万个，依然浪费了一半以上的签证限额（见表 2-1）。

表 2-1　1953~1965 年各国签证限额使用情况统计

单位：万个，%

| 国家 | 限额 | 1953~<br>1958 年 | 1959<br>年 | 1960<br>年 | 1961<br>年 | 1962<br>年 | 1963<br>年 | 1964<br>年 | 1965<br>年 | 平均使<br>用率 |
|---|---|---|---|---|---|---|---|---|---|---|
| 英国 | 6.54 | 14.55 | 2.27 | 2.70 | 2.51 | 2.29 | 2.83 | 3.18 | 2.99 | 37 |
| 德国 | 2.58 | 14.75 | 2.48 | 2.59 | 2.43 | 2.29 | 2.65 | 2.40 | 2.16 | 95 |
| 爱尔兰 | 1.78 | 4.11 | 0.73 | 0.75 | 0.63 | 0.54 | 0.61 | 0.61 | 0.53 | 37 |
| 意大利 | 0.57 | 3.29 | 0.57 | 0.56 | 0.56 | 0.54 | 0.56 | 0.57 | 0.54 | 97 |
| 希腊 | 0.03 | 0.18 | 0.04 | 0.03 | 0.03 | 0.03 | 0.03 | 0.03 | 0.02 | 100 |

　　资料来源：数据来自各年美国商务部人口统计局统计报告。U. S. Department of Commerce, Bureau of the Census, *Statistical Abstract of the United States,1959*, Washington, D. C. : U. S. Government Printing Office, 1960, p. 89; U. S. Department of Commerce, Bureau of the Census, *Statistical Abstract of the United States,1960*, Washington, D. C. : U. S. Government Printing Office, 1961, p. 93; U. S. Department of Commerce, Bureau of the Census, *Statistical Abstract of the United States,1965*, Washington, D. C. : U. S. Government Printing Office, 1966, p. 93.

　　就在英国、爱尔兰平均每年浪费掉超过 5 万个签证限额的同时，东南欧国家却出现限额严重不足的现象。以意大利和希腊为例，在民族来源限额体制下，这两个国家的签证限额分别约是 0.6 万个和 0.03 万个，其在总限额中所占的比例微不足道。1953~1965 年，两国在全部使用完其签证限额的情况下，每年还出现大量移民签证申请积压，尤其是家庭团聚类中的第四优先类别签证申请积压最为严重。至 1962 年，两个国家此类移民签证申请积压数量分别达到约 14 万个和 0.6 万个。[1] 很明显，民族来源限额体制的实施结果与预期不符，正如学者大卫·M. 赖默思所言，民族来源限额体制的无效性的确推动增加了对其本身的批评。[2]

总而言之，一方面，某些国家的限额大量剩余；另一方面，某些国家严重不足，出现大量签证申请积压。其结果就是，美国移民政策中所规定的每年移民入境数量是无法达到的。这一结果将民族来源限额体制的支持者置于尴尬之地。在整个 50 年代，他们不得不通过一些妥协缓解这一窘况。

## 第三节　余波
### ——自由主义改革运动的短暂激进化

尽管遭到国会中自由主义者及少数族裔和宗教组织等各方的抗议，保守主义者主导的国会最终依然推翻了总统的否决，重新通过了《外来移民与国籍法》，保留了民族来源限额体制。作为美国历史上第一部综合性移民法案，"它本质上是强化了 20 年代严格的移民限制"[3]。然而，保守主义者的胜出并未消除与自由主义改革派的对抗，反而推动自由主义阵营发起一次疾风骤雨般的猛烈反攻。从自由主义个人到民间组织，从杜鲁门总统

---

[1]　Philip Eric Wolgin, Beyond National Origins: The Development of Modern Immigration Policy-making, 1948-1968, Ph.D. Diss., University of California, Berkeley, 2011, pp. 65-66.

[2]　David M. Reimers, "An Unintended Reform: The 1965 Immigration Act and Third World Immigration to the United States," *Journal of American Ethnic History,* Vol. 3, No. 1, 1983, p.14.

[3]　David M. Reimers, *Still the Golden Door: The Third World Comes to America,* New York: Columbia University Press, 1992, p. 20.

到自由主义国会议员，统一将矛头指向民族来源限额体制，并首次提出了一项与限制主义者的主张相对立的方案。由此，战后美国移民政策自由主义改革运动出现了一个短暂的激进化时期。

如前所述，二战结束以后，虽然自由主义阵营对 20 年代确立的民族来源限额体制的批判不绝于耳，但是，大部分批判者只是主张对其进行修正而不是立刻废除。虽然这种温和的改革态度在战后的自由主义阵营中居于主导性地位，但是与之共存的还有一股激进主义潜流。他们反对温和派奉行的亦步亦趋的改革策略，认为这样只会拖延改革的进程，主张直接废除现有法案中的民族来源限额体制。然而，在 50 年代初的改革过程中，激进派的主张始终处于边缘地位。新法案在国会再次通过后，自由主义改革派和保守主义者之间原有的紧张关系更加恶化，"进一步刺激了（自由主义改革派）废除民族来源限额体制的努力"[1]，激进派随即在自由主义阵营中取得主导性地位并掀起猛烈反攻。虽然此次反攻只是昙花一现，但是，它首次明确提出了自由主义改革派的终极目标，为之后改革的胜利奠定了政策基础。

## 一　自由主义个人及民间组织的回应

实际上，早在与保守主义者的博弈初期，一些激进人士就批评国会自由主义改革派，认为他们"缺乏胆识"。1952 年《外来移民与国籍法》在国会初次通过后，汉德林敦促"对限额制度进行正面攻击"，同时，他还谴责法案的种族主义和恐外主义、对亚洲和西印度群岛的象征性限额等。[2]此外，哈佛大学教授路易斯·L. 杰夫也认为，"它（1952 年移民法）的限额条款源于种族偏见，对我们很多公民和其他国家的人造成了不必要的冒

---

[1]　Philip E.Wolgin and Irene Bloemraad, "'Our Gratitude to Our Soldiers': Military Spouses, Family Re-Unification, and Postwar Immigration Reform," *Journal of Interdisciplinary History*, Vol.41, No.1, 2010, p. 48.

[2]　Oscar Handlin, "The Immigration Fight Has Only Begun," *Commentary*, No.14, 1952, p. 1.

犯；它损害了外交关系且对公众的福祉毫无增进"[1]。鉴于法案的复杂性和各项条款之间的关联，他建议不应该对其进行修改，而是彻底重写或设计一项新的法案。杰夫教授同时指出，"尽管法案中有少量好的条款，但是，它是非美的（Un-American）、歧视性的、带有偏见的、非民主的，对我们外交政策的伤害比任何其他立法都多。总之，限额制度是失败的"[2]。

同样，对于1952年移民法的出台，一些自由主义社会组织也反应颇为强烈。1952年12月，自由主义激进分子、美国犹太协会的韦尔·马斯洛就新法案表达了极度不满。他明确反对将未用限额汇总后再重新分配之类的"折中性"方案。[3]众所周知，自40年代末以来，美国犹太团体一直是自由主义改革派中的激进派。其将移民问题与广泛的民权问题联系起来，主张直接废除民族来源限额体制。在1952年移民法通过后，其依然坚持自己的一贯的立场。此外，意裔美国人组织对新法案也无法接受。对意裔美国人来讲，这一结果无异于当头一棒。原因有二。第一，自二战结束以来，意裔美国人一直致力于推动美国援助意大利，以促进其母国的重建和复苏。随着战后东欧难民的涌入和意大利自身人口过多问题的出现，从1948年开始，意裔美国人转而寻求以推动意大利人向外移民的方式解决母国面临的困境。为此，他们极力倡导美国出台一项更加自由化的移民政策，解决意大利移民限额不足的问题。所以，他们支持杜鲁门总统否决《外来移民与国籍法》。然而，国会却推翻了总统的否决。这一事实让他们措手不及。第二，在意裔美国人看来，美国对待意大利移民的态度，在某种程度上就是他们自身在美国的社会地位的折射。换句话说，针对意大利的歧视性限额制度的保留，就是否定意裔美国人在美国已经取得的社会地

---

[1]　Louis L. Jaffe, "The Philosophy of Our Immigration Law," *Law and Contemporary Problems*, Vol. 21, No. 2, 1956, p. 358.

[2]　Clement S. Mihanovich, "The American Immigration Policy: A Historical and Critical Evaluation," *Publications of the American Jewish Historical Society*, Vol.46, No.3, 1957, p. 317.

[3]　Mae M. Ngai, *Impossible Subjects: Illegal Aliens and the Making of Modern America*, Princeton: Princeton University Press, 2004, p. 241.

位，是从一个侧面说明，意裔美国人在美国也是不受欢迎的。①的确，意裔美国人在二战期间工作积极，表现出对美国的忠诚和作为美国良好公民的言行。从这个角度讲，新移民法案是对他们长期以来所做努力的否定和亵渎。正因如此，当意裔美国人得知《外来移民与国籍法》再次在国会获得通过时，他们意识到问题的严重性，甚至临时改变正在组建的美国意大利移民委员会的组织宗旨，将废除民族来源限额体制作为它的首要任务。

## 二 移民与归化总统委员会的活动

杜鲁门总统的否决被国会推翻后，对新移民法案的正面攻击在政府层面也随即展开。在自由主义国会议员和社会组织的推动下，1952 年 9 月 4日，杜鲁门发布第 10392 号行政命令，宣布组建一个"移民与归化总统委员会"（以下简称总统委员会），试图通过一项对美国移民和归化政策的重新调查和评估，为推翻法案进行最后的努力。在该项行政命令中，总统提出三个需要重新思考的问题：第一，与外国人入境、归化、被剥夺公民权、排斥及驱逐相关的移民法案的条款和实施；第二，移民入境对美国经济、社会及其他方面的影响；第三，移民法案及其实施对美国外交政策的影响及授权总统应对紧急情况的必要性。最后，委员会要向总统提供进行相关立法的建议，并于 1953 年 1 月 1 日前向总统提交最后报告。行政命令发布之后，总统迅速任命了一群杰出的自由主义人士担任委员会成员。流亡人员委员会前委员哈里·罗森菲尔德任行政负责人。②很明显，在参议院刚刚就美国移民和归化政策进行了一次全面调研后，以总统为首的自

① Danielle Battisti, Relatives, Refugee, and Reform:Italian American and Italian Immigration During the Cold War, 1945-1965, Ph.D. Diss., State University of New York, 1996, p. 114.

② Harry S. Truman, "Executive Order 10392—Establishing the President's Commission on Immigration and Naturalization", September 4, 1952, http://www.presidency.ucsb.edu/ws/index.php?pid=14435, 访问时间：2017 年 7 月 2 日；U. S. Congress, *Report of U. S. Immigration Law and Policy: 1952-1986*, 100th Congress, 1st Session, Washington, D.C. : U. S. Government Printing Office, 1988, p. 8.

由主义改革派再次发起一项全面调研，其目的无非是对新通过的移民法案进行质疑，向国会中的保守主义者施压。

总统委员会成立后，一方面致力于对参议院调研结论进行针锋相对的反驳，为自由主义者表达反对意见提供一个渠道；另一方面则努力展现自身的权威性和说服力并引起公众对移民问题的关注。为此，被总统委员会邀请参加听证会的组织和个人基本是移民政策自由化改革的拥护者。1952年9月30日至10月29日，从波士顿到洛杉矶，总统委员会共在11个城市进行了听证会。相比于上次参议院调查只局限于华盛顿，总统委员会强调，这次举行的听证活动更为全面和公正，也更真实地反映了民意。此次调研结果最终体现在《我们应该欢迎谁？》这一报告中。

在听证会上，学术专家、政治家、社会团体代表及个人纷纷谴责和攻击民族来源限额体制。汉德林提交了一份文字材料，主要是对民族来源限额体制背后的种族主义预设进行了细致考察。他认为，1952年通过的移民法案有意将民族来源限额体制永久化，表面上是为了维护"美国社会人口和文化平衡"，其真实目的是继续推行种族和民族歧视。因此，汉德林催促总统委员会寻求废除这一制度的可能性。自由主义参议员赫伯特·莱曼也认为，"就本质而言，我们的法律应该迅速删除民族来源限额体制"[①]。美国劳联代表布里斯·希施金表达了同样的看法。他指出，"我们的移民政策不应该考虑种族、信仰、肤色及民族来源"[②]。来自美国产联联合汽车工人协会的沃尔特·鲁瑟，也呼吁直接废除民族来源限额体制。[③] 当然，个别自由主义者和团体依然持温和态度。比如众议员塞勒仍然持悲观

---

① U. S. Congress, *House of Representative Hearings Before the President's Commission on Immigration and Naturalization*, Washington, D. C. : U. S. Government Printing Office, 1952, p. 61.

② U. S. Congress, *House of Representative Hearings Before the President's Commission on Immigration and Naturalization*, Washington, D. C. : U. S. Government Printing Office, 1952, p. 1618.

③ U. S. Congress, *House of Representative Hearings Before the President's Commission on Immigration and Naturalization*, Washington, D. C. : U. S. Government Printing Office, 1952, p. 1621.

态度。他坚持以未用限额重新分配的方案替代废除民族来源限额体制的主张。塞勒警告道，"在能够走之前，我们必须先学会爬"。但是，他也谨慎地解释说："我要说的是，从实用主义角度来说，这一方案只是通向它（废除民族来源限额体制）的步骤之一。"此外，日裔美国公民联盟华盛顿办公室的代表依然表示支持新法案。他认为，"一些批判是不成熟的，在机会成熟之前，应该保留对该法案的反对"①。

1952 年移民法中有关亚洲和西半球殖民地的条款也成为被批判的对象。汉德林指出，种族和民族歧视是新移民法案的本质，这种本质除了体现在民族来源限额体制上，还表现在以下方面。第一，为西半球殖民地和附属区域设定了一个次级限额，西印度群岛的黑人不再能够无限制地使用其宗主国英国的限额。这将会大大减少来自加勒比海的黑人移民。例如，牙买加每年的移民数量将从 1000 人减少到新法案规定的每年最多 100 人。第二，尽管法案废除了亚洲排斥条款，但是，东方人都要使用一个"亚太三角区"限额，且不以出生地为基础，而是以他们的种族背景为依据申请限额签证。例如，父母一方为中国人的英国公民，移民美国时必须占用中国的限额。第三，限额计算仍然保留 1924 年移民法中的规定，以 1920 年白人人口为统计基础，给予盎格鲁 - 撒克逊人优先权。而且，之前可以以非限额移民身份入境定居的教授和牧师，现在必须在民族来源限额体制下以"技术性劳工"签证入境。此外，新法案对危险分子有过于严格的防范。哪怕 20 年前偷过面包或在 20 年代因反对墨索里尼而被捕的人也被视为"罪犯"并禁止入境。因此，《外来移民与国籍法》阻碍而不是吸引移民进入美国。②

针对参议院报告中对外来移民可能恶化战后失业问题的担忧，总统委员会专门就移民对美国经济的影响这一问题进行调查。其发现：正在扩张

---

① U. S. Congress, *House of Representative Hearings Before the President's Commission on Immigration and Naturalization*, Washington, D. C. : U. S. Government Printing Office, 1952, p. 154.

② President's Commission on Immigration and Naturalization, *Whom We Shall Welcome*, Washington, D.C.: U. S. Government Printing Office,1953, pp.127, 175.

的战后经济需要更多的移民；国防建设也缺乏足够的人力储备；美国人口结构渐趋老龄化，且女性多于男性；美国劳动力市场能够吸纳比当前最大移民限额更多的人口。<sup>①</sup>因此，委员会得出的结论是，美国需要更多的外来移民作为国家发展的补充力量。

对于移民政策与外交政策的关系，委员会将移民政策视作外交政策的一部分。其认为，作为当今自由世界的领导者，美国应该承担责任，而当前移民政策却是回避这种责任的体现。而且，民族来源限额体制阻碍了当前难民和逃亡者项目的实施，说明僵化的移民法案已经无法应对特殊情况下的需求。<sup>②</sup>

对于1911年迪林厄姆委员会报告和1950年参议院报告中对"新""老"移民内在差异的肯定，总统委员会专家进行了驳斥。他们在报告中声称，"就个人品质来讲，没有可靠证据证明新移民比老移民低劣"<sup>③</sup>。专家态度的转变说明，繁盛于20世纪初期的"科学种族主义"在战后已在学术界跌落神坛。

通过多方调查，委员会收到的信息主要是对1952年移民法的控诉，认为它是孤立主义的产物，建立在毫无依据的恐惧和偏见之上，是美国国家法律结构中所体现的原则的可耻的倒退。基于调查结果，总统委员会得出的结论为：1952年移民法存在极大问题。它不但违背了美国根本的传统和理想，而且忽视了外来移民对美国生活方式的有利之处。此外，该项法案还引发了外国人对美国的愤怒，破坏了它在自由世界中的地位，而这些国家的友谊和理解对美国人民战胜专制政权的威胁是必要的。基于以上问题，委员会直言，"应该重新看待移民问题并改写移民政策，将移民立法建立在人道主义原则之上。只有这样，当面对人类的灾难时，我们才

---

① President's Commission on Immigration and Naturalization, *Whom We Shall Welcome*, Washington, D.C.: U. S. Government Printing Office, 1953, pp. 22-34.

② President's Commission on Immigration and Naturalization, *Whom We Shall Welcome*, Washington, D.C.: U. S. Government Printing Office, 1953, p. 70.

③ President's Commission on Immigration and Naturalization, *Whom We Shall Welcome*, Washington, D.C.: U. S. Government Printing Office, 1953, p. 96.

能够履行应有的责任与义务，同时也能充分满足我们的需要和对安全的诉求"①。

最后，总统委员会在其报告中就移民政策改革提出若干建议。第一，废除民族来源限额体制，以一套统一的限额优先体制取而代之。委员会认为，从理论上来讲，民族来源限额体制的理论预设是种族优越论、经济伤害论和劣等个人特征论；从实施结果来看，它导致西北欧国家出现大量未用限额，而限额较少国家积压了大量移民签证申请。因此，在每年限额的范围内，应该以一套统一的优先体制代替民族来源限额体制来分配移民限额。优先类别的顺序为：庇护的权利、家庭团聚、美国的需要、自由世界的特殊需要、一般性移民。第二，提高每年限额的上限，以 1950 年美国人口统计为基础，每年限额总量为美国人口的 0.16%。由此，每年移民限额由现在的约 15.5 万个增加到约 25 万个。而且，每年限额签证的分配方式应每三年进行一次调整，由一个新成立的专家组成的移民与归化委员会负责执行，并接受总统和国会的审查。第三，现隶属于国务院和司法部的所有关于移民和归化的职能全部纳入一个新机构中。该机构由移民与归化委员会领导，委员会成员由总统任命、参议院批准。第四，在未来三年里，在每年限额的范围之内，优先允许 10 万名难民、被驱逐者、逃亡者和剩余流亡人员入境。②

总统委员会希望它的报告能够在 1953 年初得到新一届国会的认可。然而，自由主义改革派最终还是遭遇了来自国会保守主义者及其同盟的有力阻挠。麦卡伦暗示，自由主义改革派是在帮助共产主义事业。他们的政策主张是"对国会中激进的、左翼派系所持论调的重复"，"真理是，新移民法案不包括一丁点种族和宗教歧视"。麦卡伦还指出，法案的支持者广泛，不仅包括长期以来持排外主义立场的美国军团、外国战争退伍军人组

---

① President's Commission on Immigration and Naturalization, *Whom We Shall Welcome*, Washington, D.C.: U. S. Government Printing Office, 1953, p.19.

② President's Commission on Immigration and Naturalization, *Whom We Shall Welcome*, Washington, D.C.: U. S. Government Printing Office,1953, pp. 263-264.

织及美国爱国协会联盟等，还包括全国基督教福利委员会和日裔美国公民联盟。① 众议院非美活动委员会在一项报告中指出，"二十几名共产党人和数倍于有记录显示隶属于知名共产党机构的人员在委员会（指移民与归化总统委员会）前作证，他们提供的陈述被纳入听证会记录中。听证会记录和委员会报告中没有一处标出这些人的真实背景"②。最终，由保守主义者主导的国会忽略了总统委员会的调查结果。

虽然总统委员会的报告未推动国会重新调整美国移民政策，但是，通过此次调研，自由主义改革派的改革思路和目标进一步明晰。报告中提出的建议成为之后十几年中自由主义改革派立法的基础，也逐渐成为国会中大多数议员所接受的主张，并最终导致 1965 年民族来源限额体制退出历史舞台。③

## 三　昙花一现的国会激进改革行动

阻挠 1952 年移民法出台的失败，使国会中的自由主义议员深感挫败。在自由主义个人、社会组织及总统委员会的推动之下，资深自由主义改革派参议员赫伯特·莱曼认识到，他有一种道义上的责任，应起草并提交一项适当的综合性法案作为回应。④

早在 1952 年 12 月 28 日，在应邀参加犹太人战争老兵的年度宴会上，

①　Roger Daniels, "Changes in Immigration Law and Nativism Since 1924," *American Jewish History*, Vol.76, No.2, 1986, p. 171.

②　Kevin MacDonald, "Jewish Involvement in Shaping American Immigration Policy,1881-1965: A Historical Review," *Population and Environment*, Vol.19, No.4, 1998, p. 335.

③　U. S. Congress, *Report of U. S. Immigration Law and Policy: 1952-1986*, 100th Congress, 1st Session, Washington, D. C. : U. S. Government Printing Office, 1988, p. 10; Aristide R. Zolberg, *A Nation by Design: Immigration Policy in the Fashioning of America*, Cambridge: Harvard University Press, 2006, p. 318.

④　Stephen Thomas Wagner, The Lingering Death of the Nation Original Quota System: A Political History of United States Immigration Policy, 1952-1965, Ph.D. Diss., Harvard University, 1986, p. 224.

莱曼就通过情绪激昂、充满战斗力的讲话对刚刚通过的《外来移民与国籍法》做了尖锐的批判，并表达了废除民族来源限额体制的决心。他指出："我们国家的一切都是移民劳动的成果，我们是移民及其后裔组成的国家。我们的国家是由不同种族、民族和拥有不同信仰的人建立的，他们共同创造了这一奇迹。我们成长和发展的事实，有力反驳了以种族优越论及以血统和信仰为基础对移民进行区别这些错误的观念。"因此，"建立在种族和民族差别基础上的'民族来源'限额体制是不可忍受的，必须彻底废除"。同时，莱曼也表示，"正面战争刚刚开始，自由世界将密切关注我们取得的成就。国外成千上万被压迫者的生命依赖于我们的行动。其他志同道合的国家正在等待我们的领导。新的战争即将来临，我们决不能退缩"。①

实际上，1952 年民主党在移民政策改革问题上失败之后，莱曼幻想共和党上台后会将改革推进一步。然而，艾森豪威尔总统在移民问题上被动且倾向妥协。失望之余，加之自由主义激进派的敦促，莱曼最终下定决心采取新的立法行动。1953 年 8 月 3 日，在吸纳了总统委员会报告中改革建议的基础上，莱曼和 7 名北部民主党人，包括后来成为美国总统的约翰·肯尼迪，共同提交了一项替代 1952 年移民法的综合性移民议案。自由主义改革派详细阐述了提交此项议案的目的。这些目的包括：通过移民政策正面表达美国政治制度所追求的基本人类价值；促进既能满足国家需要，又能履行国际责任的理想移民入境；保护国家免于遭受那些意在摧毁和破坏美国政治制度的危险分子渗入；不以民族来源、种族、肤色或信仰为选择移民的标准；促进家庭团聚；服务于国内经济需要；为受迫害者和被压迫者提供天堂；推进美国外交政策目标的实现。

国会新提出的改革议案，基本吸取了杜鲁门总统委员会报告中的建议。第一，将每年移民限额设定的美国人口统计基础年份定在 1950 年，而不是 1920 年，其数量大概是 25 万个，比现行限额多出 10 万个。同

---

① (Author Unknown) "Senator Lehman on the McCarran-Walter Act," *Social Service Review*, Vol. 27, No. 1, 1953, p. 104.

时，以一项"统一限额制度"代替民族来源限额体制，提出未来将在五个移民群体之间分配限额，并明确规定了各个群体的比例：各国总限额的 25%~35% 分配给家庭团聚类移民，5%~10% 分配给就业类移民，15%~25% 分配给寻求庇护者，20%~25% 分配给那些符合"美国利益"的人，至少将总限额的 20% 在"先来先得"的基础上分配给"新移民"（不具备优先条件的移民）。第二，制定一项三年内发放 30 万个移民签证的紧急移民立法。[①]

虽然莱曼力争艾森豪威尔总统对新议案的支持，但是此时的总统正在致力于制定一项难民立法，对于激进主义改革方案既不感兴趣也缺乏信心，因此并未给予积极回应，[②]况且，推翻总统否决的保守主义联盟依然牢牢控制着参众两院司法委员会移民与归化分委员会，并占据两院中的大多数席位。[③]莱曼及其支持者意识到，国会不可能在短期内出台新的移民法案。最终，莱曼的议案在国会不了了之。

应该说，国会推翻总统否决，再次通过《外来移民与国籍法》后，自由主义个人、社会组织、国会议员及总统对民族来源限额体制展开的正面攻击，是二战以来积聚的自由主义改革力量在保守主义者刺激下的一次大爆发。尽管此次反攻无果而终，但是，其意义非常重大。正如汉德林所言，"这是三十年来第一次，我们有了一个不妥协的移民政策框架。从长远来看，这一框架将具有重大的利用价值"[④]。考虑到此次提出的改革议案对之后移民政策自由化改革的影响，汉德林所言不虚。

---

① Edward P. Hutchinson, *Legislative History of American Immigration Policy, 1798-1965*, Philadelphia: University of Pennsylvania Press, 1981, p. 316.

② 相关内容在本书第三章有详细论述。

③ Edward P. Hutchinson, *Legislative History of American Immigration Policy, 1798-1965*, Philadelphia: University of Pennsylvania Press, 1981, p. 317.

④ Stephen Thomas Wagner, The Lingering Death of the Nation Original Quota System: A Political History of United States Immigration Policy, 1952-1965, Ph.D. Diss., Harvard University, 1986, p. 230.

# 小　结

1950 年，保守主义者麦卡伦首次提出战后移民政策改革议案。自由主义改革派提交温和的改革议案并与保守主义者展开正面博弈，但未能阻止保守主义议案的通过。随后，杜鲁门总统否决了《外来移民与国籍法》。国会旋即推翻总统否决，再次通过该法案。自由主义激进派做最后反击，正面倡导废除民族来源限额体制并提交相应改革议案，但这场激进式改革余波并没有掀起浪花，保守主义者成功维护了美国 20 年代确立的民族来源限额体制。这一历程充分说明，冷战初期美国在政治上具有极大的保守性和排他性。然而，正如约翰逊政府时期参议员爱德华·M. 肯尼迪所言，"1952 年《外来移民与国籍法》是过时的、是与时代发展不相符的，它不足以应对当代的需求"[①]。那么，保守主义者为什么在逆时代发展潮流的情况下依然能够胜出？或者说，自由主义改革派为什么未能阻挠保守主义法案的通过？

从国际和国内大环境来讲，主要有两点原因。第一，20 世纪 50 年代初期正值国际冷战不断升级、国内麦卡锡主义处于高峰之时，美国人对外国人有着普遍的恐惧感，笃信至少某些外国人寻求来美的唯一目的是摧毁美国。在这样的舆论氛围中，麦卡伦和沃尔特将自己塑造成大众心目中国家安全的卫士，有效利用了全国强烈的反共情绪，聚集支持者并恐吓反对者。当反对 1952 年移民法就被扣上叛徒、亲共的帽子时，很少人愿意冒这个险。[②] 因此，正是因为移民法案被渲染成美国安全的一道重要防线，

---

① Congressional Research Service, Library of Congress, Ninety-six Congress, *U. S. Immigration Law and Policy: 1952-1979*, Washington, D. C. : U. S. Government Printing Office, 1979, p. 1.

② Stephen Thomas Wagner, The Lingering Death of the Nation Original Quota System: A Political History of United States Immigration Policy, 1952-1965, Ph.D. Diss., Harvard University, 1986, pp. 58-96.

所以，麦卡伦和沃尔特的政策主张在国会赢得了更多的支持。[①]

　　第二，二战结束后，美国经济的确出现了相对繁荣发展的局面，然而，在经济繁荣的背后，美国社会也存在一种巨大的失业危机感。这种危机感主要来自两个方面。其一，美国国内经济从战时到战后的转变过程中，由于大量军人复员，就业需求增大，市场就业机会减少，引发美国人对经济前景的普遍担忧。尤其面对当时美国失业人口超过300万人且依然呈现增长之势的局面，外来移民对失业的影响成为政策制定者考虑的一个重要因素。[②] 其二，战后美国产业结构调整引发的结构性失业。二战后开始的第三次科技革命对美国就业产生了重要影响。由于自动化提高了生产技术的构成，导致技术构成提高的行业中就业机会日益增加，而技术构成较低的行业中的就业因行业萎缩而日益减少。为此，麻省理工学院教授诺伯特·维纳于1948年在其《控制论》一书中，呼吁人们关注因战争而产生的先进技术给社会带来的影响。他的理论逻辑是，机器可能会以前所未有的速度代替劳动力。20年后，国家将出现数以百万的低技能剩余劳动力。1950年，维纳教授又在其《人有人的用处：控制论和社会》一书中预言：自动化会使那种进行纯粹重复工作的工厂突然降低对劳动力的需求，最后甚至变成完全不需要劳动力。在他看来，自动化带来的失业同30年代的危机相比，后者只不过是儿戏而已。[③] 应该说，这种失业危机感的笼罩对移民政策的自由化改革是极为不利的。

　　如果从与立法进程直接相关的角度来分析，1952年移民法之所以能最

---

①　Congressional Research Service, Library of Congress, Ninety-six Congress, *U. S. Immigration Law and Policy: 1952-1979*, Washington, D.C. : U. S. Government Printing Office, 1979, p. 6; Philip Eric Wolgin, Beyond National Origins: The Development of Modern Immigration Policy-making, 1948-1968, Ph.D. Diss., University of California, Berkeley, 2011, p. 91.

②　U. S. Congress, *Senate Report No.1515, The Immigration and Naturalization Systems of the United States*, 81st Congress, 2nd Session, Washington, D. C. : U. S. Government Printing Office, 1950, p. 280.

③　高嵩：《美国社会经济转型时期的就业与培训政策（1945-1968）》，人民出版社，2011，第37~38页；〔美〕诺伯特·维纳：《人有人的用处：控制论和社会》，陈步译，商务印书馆，1989，第131~132页。

终出台，首先源于法案本身的复杂性和迷惑性。该法案包括164项独立条款和40多项分支条款，修改并汇编了所有关于移民、归化和国籍的法案。面对如此庞杂的一项法案，试图从总体上对其进行评判是困难的。[①] 同时，正如有的学者所言，该法案虽然包含不好的方面，但也包含好的方面。比如，法案虽然保留了以种族主义为基础的民族来源限额体制，甚至由于为西半球殖民地和附属地设立了最低限额，增强了法案的种族歧视性，但是，它同时也终止了对亚洲移民的排斥条款，授予亚洲各国移民入境和归化的权利。实际上，法案支持者恰恰是通过强调对亚洲政策的改变回击反对者，这一点在前文有所提及。因此，可以说，法案的复杂带来的难以评估性及保守主义者对所谓"好的"条款的强调，足以扰乱议员们对法案的认知和判断。

其次，50年代初，保守主义者在参众两院司法委员会均占据关键性职位，这有助于他们控制立法的程序。极端保守主义者麦卡伦继1949年成为参议院司法委员会及其移民与归化分委员会主席后，1952年又当选参众两院移民改革协商委员会主席。他利用手中的权力压制自由主义改革派的立法提案，并在相关听证会上排挤众议院司法委员会主席、自由主义改革派的核心人物之一伊曼纽尔·塞勒，将其边缘化。[②] 此外，就82届国会整体氛围而言，对移民政策的自由化改革也颇为不利。1950年中期选举后，倾向于移民政策自由化的民主党虽然保住了国会两院多数党席位，但优势大为缩小。在众议院，民主党席位从263席减少到234席，共和党席位从171席增加到199席；在参议院，民主党席位从54席减少到49席，共和党席位从42席增加到47席。[③] 共和党和南部民主党席位的增加使国会中的保守主义势力有所强化，他们提出的移民改革议案就更容易获得较多的

---

① Clement S. Mihanovich, "The American Immigration Policy: A History and Critical Evaluation," *Publications of the American Jewish Historical Society*, Vol.46, No.3, 1957, p.317.

② Danielle Battisti, Relatives, Refugee, and Reform: Italian American and Italian Immigration During the Cold War, 1945-1965, Ph.D. Diss., State University of New York, 1996, p. 107.

③ 参见李道揆《美国政府和美国政治》（下册），商务印书馆，1999，第808~809页。

支持。

再次，自由主义改革派内部在改革过程中尚未形成统一步调，缺乏保守主义阵营中的那种高度一致性。其一，不同族裔群体之间存在分歧。如前所述，意裔美国人组织和犹太团体希望改革民族来源限额体制，以促进更多东南欧移民的进入，而日裔美国公民联盟则主张重点关注新法案中对亚洲移民和归化政策的放宽条款，至于根本性的改革目标可以推迟实现。其二，改革策略存在差异。以杜鲁门总统为代表的一方倾向于以特别立法的方式达到实现最终改革的目标。在 1952 年参众两院投票通过麦卡伦和沃尔特的移民议案之前，他一直积极致力于特别立法的制定，并未全力对保守主义议案进行反对和施压。杜鲁门认为，作为总统参与立法是不合适的，因此，在 1952 年移民法第一次在国会两院通过之前，他在整个立法过程中的参与度很低，只是恪守总统的传统职权范围，确信自己有责任否决那些他认为不符合国家利益的法案。[①] 1952 年 3 月 24 日，杜鲁门向国会提出制定特别立法以接收包括意大利人、德国族裔等在内的 30 万名难民的建议时，进一步引发了自由主义阵营内部的分化，美国公谊服务委员会和全国立陶宛人委员会等组织追随于他，而忽略对移民政策改革的关注，其结果是导致自由主义阵营的攻击力大打折扣。与杜鲁门总统意见相左的一方则坚持直接追求移民政策改革，把精力放在反对国会中保守主义议案的斗争中。结果两股力量互相牵制，甚至被保守主义者所利用。[②] 对于自由主义阵营来讲，这种内部的混乱最终导致了双重恶果：既没能成功阻挠 1952 年移民法的通过，又没能获得一项难民特别立法的出台，双方互相拖了后腿。其三，国会中的自由主义议员在应对保守主义议案时也步

---

① Stephen Thomas Wagner, The Lingering Death of the Nation Original Quota System: A Political History of United States Immigration Policy, 1952-1965, Ph.D. Diss., Harvard University, 1986, p. 93.

② Maddalena Marinari, "Divided and Conquered: Immigration Reform Advocates and the Passage of the 1952 Immigration and Nationality Act," *Journal of American Ethnic History*, Vol.35, No.3, 2016, p. 25.

调混乱，其至前后矛盾。众议员伊曼纽尔·塞勒先是独立提出移民立法议案，后又试图以支持众议员沃尔特议案的方式换取保守主义者对其修改某些条款要求的支持；参议员赫伯特·莱曼和舒伯特·汉弗莱也纠结于是以一部引发争议较少的"短法"（short bill），还是以一部综合性法案来对抗保守主义者的方案。[①]自由主义阵营内部存在的诸多分歧导致他们在与保守主义者博弈的过程中，力量分散，缺乏攻击力，容易被后者分化。

通过以上分析，我们可以看出，虽然种族主义在 20 世纪 50 年代初的美国已经不再公开流行，保守主义者在关于移民政策的辩论中也有意回避"种族主义"的字眼，但是，保守主义者的立法技巧、制度性优势及有利的国际和国内环境使其很好地规避了反对者对法案中种族主义的攻击。而自由主义阵营内部不同利益集团在诸多问题上的分歧，大大削弱了他们对保守主义议案的攻击力。在这些因素的叠加影响之下，形成于 20 年代的民族来源限额体制在 50 年代初的移民政策改革中被成功保留下来就不足为奇了。

20 世纪 50 年代初的改革实践证明，美国移民政策自由化改革的时机尚不成熟，改革策略需要进行调整。时任参议院多数党领袖林登·约翰逊在写给莱曼的信中这样说道，"我认为处理移民问题的方式应该使用蚕食（nibbling）策略，只要我们用足够的时间进行蚕食，我们就能攻破。您可能不认同这种方法，但是，我认为我们的根本目标（指废除民族来源限额体制）是一致的"[②]。的确，1953 年艾森豪威尔就任美国总统后，自由主义改革派调整策略，双方转而以一种新的形式展开新一轮博弈。

---

① Maddalena Marinari, "Divided and Conquered: Immigration Reform Advocates and the Passage of the 1952 Immigration and Nationality Act," *Journal of American Ethnic History,* Vol.35, No. 3, 2016, pp. 21-24.

② Stephen Thomas Wagner, The Lingering Death of the Nation Original Quota System: A Political History of United States Immigration Policy, 1952-1965, Ph.D. Diss., Harvard University, 1986, p. 301.

第三章

# 僵持中的对抗

## ——艾森豪威尔政府时期移民政策的微调

　　1952 年 12 月 24 日,《外来移民与国籍法》生效实施,它为战后自由主义改革派和保守主义者的首轮正面博弈画上了句号。然而,双方的对抗并未就此停止,相反,法案的通过成为新一轮博弈的直接推动力。1953 年艾森豪威尔就任美国总统后,自由主义改革派开始进行战略收缩。他们放弃正面攻击的方式,转而在默认民族来源限额体制的基础上寻求一种将移民政策改革与接收欧洲难民问题结合起来、逐步推进政策突破的博弈方式。这一时期的改革可以分为两个阶段。艾森豪威尔第一个任职时期为第一阶段。在此期间,经历了挫败的自由主义激进派逐渐淡出,温和派也放弃直接倡导修改限额制度的方式,以温和派、来自共和党的总统艾森豪威尔为首的自由主义改革派中的保守派走向前台。他们寻求通过制定特别立法的方式,促进在限额制度下处于不利地位国家的移民入美。有学者称之为"挖出侧门"[①]。与此同时,保守主义者为维护民族来源限额体制,也做出有条件的妥协。双方在各有取舍的基础上,呈现一种"和平"对峙状

---

[①]　Aristide R. Zolberg, *A Nation by Design: Immigration Policy in the Fashioning of America*, Cambridge: Harvard University Press, 2006, p. 303.

态。第二阶段改革发生在艾森豪威尔第二届任职时期。自50年代中期起，有利于自由主义改革派的环境在悄然形成。他们谨慎地重启移民政策改革的进程，尝试寻求修改民族来源限额体制。然而，此次正面改革的重启依然未能引发政策的实质性变化，而是以极大的妥协而告终。纵观艾森豪威尔执政时期的移民政策改革，虽然没有取得立法上的突破，但是，正是在这一过程中，民族来源限额体制逐渐由坚硬的"盾牌"变成布满孔隙的"漏勺"。

## 第一节　"和平"对峙阶段
### ——1953年《难民救济法》的出台

### 一　欧洲持续的人口问题及各方态度

如第一章所述，为应对战后欧洲难民问题，美国于1948年出台难民法加以应对。在这一特别立法下，美国接收了大约40万名欧洲流亡人员和难民。然而，至1952年，也就是该项法案即将到期之时，欧洲的难民问题并没有彻底解决，而且出现了更为严重的人口过多问题。

1952年1月3日，负责实施1948年难民法的流亡人员委员会委员哈利·N.罗森菲尔德与美国驻意大利大使邓恩就意大利的流亡人员与人口过多问题进行商讨。邓恩指出，难民营中的流亡人员尚有2.7万人，再加上难民营外的2.8万人，意大利总共大约还有5.5万名流亡人员。而且，邓恩认为，这些流亡人员中的大部分未能融入意大利经济当中。同时，他还强调，除流亡人员问题外，意大利还有大约200万失业人口及大量低收入的半就业人员（每年工作100天）。雪上加霜的是，意大利自身每年人口增长达45万人，且其中有20万~25万名工人进入劳动力市场。因此，整个意大利，尤其是意大利南部存在严重经济困难。[①]

----

① *Foreign Relations of the United States, 1952-1954*, Volume I: General: Economic and Political Matters, Part 2, Washington, D. C. : U. S. Government Printing Office, 1983, pp. 1565-1567.

1952 年 1 月 9 日，当罗森菲尔德在罗马与意大利人口外迁部长康特·朱斯蒂举行会谈时，后者同样强调，"意大利有 150 万~200 万人失业，还有同等数量的人处于半失业状态，尤其是农业领域。虽然很多意大利人进行生育控制，但是，这只能解决下一代问题，对当前人口问题没有效果。而且，因为意大利缺乏煤、油等资源，通过投资推动经济发展的可能性非常有限。走发展农业的道路更不可行，因为农业现代化只能导致失业。因此，就以上情况而言，意大利需要在五年的时间里每年外迁 20 万人"[1]。

面对难民和人口过多问题，作为美国的同盟国，意大利强烈要求美国接收意大利移民。意大利政府甚至喊出，"如果我们一定同死，那么我们也必须共生"。朱斯蒂分析指出，意大利有两条可能的移民路径。第一，迁移到不发达国家，如拉美和非洲，但是，因为资金问题，他认为可能性不大；第二，移民美国。他指出，一方面，美国需要人力；另一方面，美国移民法中分配给意大利的限额是"荒谬的"。因此，有必要寻找一切将意大利人力运往美国的可能性，或通过特别立法，或利用战争期间的未用限额，抑或设立一个总体的东欧国家限额。朱斯蒂最后还从冷战外交的角度指出，每迁移出一个意大利人，就相当于增加了 5 张意大利共产党的反对票，这一做法将缓解意大利的紧张局势。[2]

1951 年底至 1952 年初，美国国会正在就移民政策改革问题进行辩论，立法结果尚不明朗。因此，对于意大利的请求，杜鲁门总统并没有给予回应。国务卿艾奇逊虽然承诺关注此事，并将通过国际组织提供一切可能的帮助，但他明确指出，就移民美国来讲，考虑到总体的移民情况，美国不可能在数量上做任何改变。[3] 美国驻意大利大使邓恩虽然也认为美国接收

---

[1]　*Foreign Relations of the United States*, *1952-1954*, Volume I: General: Economic and Political Matters, Part 2, Washington, D. C.：U. S. Government Printing Office, 1983, pp. 1568-1569.

[2]　*Foreign Relations of the United States*, *1952-1954*, Volume I: General:Economic and Political Matters, Part 2, Washington, D. C.：U. S. Government Printing Office, 1983, pp. 1568-1569.

[3]　*Foreign Relations of the United States*, *1952-1954*, Volume I: General: Economic and Political Matters, Part 2, Washington, D. C.：U. S. Government Printing Office, 1983, p. 1566.

意大利移民对反对意大利共产主义有重大意义，但是，他仍然反复强调，从根本上来说，这是一个欧洲大陆内部的事情。邓恩对西欧国家未能采取措施表示失望。他认为，"意大利自己没有就此有所作为，这是犯罪的"。他甚至提出，法国一国就能接收200万名意大利人，比利时和英国也需要并且能够利用意大利人力。[①]

虽然美国政府对接收欧洲难民问题持保守态度，但是，相关少数族裔组织却表现出极大关注。1952年，希腊裔和意大利裔组织在预感到国会要保留民族来源限额体制后，一方面继续参与移民政策自由化改革运动，另一方面也开始强烈要求国会制定难民入境特别立法。[②] 其实，这些少数族裔组织在二战期间的救助欧洲难民的活动中就表现活跃。战争结束后，他们继续为欧洲难民、流亡者、孤儿和其他有需要者提供援助。这些团体认为，美国资源丰富、国土广大且经济繁荣，为那些最需要的人提供临时的避难所和长期的移民机会，是它理应担负的有道义责任。同时，它们也强调制定难民特别立法将会产生的冷战外交意义。以美国意大利移民委员会为例，该委员会在其刊物上提醒读者，如果意大利人被放任失业和忍饥挨饿下去，共产主义会在意大利取得胜利。同样，一个美国劳工领袖也在其所属组织刊物上撰文指出，增加移民对美国工业、反共主义、欧洲社会民主及意大利救助都有益处。[③]

1952年6月，国会最终推翻总统否决，再次通过《外来移民与国籍法》。这一法案因为依然保留了民族来源限额体制，所以堵死了意大利等限额较少国家通过常规移民程序增加移民美国机会的可能性。因此，要求制定移民特别立法的呼声越来越高。1952年7月21日，为深入了解欧洲

---

①　*Foreign Relations of the United States, 1952-1954*, Volume I: General: Economic and Political Matters, Part 2, Washington, D. C. : U. S. Government Printing Office, 1983, p. 1567.

②　Gil Loescher and John A. Scanlan, *Calculated Kindness: Refugees and America's Half-Open Door, 1945 to the Present*, New York: Free Press, 1986, p. 42.

③　Danielle Battisti, Relatives, Refugee, and Reform: Italian American and Italian Immigration During the Cold War, 1945-1965, Ph.D. Diss., State University of New York, 1996, pp. 133-134.

的难民问题，参议院通过第 326 号决议，授权司法委员会及相关机构，对某些欧洲国家因共产主义专制国家难民和逃亡者的涌入而产生的难民问题进行一次彻底而全面的调查研究，并提出相关解决问题的建议。

依据参议院决议而组成的特别委员会，走访了法国、意大利、希腊、德国、奥地利等欧洲 15 个国家，对各国的难民和逃亡者进行调查。调查发现，欧洲的人口形势非常严峻，尤其是意大利、希腊、德国等的情况尤为严重。委员会的调查数据显示，意大利境内还有 4 万~4.5 万名在战争结束之前涌入的难民，其中只有 4000 人生活在难民营中。此外，还有 5000 名是 1948 年之后来到意大利的新难民，而且，新难民还在以每月 100~150 人的速度增加。意大利政府官员告诉委员会相关人员，除了非意大利籍难民，战后大约 50 万名意大利人从意大利前殖民地返回母国，其中大约 25 万人尚未融入意大利经济当中。柏林盟军占领区的难民情况也同样呈恶化之势。1949 年初至 1952 年 7 月底，约有 24 万名难民进入该区域，而且数量还在高速增加。1953 年 1 月，大约有 2.5 万名难民涌入，2 月有 4 万名难民涌入，3 月的前半个月涌入数量约 2.8 万人。而且，在德意志联邦法案之下，这些难民中只有 70% 被以政治难民身份接纳。因此，据估计，至 1953 年 8 月，有 25 万~26 万名难民和逃亡者以非居民的身份生活在柏林，其中大部分来自德国东部占领区或苏联控制的柏林东部。由于大量难民的涌入及城市重建中的诸多困境，柏林的就业形势极为严峻。此外，难民营的建造也挤占了大量的住宅空间，造成住房紧张。①

通过收集到的信息，特别委员会认为，非常明显，很多欧洲国家存在严重的逃亡者和难民问题。而且，大量难民营内外的难民还没有融入他们所在国家的经济当中。在一些国家，难民问题又与本国人口过多问题纠缠在一起，导致难民问题的永久性解决在很大程度上依赖于这些国家人口过多这一弊病的消除。面对欧洲难民和人口问题，委员会建议美国创立一个

---

① U. S. Congress, *Senate Report No.522, Escapees and Refugees in Western Europe*, 83rd Congress, 1st Session, 1953, Washington, D.C.: U. S. Government Printing Office, 1953, pp. 17-19.

专门的机构，同时制定一项专门的政策，来帮助欧洲应对当前的困境。[1]

实际上，早在 1952 年 3 月 24 日，意识到很难阻止麦卡伦和沃尔特议案在国会通过后，杜鲁门总统就选择退而求其次的方法，专门向国会发送了一篇电文，要求就欧洲难民和人口过多问题制定特别立法。在该电文中，杜鲁门声称，欧洲部分地区的人口过多问题，"是当前世界危机中最为严重的问题之一"；"随着逃离铁幕之后共产主义专制的难民的增多，这种情况会更加恶化"。他认为，"人口过多是阻碍这些国家全面复兴的主要因素之一，这对北大西洋公约组织国家的经济是一个严重的拖累。因此，这一问题的解决对加强北大西洋公约组织的共同防卫是极其必要的"。此外，杜鲁门还试图从美国传统和国内利益的角度阐明接收难民的合理性。他强调，"我们是一个接受移民的国家，移民为国家发展做出了巨大贡献"。而且，"共同防卫需要我们不仅要尽可能地利用自由世界的物质资源，还要利用其人力资源"，更何况，"我们的工业扩张和国防力量的扩展，需要人力储备"。最后，杜鲁门建议，"美国能够并且应该接收一些欧洲移民"。但是，问题在于，"我们现有的移民法案是无法做到的。就共产主义国家的逃亡者来说，其中很多人因为其所属国家未来很多年的限额已经在 1948 年难民法下被抵押使用，完全无法在常规限额制度下进入美国。例如，拉脱维亚未来三百年一半的限额已经被抵押；波兰的限额抵押到了2000 年；立陶宛的限额抵押到了 2087 年。即便按照当前法案规定的限额，我们也无法应对德国、荷兰、意大利及希腊的人口过多问题。在现有法案下，我们每年仅可以接收 5677 名意大利人和 310 名希腊人"。基于以上分析，杜鲁门请求国会批准，在未来三年里额外接收约 30 万名移民。[2] 随后，

---

[1]  U. S. Congress, *Senate Report No.522, Escapees and Refugees in Western Europe*, 83rd Congress, 1st Session, 1953, Washington, D.C. : U. S. Government Printing Office, 1953, pp.78-81.

[2]  Harry S. Truman, "Special Message to the Congress on Aid for Refugees and Displaced Persons", March 24, 1952, http://www.presidency.ucsb.edu/ws/index.php?pid=14435, 访问时间：2017 年 5 月 15 日。

众议员塞勒以杜鲁门的建议为基础向国会提交了相应的议案。议案提出，授予居住在西德和奥地利的德国族裔 11.7 万个非限额签证；授予意大利同样数量的签证；授予希腊、荷兰和土耳其各 2.25 万个签证。[①]

因为杜鲁门的紧急移民方案提出之时，正值国会内外就麦卡伦和沃尔特议案进行激烈辩论之际，相关利益集团对总统的提议态度不一。虽然天主教组织给予大力支持，但是，犹太团体对此冷漠，主要的新教组织也对此表示敌视。反对者的理由也各不相同。一些犹太团体反对接收曾经支持德国纳粹的"德国族裔"；另外一些人担心这一特别立法的提出将分散对麦卡伦和沃尔特议案的支持；新教徒比犹太团体对"特殊移民"项目更加敌视，因为他们怀疑这个被天主教鼓动的方案会使更多天主教移民进入美国。[②] 最终，因为国会集中于移民政策改革问题，难民特别立法被搁置。虽然杜鲁门在于 1953 年初发布的总统委员会报告中再次要求国会就难民问题制定紧急立法，但是，新一届国会并没有给予回应，紧急难民立法就此搁浅。

## 二 艾森豪威尔上任伊始对移民问题的思考

在阻挠 1952 年移民法出台失败之后，在自由主义改革派试图通过激进的方式重新修订新法案的同时，杜鲁门总统还将移民问题纳入 1952 年竞选议题中。他意在"刺激"共和党候选人艾森豪威尔对移民政策做出表态，借此促使共和党在移民政策改革问题上有所行动。

1952 年的民主党竞选纲领将移民作为一个专门议题纳入其中。该纲领除了支持杜鲁门关于接收欧洲难民和人口过多国家移民的提案外，还暗示

---

① Edward P. Hutchinson, *Legislative History of American Immigration Policy, 1798-1965*, Philadelphia: University of Pennsylvania Press, 1981, p. 310.

② Maddalena Marinari, "Divided and Conquered: Immigration Reform Advocates and the Passage of the 1952 Immigration and Nationality Act," *Journal of American Ethnic History*, Vol.35, No.3, 2016, p. 25.

支持废除民族来源体制及对《外来移民与国籍法》其他方面的修改。<sup>①</sup>然而，共和党竞选纲领根本没有提到移民问题。竞选期间，即将卸任的杜鲁门在为民主党候选人斯蒂文森拉票而进行的公开演讲中，多次谴责共和党立法者的孤立主义和排外主义，尤其攻击了艾森豪威尔的竞选伙伴理查德·尼克松及其他共和党立法者在《外来移民与国籍法》投票中表现出的"道德盲点"。同时，他告诉选民，尽管美国在击败纳粹、解放欧洲时已经打击了"种族优越论"的观念，但是，共和党领导通过的1952年移民法重申了民族来源限额体制，又将纳粹的理论永久化。自由主义参议员赫伯特·莱曼也对共和党进行了类似攻击。在一次面对种族多元化的纽约民众进行的演讲中，他警告，"一个险恶的群体——麦卡锡和尼克松派别"现在控制了共和党，他们无视高尚的标准、种族平等和民权。<sup>②</sup>

杜鲁门等自由主义改革派在竞选运动中夸张的演说和攻击，对"刺激"艾森豪威尔这位前二战欧洲盟军总司令起到了效用。当杜鲁门领导的民主党政治人物要求他阐明对1952年移民法的立场及该法案与美国世界声誉的关系时，在移民问题上一直保持沉默的艾森豪威尔不得不表明态度。他开始谴责民族来源限额体制，并承诺废除法案中的"不公平的条款"。在选举前的一系列演讲中，艾森豪威尔还表达了对新一轮改革的坚决支持，认为改革将"在美国的移民福利和被压迫者的期望之间建立智慧和公平的平衡"<sup>③</sup>。这些表态表明，此时的艾森豪威尔已经成为自由主义阵营中的一员。

上任之后，艾森豪威尔积极兑现竞选中的诺言。1953年2月2日，在首篇国情咨文中，他就提到移民政策改革问题。他认为，"现有法案包含

---

① Democratic Party Platforms, "1952 Democratic Party Platform", July 21, 1952, http://www.presidency.ucsb.edu/ws/index.php?pid=29600, 访问时间：2017年6月10日。

② Daniel J. Tichenor, *Dividing Lines: The Politics of Immigration Control in America*, Princeton: Princeton University Press, 2002, pp. 197-198.

③ Daniel J. Tichenor, *Dividing Lines: The Politics of Immigration Control in America*, Princeton: Princeton University Press, 2002, p. 198.

着不公正，实际上，它的确是歧视性的"。艾森豪威尔积极呼吁国会重新审查现有法案，并"制定一项既能保护我们合理的国家利益，又符合我们人人自由平等基本信条的法案"。①

然而，1952 年选举产生的第 83 届国会对移民政策改革极为不利。共和党控制了两院的多数席位。作为 1952 年移民法的主要反对者，民主党中的自由主义派别在新国会中几乎没有影响力。参众两院司法委员会及其移民与归化分委员会继续被保守主义者占据。参议院司法委员会主席是来自北达科他州的威廉·兰格。他虽然曾经反对《外来移民与国籍法》，但是，作为一个自行其是的人，他对其共和党同僚几乎没有影响力。移民与归化分委员会主席是来自犹他州的阿瑟·沃克金斯。他曾经投票支持《外来移民与国籍法》，并不愿改变它。移民与归化分委员会的顾问理查德·艾伦也是 1952 年移民法的坚定支持者。他曾指责美国犹太人委员会，认为它修改移民政策的主张是"糟糕的"。正如自由主义参议员赫伯特·莱曼的智囊团所断言的，即使态度最温和的共和党参议员也认为，任何标有"汉弗莱－莱曼"字样的提案都不会在司法委员会移民与归化分委员会上获得通过。白宫曾试探众议院在移民政策改革问题上的态度，但发现那里也没有改变对移民政策的"热情"。的确，众议院的情况与参议院基本相似。新任司法委员会移民与归化分委员会主席是来自宾夕法尼亚的格雷厄姆。他私下非常感激选举运动中沃尔特的支持，因此基本不会挑战沃尔特在移民政策上的立场。移民与归化分委员会中的其他成员，比如来自加利福尼亚的共和党人帕特里克·西林斯，虽然之前并没有对移民问题特别关注，但是他非常关心"安全"问题。塞勒是委员会中唯一一个民族来源限额体制的反对者。②

---

① Dwight D. Eisenhower, "Annual Message to the Congress on the State of the Union", February 2, 1953, http://www.presidency.ucsb.edu/ws/index.php?pid=9829, 访问时间：2017 年 6 月 10 日。

② Stephen Thomas Wagner, The Lingering Death of the Nation Original Quota System: A Political History of United States Immigration Policy, 1952-1965, Ph.D. Diss., Harvard University, 1986, pp. 160-162.

　　除参众两院外，行政部门的情况也不容乐观。新任司法部长赫伯特·布朗尼尔和国务卿杜勒斯的履历中都没有记录显示出他们对移民政策的兴趣。国务院安全与领事事务局的约瑟夫·麦卡锡具有强大的影响力。他一直阻挠东南欧移民的入境。在这样的环境下，提出一项新移民政策议案的任务就落在总统身上。[①] 然而，事实上，艾森豪威尔本人对移民问题同样不是很感兴趣。正如学者对他的评价，他既不是一个老派的限制主义者，也不是一个坚定的自由主义者，[②] 也就是说，虽然在杜鲁门的刺激之下，他在竞选过程中表态支持修改现有移民政策并在上任伊始着手兑现承诺，但是，艾森豪威尔不是一个对移民政策改革事业有足够热情的政治人物。他在某种程度上是被裹挟进入自由主义改革派队伍的。因此，期望这样一个总统领导一场激进的移民政策改革运动几乎是不可能的。但是，艾森豪威尔认同移民政策在外交上的意义，他本质上将其视作外交政策的工具。[③]在冷战的背景下，这一点足以激发他积极介入移民政策的兴趣。1953年，随着国务院欧洲工作组关于欧洲人口和难民问题报告的出炉，艾森豪威尔政府越发意识到，民族来源限额体制阻碍了美国外交政策目标的实现，否定了美国在全世界所提倡的宽容和开放的合理性。因此，白宫需要灵活地为共产主义统治区的逃离者和其他威胁欧洲民主和经济稳定性的难民提供避难所。[④]

　　然而，到底以什么样的方式应对移民政策问题？艾森豪威尔最先想到的方案依然是自由主义阵营中最主流的观点，即将限额充足国家的未用完

---

[①]　Stephen Thomas Wagner, The Lingering Death of the Nation Original Quota System: A Political History of United States Immigration Policy, 1952-1965, Ph.D. Diss., Harvard University, 1986, p. 162.

[②]　Gil Loescher and John A. Scanlan, *Calculated Kindness: Refugees and America's Half-Open Door, 1945 to the Present*, New York: Free Press, 1986, p. 44.

[③]　Roger Daniels, *Guarding the Golden Door: American Immigration Policy and Immigrants Since 1882*, New York: Hill and Wang, 2004, p. 127.

[④]　Danielle Battisti, Relatives, Refugee, and Reform: Italian American and Italian Immigration During the Cold War, 1945-1965, Ph.D. Diss., State University of New York, 1996, p. 131.

限额汇总，之后重新分配给限额不足国家。1953 年 3 月 19 日，他给国务卿打电话，征求国务卿意见。在电话中，艾森豪威尔询问道："我是否可以宣布，我们同意允许行政部门在分配未用限额问题上具有足够的灵活性？"他质疑道："英国每年大约有 4 万个限额未使用完，而意大利每年只有 5600 个限额可用，导致其移民签证申请积压严重。为什么不能在符合基本道德、智力等条件的基础上，将限额较多国家的未用限额转给需要的国家呢？"①3 月 26 日，国务卿杜勒斯就移民立法问题向总统提出建议，希望他催促国会采用一项临时紧急立法，批准在未来两年里，以非限额移民方式接收 24 万名移民，用以缓解欧洲难民问题和意大利、荷兰和希腊的人口过多困境。国务卿强调，这一立法独立于任何对《外来移民与国籍法》的修改，也不涉及限额问题。他同时表示，将进行一次研究，以便能够提出一项综合性的移民政策议案。②

考虑到国会保守的政治生态，艾森豪威尔放弃改革移民政策，而是认同来自国务院的建议，制定必要的特别法案。他深知，从外交角度来看，一项允许西欧"过多人口"和难民入境的紧急移民立法，不仅会缓解难民的遭遇，还会在即将到来的意大利选举中提前支持美国在意大利的盟友，并使北约盟国感到满意，同时也能证明美国的领导力和致力于欧洲稳定的决心，进而提升美国的海外形象。从国内的角度来讲，在参议员阿瑟·布莱斯·莱恩的说服下，艾森豪威尔认识到难民立法可能会成为一笔突破既有移民政策框架和束缚的政治财富。因为，这样一来，虽然艾森豪威尔没有完成修改移民法的任务，但是，他能够部分地兑现在总统竞选过程中闪烁其词但重复提出的修改 1952 年移民法的承诺，短期内弱化法案中歧视东南欧移民的限额制度的实施效果，从而能够满足东南欧裔选民的要求。总而言之，制定一项紧急移民立法既能达到反共反苏政策的效果，又能获

---

① *Foreign Relations of the United States, 1952-1954*, Volume I: General: Economic and Political Matters, Part 2, Washington, D. C. : U. S. Government Printing Office, 1983, p. 1624.

② *Foreign Relations of the United States, 1952-1954*, Volume I: General: Economic and Political Matters, Part 2, Washington, D. C. : U. S. Government Printing Office, 1983, pp. 1624-1625.

取主要投票集团的支持，① 何乐而不为呢？

不仅艾森豪威尔总统及其领导的国务院就制定一项紧急移民立法达成一致，这一提议也得到了若干少数族裔组织的认同。1953 年 4 月，美国意大利移民委员会领导人朱文诺·马尔基西奥获得了一次和艾森豪威尔总统及来自纽约的参议员欧文·艾夫斯在白宫见面的机会。在那里，他们就制定一项紧急移民立法的重要性达成高度共识。同时，他们还讨论了推动国会同意总统利用紧急权力将未用限额汇总后重新分配的可能性。②

1953 年 4 月 22 日，艾森豪威尔在参考杜鲁门于 1952 年 3 月 24 日提出的紧急难民方案的基础上，向参众两院分别发送了一封信件，要求就接收更多的欧洲移民进行紧急立法。他在信中强调了两点：第一，"难民、逃亡者和处于困境的人对一些我们的欧洲友国构成越来越大的经济和政治威胁。他们希望得到美国传统的人道主义关注"。第二，"欧洲民族的健康与稳定及其与美国的友好关系是利益攸关的。如果我们不立即采取行动，共产主义将会肆虐欧洲，威胁到我们的西欧同盟"。最后，艾森豪威尔提出自己的解决方案，要求在移民政策的框架内，制定一项紧急移民立法，在两年的时间里接收 24 万名欧洲移民。③

随后，为贯彻 1953 年 4 月 22 日艾森豪威尔总统电文中所提方案，国务院相关代表和劳工部、预算局、互助安全机构、移民和归化局、中央情报局等机构召开联合会议，商讨拟定立法的方式。最后，国务院决定按照国籍和优先类别分配不超过 24 万个签证。具体分配情况如下：分配给

① Carl J. Bon Tempo, *Americans at the Gate: The United States and Refugees During the Cold War*, Princeton: Princeton University Press, 2008, pp. 36-37; Gil Loescher and John A. Scanlan, *Calculated Kindness: Refugees and America's Half-Open Door, 1945 to the Present*, New York: Free Press, 1986, p. 44.

② Danielle Battisti, Relatives, Refugee, and Reform: Italian American and Italian Immigration During the Cold War, 1945-1965, Ph.D. Diss., State University of New York, 1996, pp. 134-135.

③ Dwight D. Eisenhower, "Letter to the President of the Senate and to the Speaker of the House of Representatives Recommending Emergency Legislation for the Admission of Refugees", April 22, 1953, http://www.presidency.ucsb.edu/ws/index.php?pid=9821, 访问时间：2017 年 6 月 10 日。

共产主义统治区的逃亡者和西德、西柏林或奥地利的被驱逐的德国族裔共11万个；分配给欧洲北约国家的逃亡者1.5万个；分配给意大利人7.5万个，分配给希腊2万个，分配给荷兰2万个。[①] 将此方案作为立法议案基础。1953年5月15日，温和派的共和党参议员沃克金斯连同另外17名参议员共同向国会提交了政府的紧急移民改革议案，即参议院第1917号议案。

综上可以看出，艾森豪威尔上任之初原本是计划对1952年移民法做出某种修正，但是，参众两院司法委员会及其移民与归化分委员会的保守主义政治生态和艾森豪威尔自身对移民问题的兴趣寡然，都在某种程度上影响了他在这一问题上采取的行动。但是，他比较关注移民政策的外交意义及对选民的交代。因此，新政府虽然避开了直接触碰民族来源限额体制，但提出一项特别立法议案，要求接收欧洲难民，帮助那些因移民限额不足而陷入人口过多困境的欧洲国家。这一决策的酝酿过程说明，在与保守主义者进行了一场正面对抗之后，自由主义改革派走向战略收缩，他们转向以特别立法的形式代替对移民政策修订的改革轨道。这一策略既能达到外交政策目标，又能在某种程度上削弱民族来源限额体制的实施效果，在当时的环境下，不失为一个明智之举。

## 三  1953年《难民救济法》的出台

政府的议案提出之后，迅速引发了保守主义者的反对。他们的质疑主要集中在以下几点。第一，政府议案与1952年移民法的关系。反对者认为，在常规限额之外增加一项援助移民的特别立法，实际上就是要摧毁美国移民限额体制的基础——民族来源原则。在他们看来，新的议案违背了前一年刚刚通过的《外来移民与国籍法》的基本精神。而且，反对者也

---

[①] *Foreign Relations of the United State, 1952-1954*, Volume I: General:Economic and Political Matters, Part 2, Washington, D. C.：U. S. Government Printing Office, 1983, p. 1629.

质疑，在美国的帮助下，欧洲的农业和工业已经得以重建，那里不存在饥荒及大量无法融入欧洲经济的流亡人员。因此，制定这项法案是没有必要的。[①] 对此，政府议案的支持者给予回应。他们不但重申对 1952 年移民法的完全认可，而且将紧急移民立法与一般性移民政策改革进行区分，强调各自的独立性。支持者指出，政府议案本质上是为应对紧急情况而提出的一项临时性措施。它要解决的是"共产主义专制"引发的异常情况及对自由世界安全形成的威胁，而且只是一项实施三年的临时项目。[②] 在参议院就该议案举行第一次听证会时，参议员沃克金斯也声明，"第 1917 号议案不是要修正或改变 1952 年刚刚通过的移民法"，"我们需要认识到，我们不是在制定一项永久性法案，也不是对 1952 年移民法的永久性扩展"。他甚至"以自己的名义保证，此类立法是这届国会和总统的最后一次，也是仅有的一次要求"。[③] 对于制定该项法案的必要性，代理国务卿沃尔特·比德尔·史密斯在作证时指出，第 1917 号议案是在"1952 年《外来移民与国籍法》的框架下"解决欧洲人口过多、难民和被驱逐者问题的。同时，他从此议案的外交意义层面进行强调：

> 国务院对这一立法感兴趣主要是因为它的外交政策意义。这一方案的人道主义意义也是非常明显的。它对我们与欧洲盟国的关系的影响是最为有利的。它将有助于缓解破坏我们盟国经济和政治稳定的形势，从而也有利于美国的国家安全。
>
> 我们面临大量对我们欧洲友国的政治、经济和社会生活有重要影响的严重问题。其中一些由二战直接引发，另外一些则源于专制主

---

① U. S. Congress, *House of Representatives Report No.974, Emergency Immigration Program,* 83rd Congress, 1st Session, 1953, p. 19, http://infoweb.newsbank.com/, 访问时间：2012 年 6 月 20 日。

② U. S. Congress, Senate *Report No.629, Report of Emergency Migration Act of 1953,* 83rd Congress, 1st Session, 1953, pp. 4-5, http://infoweb.newsbank.com/, 访问时间：2012 年 6 月 15 日。

③ Stephen Thomas Wagner, The Lingering Death of the Nation Original Quota System: A Political History of United States Immigration Policy, 1952-1965, Ph.D. Diss., Harvard University, 1986, p. 174.

义。这些问题主要包括人口压力和大量遭受迫害的逃亡者的出现。它们在某些欧洲地区的存在构成对美国外交政策目标实现的重大威胁。二战期间及战后人口过多问题的恶化，部分源于战争期间移民的中断，成千上万的人成为难民；另外是因为德国族裔被从其东欧的家园中驱逐出来；还因为有持续逃离东欧共产主义统治区域的人。①

第二，难民入境与国家安全。议案的反对者最重要的一个考虑是国家安全问题。他们认为，共产主义阴谋是一个外国控制的阴谋，必须切断其在这个国家的代理机构与其海外总司令部之间的联系。移民以前曾经担任过这种情报员的工作，美国无论对移民设定多么严格的安全审查条款，总会有一些危险分子成为"漏网之鱼"。反对者还具体指出，如果在一项接收 20 万名外国人的法案中，美国的安全审查保持 99% 的精确率，那么，依然有 2000 名存在安全隐患的人进入美国。这是一个太大的冒险。② 在反对者看来，制定这样一部法律就是为国家安全的潜在威胁者入美提供了一个机会。③

对于反对者对国家安全的关注，议案支持者给予了充分理解和认同。他们提出，所有可以预想到的安全保护措施都将被纳入议案当中，尤其是 1952 年移民法中设定的所有严格的安全审查措施。④ 议案提出者沃克金斯还向议案的反对者发问："为什么你们不相信你们自己所撰写的安全法案？"众议员伊曼纽尔·塞勒对法案的安全条款表达了最为全面和广泛的支持。考虑到塞勒曾经强烈反对《外来移民与国籍法》和《国内安全

① U. S. Congress, S*enate Report No.629, Report of Emergency Migration Act of 1953*, 83rd Congress, 1st Session, 1953, pp.3-4, http://infoweb.newsbank.com/，访问时间：2012 年 6 月 15 日。

② U. S. Congress, *Senate Report No.629, Report of Emergency Migration Act of 1953*, 83rd Congress, 1st Session, 1953, pp.14-15, http://infoweb.newsbank.com/，访问时间：2012 年 6 月 15 日。

③ U. S. Congress, *House of Representatives Report No.974, Emergency Immigration Program*, 83rd Congress, 1st Session, 1953, p. 19, http://infoweb.newsbank.com/，访问时间：2012 年 6 月 20 日。

④ U. S. Congress, *Senate Report No.629, Report of Emergency Migration Act of 1953*, 83rd Congress, 1st Session, 1953, p.5, http://infoweb.newsbank.com/，访问时间：2012 年 6 月 15 日。

法》，是对国内过度的反共主义最主要的批判者之一，他此时的行为是令人吃惊的。这个已在众议院中任职 30 年的退伍老兵强调，"《外来移民与国籍法》中的每一项安全条款都应该应用于该法案当中"，他反问道："如果是这样的话，我们还担心什么？"不仅如此，塞勒还进一步倡导"对每一个申请者进行全面细致的调查"，以便"领事官员能够了解比 1952 年移民法下的申请者更多的信息"。同时，他也充分肯定了联邦政府的安全和情报机构在阻止颠覆分子和共产党人入境方面的能力。此外，众多自由主义者明确提出，反共主义难民会成为最好的美国公民。国会议员史代文森·沃赖特声称，难民入境"不是一个国籍问题，而是一个政治意识形态问题"。①

很明显，塞勒等自由主义改革派及像沃克金斯这样的温和派共和党人，试图通过完全支持将严格安全措施纳入政府议案当中，减少反对者对国家安全问题的担忧。然而，尽管如此，依然有反对者提出，即使这些到来的外国人被证明是真正的反共主义者，但是，这些反共主义人员留在欧洲才能实现他们的最大价值。他们在那里可以帮助他们的同胞获得解放。如果将这些反共主义者从欧洲吸走，反而会增强那里的支持共产主义的力量，这对于美国和欧洲的利益都将是无益的。②

第三，移民对经济的影响。议案的反对者提出，在两年的时间里，24万名额外的外国人入美，再加上在此期间常规移民法下 60 万名或更多的外国人入境，如此庞大数量的外国人的到来不可能不对美国经济产生影响，尤其是在失业率增长的情况下，影响会更大。可以确定的是，在参议院第 1917 号议案下进入美国的外国人大部分将进入劳动力市场。③

---

① Carl J. Bon Tempo, *Americans at the Gate: The United States and Refugees During the Cold War*, Princeton: Princeton University Press, 2008, pp. 41-43.

② U. S. Congress, *House of Representatives Report No.974, Emergency Immigration Program*, 83rd Congress, 1st Session, 1953, p.20, http://infoweb.newsbank.com/, 访问时间：2012 年 6 月 20 日。

③ U. S. Congress, *Senate Report No.629, Report of Emergency Migration Act of 1953*, 83rd Congress, 1st Session, 1953, p. 14, http://infoweb.newsbank.com/, 访问时间：2012 年 6 月 15 日。

为消除反对者在经济层面的担忧，政府议案的支持者阐释了接收额外移民的重要性。劳工部长马丁·P. 德金在听证会上明确指出，在该议案下进入美国的人将"是有用的、勤劳的工资获得者，同时也是消费者、纳税者，并最终作为我们的公民为美国发展做出贡献"，他还指出：

> 该议案对我们劳动力市场的影响反映在劳工组织的回应上。他们一般对美国工人的就业安全性具有高度的敏感度。然而，劳工组织却是这一紧急移民立法的支持者之一。
>
> 就农业来讲，我们没有足够的人手满足需要。尽管美国就业局加快临时招募步伐也无济于事。工业和军队继续从农业当中吸走大量男性农业劳动力。去年一些农业地区劳工短缺，这种情况还将继续。[①]

农业部长特鲁·D. 莫尔斯也从农业领域的需求出发支持该法案的制定，他给出如下理由：

> 首先，美国食物充足，更多人口的到来将扩大农产品市场，我们主要的农产品市场在国内；其次，美国需要农业工人；最后，经过适当的选择，移民将会为我们的经济做出贡献。[②]

在双方争论不休的同时，自由主义改革派的主张还得到了宗教和少数族裔团体的广泛支持。由于意大利人、荷兰人和希腊人是这一议案的受益者，天主教组织尤其给予支持。诸如意大利秩序之子和美国意大利移民委员会等意裔美国人组织，也认为政府议案将给予无法通过常规渠道入美

---

① U. S. Congress, *Senate Report No.629, Report of Emergency Migration Act of 1953*, 83rd Congress, 1st Session, 1953, p. 3, http://infoweb.newsbank.com/, 访问时间：2012 年 6 月 15 日。

② U. S. Congress, *Senate Report No.629, Report of Emergency Migration Act of 1953*, 83rd Congress, 1st Session, 1953, p. 4, http://infoweb.newsbank.com/, 访问时间：2012 年 6 月 15 日。

的意大利人以机会。他们诉诸反苏和帮助共产主义受害者等理由支持接收难民。[①] 值得注意的是，传统上反对移民入境的美国劳联也对政府议案持赞同态度。早在 1952 年，在国会就塞勒提交的政府议案举行的听证会上，劳联就指出："在与共产主义专制政权的持续斗争中，该议案增强了自由世界的力量。而且，30 万名难民很容易被美国吸收。"[②]

然而，一面倒的支持并不能确保政府议案的顺利通过。除了国会中保守主义者具有明显优势外，公众舆论对难民入境也是分化的。1951 年末，一项民意调查显示，虽然 69% 的受访者不认为应该将逃离苏联和东欧的人员送回"铁幕"之后，但是，只有 43% 的受访者认为，这些难民应该"被允许进入美国"，或对接收难民持支持态度，40% 的人认为不应该接收难民，17% 的人没有表态。1953 年春，另一项全国性民调显示，公众对于接收难民的观点并未发生根本转变。47% 的受访者支持艾森豪威尔的提案，而 48% 的受访者持反对意见。[③] 这些调查数据表明，难民入境并不存在一个很好的民意基础，而是受到相当广泛的质疑。

在以上背景下，少数族裔组织以实际行动发挥了强大的游说能力。美国意大利移民委员会总部向其下辖的所有分支机构发布指令，敦促它们向其所在选区的国会议员发电报或写信支持政府议案。结果，当年国会立法者收到 10 多万封来自该委员会成员的支持难民立法的信件和电报。此外，美国意大利移民委员会还利用意大利语的新闻媒体及意大利电台节目对普通民众进行宣传教育。[④] 同时，艾森豪威尔政府也积极运作以使该议案通过。面对各方压力，保守主义者最终妥协。但是，为了尽可能限制难民入

---

① David M. Reimers, *Still the Golden Door: The Third World Comes to America*, New York: Columbia University Press, 1992, p. 156.

② Philip Eric Wolgin, Beyond National Origins: The Development of Modern Immigration Policymaking, 1948-1968, Ph.D. Diss., University of California, Berkeley, 2011, p. 144.

③ Carl J. Bon Tempo, *Americans at the Gate: The United States and Refugees During the Cold War*, Princeton: Princeton University Press, 2008, p. 40.

④ Danielle Battisti, Relatives, Refugee, and Reform: Italian American and Italian Immigration During the Cold War, 1945-1965, Ph.D. Diss., State University of New York, 1996, p. 136.

境，保守主义者麦卡伦在议案中加入了诸多苛刻的限制性条款。具体包括：将原议案中提出的接纳人数从 24 万人降到 20.9 万人，将接收难民的时间跨度从两年延长到三年。为了防止所谓的颠覆分子入境，保守主义者还在议案中加入了诸多超出 1952 年移民法所规定的安全审查条款。此外，在众议院，对于帮助欧洲盟国解决人口过多和难民问题的政府议案，一些国会议员呼吁应秉持一种更加广泛的世界观念。沃尔特·贾德坚持认为，亚洲人必须被纳入其中。国会接受了贾德的修正意见。[①] 最终，众议院以 221 票支持、185 票反对，参议院以 62 票支持、30 票反对通过了经过修改的政府议案。1953 年 8 月 7 日，艾森豪威尔总统签字批准。[②] 这就是 1953 年《难民救济法》（以下简称 1953 年难民法）。

相比于前一年通过的综合性移民法案，无论从辩论持续的时间（1953 年 5 月 15 日参议员沃克金斯提出议案至当年 8 月 7 日总统签字批准），还是对立双方辩论的激烈程度来讲，1953 年难民法的通过显得容易得多。这一现象说明，自由主义改革派的策略转向在一定程度上达到了目的。保守主义者虽然意识到接收欧洲难民会对综合性移民法案产生不利影响，但是，自由主义改革派通过强调法案的紧急性、独立性和外交政策取向，最终赢得了国会中大多数的支持。而且，在该项难民法的出台过程中，保守主义阵营内部发生意见分歧。一些支持综合性移民法案的保守主义组织基于冷战外交的考虑，支持美国接收欧洲盟国的难民，劳联的"背叛"就是一个典型。更为关键的是，自由主义改革派全盘接纳了保守主义者提出的维护国家安全的条款，驳回了后者进行反对的主要理由。可以说，以上各个因素叠加，共同推动了 1953 年难民法的顺利出台。

① David M. Reimers, *Still the Golden Door: The Third World Comes to America*, New York: Columbia University Press, 1992, p. 24.

② 李晓岗:《难民政策与美国外交》，世界知识出版社，2004，第 55~56 页；Edward P. Hutchinson, *Legislative History of American Immigration Policy, 1798-1965*, Philadelphia: University of Pennsylvania Press, 1981, p. 319。

## 四　法案内容及实施结果评析

作为 1952 年移民法之后出台的第一项难民法案，学者们给出了不同的评价。一些学者强调 1953 年难民法的革命性，认为它的通过是在 1952 年移民法和民族来源限额体制上戳出的第一个洞；[1] 也有学者认为，法案并未对移民法的基本结构产生任何影响。[2] 实际上，这个问题需要进行辩证分析。从理论上来讲，在阻挠 1952 年移民法通过失败后，自由主义改革派改变策略，实行战略收缩，在回避与保守主义者正面对抗的同时，寻求冲破民族来源体制束缚的方式。因此，1953 年难民法没有也不试图动摇 1952 年移民法和民族来源限额体制。但是，就实践效果而言，1953 年难民法的确在一定程度上冲破了民族来源体制的束缚，大量无法在常规限额体制下入境的移民能够通过该法获得入境机会，这就在无形当中架空了民族来源限额体制。

首先，1953 年难民法规定，在民族来源限额体制之外，在三年的时间里，发放 20.9 万个特别移民签证。签证的分配如下：意大利 6 万个，德国和奥地利 5.5 万个，东欧国家 4.7 万个，希腊 1.7 万个，荷兰 1.7 万个，其他国家 1.3 万个。其次，虽然麦卡伦等保守主义者极力反对帮助欧洲某些国家解决人口过多问题，致力于将法案受益对象限制在难民范畴内，但是，法案中仍然包括了一些接收美国公民亲属的条款。这些条款实际上就是为了应对欧洲的人口过多问题及民族来源限额体制下的移民申请积压问题。法案规定，为美国公民的意大利亲属发放 1.5 万个签证，为希腊亲属发放 2000 个签证。虽然此类签证数量极少，但是，它表明国会已经认识到，民族来源限额体制为这些国家分配的限额不足这一事实，并且试图给予弥补。最后，1953 年难民法首次做出了一个重大突破，就是将亚洲难民

---

① Marion T. Bennett, *American Immigration Policies, A History*, Washington, D. C.: Public Affairs Press, 1963, p. 175.

② Gil Loescher and John A. Scanlan, *Calculated Kindness: Refugees and America's Half-Open Door, 1945 to the Present*, New York: Free Press, 1986, pp. 25-28.

纳入接收范围当中。在该法案下，亚洲国家可获得的移民签证情况是：巴勒斯坦获得 2000 个，远东国家的本土居民获得 3000 个；华人获得 2000 个，但必须得到中国台湾当局的支持。此外，与 1948 年难民法不同的是，1953 年难民法下入境的移民无须使用其所属国未来的限额，他们将以非限额移民的身份入美。①

在某种程度上讲，1953 年难民法是自由主义改革派的重大胜利。它不仅从人道主义角度援助了难民，还作为自由主义改革战略的一部分，达到了削弱民族来源限额体制的效果。同时，该法还是达成冷战外交政策目标的一个手段。

然而，需要注意的是，1953 年难民法并非如其表面那样具有包容性。保守主义者也加入若干苛刻条款以提高难民入境门槛。首先就是安全条款，其严苛程度甚至超出了常规限额移民必须满足的条件，从而在一定程度上限制了实际难民入境数量。例如，法案要求对移民进行众多而广泛的医疗检查，并授权领事官员可以仅仅因怀疑申请者有从事颠覆活动的可能而拒绝其申请。其次，该法要求申请者在其移出国有两年的居住年限，并提供申请者的全部历史。这项要求对许多难民来讲是不可能达到的。最后，法案规定，潜在的移民必须在美国拥有一个在住房和就业方面的担保人，避免其入美后成为公众负担。②

1953 年秋末，难民接收项目开始付诸实施。1956 年底，19 万个签证已经发放到难民及其亲属手中，使用率达 85%。③随着 1953 年难民接收项目的展开，1953~1956 年，意大利在每年大约 5000 个常规限额签证的基础上，额外增加了 6 万个非限额签证。此外，1953 年难民法为美国公民的意

---

① Public Law 203(Refugee Relief Act of 1953), August 7, 1953, pp. 401-402, http://heinonline. org/, 访问时间：2016 年 7 月 21 日。

② Public Law 203(Refugee Relief Act of 1953), August 7, 1953, pp. 403-405, http://heinonline. org/, 访问时间：2016 年 7 月 21 日。

③ Carl J. Bon Tempo, *Americans at the Gate: The United States and Refugees During the Cold War*, Princeton: Princeton University Press, 2008, pp. 45-58.

大利和希腊亲属提供的一部分额外签证，在一定程度上缓解了民族来源限额体制下大量意大利移民签证申请积压问题。[①] 但是，即便如此，从 1955 年春开始，意大利移民签证限额的严重不足再次显现。难民法还未到期，意大利可利用的 6 万个签证就已全部用完，而且出现大量申请积压。而且，据估计，在法案终止后，将会有约 1.8 万个德国和奥地利的签证被浪费掉。[②]

从根本上来说，1953 年难民法实施中出现的问题，折射的是民族来源限额体制下东南欧国家签证限额与其移民需求之间的巨大差距，这种差距并没有因特别立法而得到彻底消除。1956 年夏季，美国意大利移民委员会领导者首先发起了修改 1953 年难民法的运动，他们要求意大利、希腊这样限额不足的国家能够挪用德国和奥地利的未用限额。同时，他们提出，作为同样具有战略重要性的地中海国家，希腊和意大利在美国移民法中遭受了种族和民族歧视，这将导致它们非常容易受到共产主义的影响。随后，该组织展开了大规模的游说运动，其总部的朱文诺·默奇森指示地方分部给其国会代表写信或发电报，游说他们支持将德奥未用完的难民签证分配给意大利和希腊的方案。同时，该组织还通过意大利语媒体、意大利语电台节目对其立法目标进行广告宣传。最后，默奇森与立法者及其他政治官员会面，推动他们支持立法提案。但是，由于保守主义者的阻挠，这次改革运动并未取得成功。[③]

随着修改 1953 年难民法运动的失败，艾森豪威尔执政时期第一阶段的移民改革实践告一段落。应该说，带着改革移民政策的承诺进入白宫的艾森豪威尔既没有挑战民族来源限额体制，也放弃谋求对其进行某种程度

---

① Danielle Battisti, Relatives, Refugee, and Reform: Italian American and Italian Immigration During the Cold War, 1945-1965, Ph.D. Diss., State University of New York, 1996, pp. 292-293.

② Danielle Battisti, *Relatives,* Refugee, and Reform: Italian American and Italian Immigration During the Cold War, 1945-1965, Ph.D. Diss., State University of New York, 1996, pp. 292-293.

③ Danielle Battisti, Relatives, Refugee, and Reform: Italian American and Italian Immigration During the Cold War, 1945-1965, Ph.D. Diss., State University of New York, 1996, p. 295.

的修正，而是从现实外交利益和国内政治利益出发，提出一项紧急难民入境措施。这一避重就轻的策略对艾森豪威尔来说是完美的。它既不会激怒保守主义者，又因为法案接收对象是常规移民法下难以入境的东南欧人而在一定程度上安抚了自由主义改革派，兑现了其竞选中的承诺。这样一种以退为进的策略，导致自由主义阵营和保守主义阵营在移民政策改革问题上出现了一种相对"和平"的僵持状态。在整个 20 世纪 50 年代上半期，自由主义改革派避谈移民政策改革，默认民族来源限额体制，但借冷战外交的需要，试图通过特别立法的形式，促进东南欧及亚洲移民入境。然而，实施结果说明，虽然在民族来源限额体制下处于不利地位国家的移民能够通过难民救济项目获得额外入境机会，在一定程度上冲破了民族来源限额体制的束缚，但是，这一特别立法依然无法弥补民族来源限额体制的内在缺陷。

## 第二节　50 年代中期以来改革环境的微变

艾森豪威尔就任总统以后，自由主义改革派和保守主义者之间"和平"的僵持状态，随着 20 世纪 50 年代中期以来多方事态的发展而被逐渐打破。从国际层面来讲，冷战加剧下爆发的匈牙利十月事件引发移民政策改革新需求；从国内来讲，无论是社会组织、利益集团立场的转向，还是美国政府层面的人事变更，都推动改革环境向着有利于自由主义改革派一方发生变化。国际和国内环境的悄然变动为自由主义改革派和保守主义者在移民政策改革问题上正面对抗的重启提供了温床。

### 一　匈牙利十月事件引发的难民问题

二战结束以后，尽管匈牙利一直处在苏联的控制之下，但是，至 50 年代中期，它已经取得了一定程度的主权。继波兰在 1956 年成功赢得更大的自治权后，匈牙利也跃跃欲试。自由欧洲电台呼吁匈牙利人起来造反，并暗示美国会提供援助。但是，当学生和抗议者在 1956 年 10 月举行游行时，苏联决定武力平息，重新获得对卫星国的掌控权。1956 年 11 月 4 日，苏联军队开进匈牙利，随后，成千上万的匈牙利人逃往奥地利。[①]

匈牙利事件的发生对美国来说是猝不及防的。而且，事件发生时美国国会正在休会。为降低超级大国之间的紧张关系，避免更严重的冷战对抗，美国寻求一种更为温和的方式表达对匈牙利的支持，即接收匈牙利难民。然而，在现行的民族来源限额体制之下，匈牙利每年能够获得的移民签证只有 865 个。也就是说，庞大的难民群体是无法通过常规移民入境方式进入美国。[②] 碍于情况紧急，1956 年 11 月 8 日，艾森豪威尔总统指示，使用 1953 年难民法下的 5000 个非限额移民签证接收匈牙利难民。然而，随着逃往奥地利的匈牙利人源源不断地增加，在移民和归化局负责人等多方的支持下，艾森豪威尔于 12 月 1 日又宣布，美国将为 2.15 万名匈牙利人提供庇护，其中 6500 人在 1953 年难民法下获得签证，其余匈牙利人依据 1952 年移民法中第 212（d）(5) 条款下的"假释"（parole）原则进入美国。该条款授权司法部长在关乎公众利益的紧急性情况下，允许外国人临时入境。这一做法开启了利用"假释"条款接收大规模难民的先例。最终，3.8 万名匈牙利难民在美国获得重新安置，其中 6130 人在 1953 年难民法下获得签证，其余人通过"假释"条款入境。[③]

匈牙利事件之前，美国对欧洲难民的接纳更多的考量因素是欧洲经济恢复、解决人口过多问题等层面，接收反共难民更多的是一种"虚张声

---

① Carl J. Bon Tempo, *Americans at the Gate: The United States and Refugees During the Cold War*, Princeton: Princeton University Press, 2008, p. 61; Gil Loescher and John A. Scanlan, *Calculated Kindness: Refugees and America's Half-Open Door, 1945 to the Present*, New York: Free Press, 1986, p. 50.

② U. S. Department of Commerce, Bureau of the Census, *Statistical Abstract of the United States, 1958*, Washington, D. C. : U. S. Government Printing Office, 1959, p. 93.

③ Congressional Research Service, Library of Congress, Ninety-six Congress, *U. S. Immigration Law and Policy: 1952-1979*, Washington, D. C. : U. S. Government Printing Office, 1979, p. 18.

势"。但是，这次对匈牙利难民的接纳则主要是出于反共主义斗争的需要，二者已经被紧密地联系在一起。可以说，美国是义无反顾地展开了接收匈牙利难民的行动。比如，在1953年难民法下，每个难民都必须接受严格的安全审查，但是，对匈牙利难民则实行先进后查的方式，即允许他们以群体方式一起入境，到达新泽西的基尔墨营之后才进行审查。[1]

面对匈牙利危机，美国第一次灵活地以群体为基础接收难民。但是，这同时也再次暴露出美国移民政策的僵化性。正是因为永久性移民政策无法应对匈牙利反共难民危机，总统启用了模糊的"假释"条款。但是，这一条款的使用是有限制的。1952年，立法者将"假释"条款纳入移民法时，其目的是为无法通过其他方式入境的个人提供一个机会，而不是为一个群体提供入境机会。而且，从技术层面来讲，"假释"入境是临时性的。法案明确规定："这种对外国人的假释不能被认为是外国人的永久性入境，一旦假释的条件不复存在，被假释的外国人应该返回其国家或在移民体制下重新申请入境。"[2] 显然，匈牙利难民是不可能返回自己国家的，同时，民族来源限额体制下匈牙利限额的微乎其微也导致他们不可能在危机后重新申请入境。因此，如何处理匈牙利被假释者身份调整问题成为随后各方关注的焦点。

## 二 国内劳工组织立场的转向

20世纪50年代中期以来，对自由主义改革派来讲，一个极为重要的有利变化就是，一些传统反对移民入境的社会组织和利益集团的态度开始大变，由反对转而支持移民政策的自由化改革。而那些一直以来支持移民

---

[1]  Philip Eric Wolgin, Beyond National Origins: The Development of Modern Immigration Policy-making, 1948-1968, Ph.D. Diss., University of California, Berkeley, 2011, p. 152.

[2]  U. S. Congress, "Immigration and Nationality Act of 1952," in *United States Code Congressional and Administrative News, 82nd Congress, 2nd Session, 1952,* Vol.2, St. Paul: West Publishing Co., 1952, p. 1706.

政策改革的社会组织则进一步推动改革事业向前发展。它们共同构成 50 年代后期美国移民政策改革重启的重要推力。

劳工组织是立场发生转变的代表。一直以来，美国劳工组织内部在移民政策问题上是存在分歧的。作为以熟练技术工匠为主的美国劳联，自 19 世纪末以来就处于移民限制政治斗争的中心。20 世纪初，它全身心地投入推动制定一项反移民的政策斗争当中，并取得了立法成果。1921 年限额法和 1924 年移民法就是在它的有力推动下出台的。直至 1951 年，劳联立法委员会的沃尔特·梅森依然积极反对自由主义改革派提出的任何形式的移民政策改革方案。他认为："这些政策改革是对 1924 年移民法精神的公然背离，将会打乱国家的种族平衡。"相比之下，以非熟练技术劳工为主的产联则持不同主张。因为该会成员中有相当大比重的东南欧移民及其后代，所以他们一直以来都反对民族来源限额体制。[①] 作为美国的两大劳工组织，劳联和产联在移民政策上的分歧由来已久。然而，至 1955 年，二者的合并彻底改变了这一局面。合并后的劳联－产联，作为一个整体的劳工组织，在全国移民政治中的立场发生了重大的、持续性的自由主义转向。

实际上，在与产联合并之前，劳联内部就已存在支持移民政策自由化改革的声音。早在 50 年代初，马萨诸塞、明尼苏达及其他北部各州的劳联分部就开始挑战其在移民政策上的传统立场。原因在于，它们对保守主义国会一方面声称维护民族来源限额体制，另一方面又支持墨西哥客籍劳工项目的做法极为不满。[②] 如果说 1955 年之前，类似挑战还属于个别行为，那么，劳联和产联的合并则彻底改变了劳联的态度。1955 年，在参

---

①　U. S. Congress, Subcommittees of the Committees on the Judiciary, *Revisions of Immigration, Naturalization and Nationality Laws, Joint Hearings on S. 716, H.R.2379, and H.R.2816*, March 6, 7, 8, 9, 12, 13, 14, 15, 16, 20, 21, and April 9, 1951, Washington, D. C. : U. S. Government Printing Office, 1951, pp. 661-663.

②　Daniel J. Tichenor, *Dividing Lines: The Politics of Immigration Control in America*, Princeton: Princeton University Press, 2002, pp. 193-194.

议院司法委员会移民与归化分委员会举行的听证会上，劳联立法委员会代表梅森的态度与他在1951年联合听证会上的发言相比发生巨大转变。他指出，《外来移民与国籍法》并未很好地发挥作用，"尤其是在我们寻求世界人民支持的时刻，我们国家的政策应该最大限度地接收想在美国重建生活的移民"①。

在劳工组织态度转变的过程中，劳工领袖乔治·米尼发挥了重要的推动作用。作为移民政策问题上的自由主义改革派，米尼成为劳联－产联的首任主席。上任后，米尼迅速辞退了劳联中长期支持移民限制的立法事务负责人。随后，他任命了众议院前自由主义民主党议员安德鲁·比米勒作为劳联－产联立法办公室负责人。②从此，美国劳工组织彻底投入自由主义阵营当中。

在米尼的领导下，劳联－产联与其他支持扩张性移民政策的自由主义团体密切合作。1955年，在参议院就1952年移民法实施情况举行的听证会上，劳工组织代表呼吁修改1952年移民法。其提出，该法案已经实施将近三年，在此期间，日益明显的是，该项法案需要实质性的修改。③劳联－产联代表还谴责当时美国移民政策的思想基础，认为"它是将一个群体视为比另一个群体低劣或优越的哲学"，"与以个体身份评判他人的民主哲学相对立"。④与此同时，合并后的美国劳工组织开始吸纳当时主流的自由主义改革建议。至1956年，劳工组织已经明确支持艾森豪威尔总统

---

① U. S. Congress, Subcommittees of the Committees on the Judiciary, *Revisions of Immigration, Naturalization and Nationality Laws, Joint Hearings on S. 716, H.R.2379, and H.R.2816*, March 6, 7, 8, 9, 12, 13, 14, 15, 16, 20, 21, and April 9, 1951, Washington, D. C. : U. S. Government Printing Office, 1951, pp. 47-48.

② Daniel J. Tichenor, *Dividing Lines: The Politics of Immigration Control in America*, Princeton: Princeton University Press, 2002, p. 204 .

③ U. S. Congress, *Senate Hearing before Subcommittees on Immigration and Naturalization of the Committee on the Judiciary*, November 21, 22, 30 and December 1, 1955, Washington, D. C. : Ward & Paul, 1955, pp. 70-71.

④ Daniel J. Tichenor, *Dividing Lines: The Politics of Immigration Control in America*, Princeton: Princeton University Press, 2002, p. 204.

提出的具体改革方案，倡导将计算限额的人口统计基础年份从 1920 年改成 1950 年，将移民总数量增加到约 25 万人；支持终止亚洲排斥条款，废除 1948 年难民法中的限额抵押条款。对于自身观点的转变，劳工组织从美国外交政策利益的角度进行了解释："美国需要这样一个基本法案，它能够有益于当今作为自由世界领导者的美国。"作为一名冷战社会民主党人，劳联－产联主席米尼尤其致力于这一理念。他强调，"作为在世界范围内与共产主义做斗争这一总体计划的一部分，我们必须欢迎一定数量的人进入我们的国家。从长远看，这样做将给我们带来益处"。很明显，冷战政治在很大程度上推动了劳工组织从排外主义到支持改革的战略性转变。[1]

此外，一些劳工组织成员还从经济角度分析增加移民的利弊。其中一名成员曾在一篇文章中写道，每年接收的 25 万名外来移民只占美国人口的 1/700，也就意味着，"每年每 700 个美国人只欢迎一个经过仔细挑选的移民的到来"。其言外之意是，每年 25 万名外来移民对美国的影响微乎其微。1957 年，在劳工组织的一次会议上，也有人提出，"美国经济足以吸纳合理数量的移民而不影响美国工人的就业机会。限额签证的分配不应再以种族为基础"，而要以家庭团聚、美国对技术和专业的需要、难民救济及外交政策需要等相关因素为考量标准。需要注意的是，以上意见中并未提及"一般性的非技术移民"。可见，劳工组织虽然主张增加移民，但是，其更倾向于增加高技能移民，因为这些移民不会与劳工组织成员产生直接竞争。[2]

与此同时，一些长期以来致力于移民政策改革的组织继续将改革事业向前推进。它们从 50 年代中期开始就对综合性移民政策改革跃跃欲试。如前所述，在阻挠《外来移民与国籍法》出台的努力失败之后，自由主义改革派并没有停止活动，其中 60 个致力于移民政策改革的少数族裔和宗

---

[1] Mae M. Ngai, *Impossible Subjects: Illegal Aliens and the Making of Modern America*, Princeton: Princeton University Press, 2004, p. 243.

[2] Philip Eric Wolgin, Beyond National Origins: The Development of Modern Immigration Policy-making, 1948-1968, Ph.D. Diss., University of California, Berkeley, 2011, p. 110.

教组织于 1953 年组建了一个美国移民大会。自建立以来，该组织一直思考移民政策改革问题，在经过长时间酝酿后，其于 1955 年拟定出一项包括 40 项条款的移民政策改革方案。该方案的主要目标就是"废除民族来源限额体制，以一项人道的，合理的，不以种族、民族和宗教歧视为基础的移民计划取而代之"①。如果说劳工组织的"叛离"对保守主义阵营来说是一个沉重的打击，那么，自由主义改革派的实际行动有力地推动了改革事业向前发展。

## 三 国会和行政部门的人事变动

众所周知，在支配美国国会常设委员会的人选上有一个重要的传统，就是重要的职位一般赋予那些任期时间较长的议员，类似于按资排辈的晋升方式。由于国会常设委员会在决定哪些议案可以提交国会讨论表决上有很大发言权，占据委员会重要职位的议员自身的倾向性对一项议案的命运就显得尤为关键。② 50 年代中期之后，美国国会一些关键委员会的重要职位出现重大人事变动。首先，1954 年 9 月，国会中保守主义阵营的核心人物、曾经的参议院司法委员会及其移民与归化分委员会主席帕特·麦卡伦去世。这一事件对于保守主义阵营造成重创，导致他们一时间群龙失首。如前所述，自二战结束以来，麦卡伦一直强硬地维护民族来源限额体制，尤其是在 1949 年代替雷弗科姆成为参议院司法委员会及其移民与归化分委员会主席后，他积极推动国会出台了 1952 年移民法，重申了民族来源限额体制，有效遏制了战后移民政策的自由化趋向。1952 年选举后，虽然因为共和党获得国会多数席位而失去司法委员会移民与归化分委员会主席一职，但是，麦卡伦仍然作为少数派成员阻挠移民政策自由化改革。在

---

① Yuki Oda, Family Unity in U.S. Immigration Policy,1921-1978, Ph.D. Diss., Columbia University, 2014, p. 239.

② 〔美〕查尔斯·A. 比尔德：《美国政府与政治》，朱曾汶译，商务印书馆，1988，第139~140 页。

1953 年难民法出台过程中，他领导了反对难民入境的运动。虽然最终未能阻挠该法案的通过，但其成功将诸多限制性条款纳入其中，直接造成后来法案实施中的困境。因此，保守主义阵营核心人物麦卡伦的去世，对自由主义改革派来说，俨然意味着失去了一个强有力的对手。当然，作为麦卡伦的亲密战友，众议院议员弗朗西斯·沃尔特坚定地承担起麦卡伦的角色。作为 1952 年移民法的共同发起人，沃尔特完全认同麦卡伦的理念和主张，成为"后麦卡伦时代"保守主义阵营的核心人物之一。而且，随着 1954 年选举中民主党再次赢得国会多数席位，根据资历制度，沃尔特成为众议院司法委员会移民与归化分委员会主席，发挥着比以前更大的影响力，一直到 1963 年去世。[1] 但是，相比于麦卡伦，沃尔特有着相对比较温和的特质。第一，虽然坚定地维护民族来源限额体制，但是，他对难民入境持宽容态度。在战后历次难民项目的辩论中，他基本都持支持态度。第二，沃尔特所代表的宾夕法尼亚选区有众多东南欧后裔，因此，虽然 1954 年他再次赢得选举，但是，面对越来越多对民族来源限额体制的批判，甚至来自他所在选区的批判，沃尔特的态度开始出现微妙变化。他曾在 1955 年提出，如果有更公平的方案被设计出来，其将支持修改民族来源限额体制。[2] 很明显，这个保守主义者已不再全身心执迷于民族来源限额体制。50 年代末，沃尔特甚至愿意主动通过对 1952 年移民法进行边缘性修改，以预先避开攻击。其心理变化之大，由此可见一斑。[3]

其次，在麦卡伦去世的同时，麦卡锡主义也走向衰落。兴起于 1950 年的麦卡锡主义，在经历了 1953 年的高潮后，在 1954 年初遭遇挑战。1954 年 12 月 1 日，参议院通过决议，对麦卡锡进行谴责。麦卡锡的政治

①　Stephen Thomas Wagner, The Lingering Death of the Nation Original Quota System: A Political History of United States Immigration Policy, 1952-1965, Ph.D. Diss., Harvard University, 1986, p. 255.

②　Aristide R. Zolberg, A Nation by Design: Immigration Policy in the Fashioning of America, Cambridge: Harvard University Press, 2006, p. 323.

③　Carl J. Bon Tempo, Americans at the Gate: The United States and Refugees During the Cold War, Princeton: Princeton University Press, 2008, p. 87.

信誉一落千丈，并从此在美国政坛上消失。[①]随着 1954 年麦卡锡主义的名誉扫地，过度的"反共"情绪也在美国社会逐渐自行消退。保守主义者已无法轻易依靠耸人听闻的共产主义颠覆活动对国家安全的威胁作为支撑其立场的话语逻辑。当然，这里并不是说"反共"情绪在美国消失，只是随着麦卡锡主义的衰落，人们对外来移民与国家安全之间关系的认知渐趋理性化。

此外，国务院中的反共、排外情绪也逐渐弱化。二战以来，国务院一直是移民政策改革的绊脚石。如前所述，《外来移民与国籍法》在国会通过后，为促进与亚洲国家的外交关系，国务院强烈反对杜鲁门总统进行否决。但是，从 1957 年开始，随着一些具有保守性和限制性倾向的官员退休或离开，国务院的政治风向开始悄然发生变化。1954 年，国务院签证和护照办公室负责人之一罗伯特·亚历山大退休。他曾极力支持《外来移民与国籍法》并提出众多极具限制性的条款。同样，1957 年，斯科特·麦克劳德这个曾经被艾森豪威尔安排掌管国务院安全与领事事务局、负责移民政策实施的保守主义者，也离出了原来的岗位，远赴爱尔兰担任大使。麦克劳德是一个"好斗的狂热爱国主义者"和反共主义者，在国务院中属于麦卡锡阵营，追求积极进行反共。[②]

伴随着国会和国务院保守主义势力的减弱，自由主义阵营却逐渐浮现出一个对政策改革极具热情的新的核心人物，这个人就是后来成为美国总统的约翰·F.肯尼迪。1955 年，资深自由主义改革派领导人物赫伯特·莱曼放弃继续参选参议员，雄心勃勃的参议员约翰·F.肯尼迪开始登上政治舞台。实际上，自 1952 年当选参议员后，肯尼迪就开始在移民政策问题上表现出极大的兴趣。他对这一问题的关注源于多种因素。第一，他本身就是爱尔兰移民后裔。他的曾祖父是一名移民。肯尼迪在 1963 年 6 月访问爱尔兰时，站在其曾祖父曾经启程的地方说道："当我的

---

① 王希：《麦卡锡主义的闹剧和悲剧》，《世界知识》2001 年第 18 期，第 35~36 页。

② Philip Eric Wolgin, Beyond National Origins: The Development of Modern Immigration Policy-making, 1948-1968, Ph.D. Diss., University of California, Berkeley, 2011, pp. 45, 149.

曾祖父离开这里，成为东波士顿的一名制桶匠时，他除了强烈的宗教信仰和追求自由的意愿，身无分文。如果他没有离开，我将在这里的公司工作。"[①]第二，肯尼迪所在的马萨诸塞州选区拥有大量移民选民，这也激发了他支持改革移民政策的热情。[②]作为一名参议员，肯尼迪对移民政策改革非常热衷。他支持并联合发起了众多移民政策改革议案：他曾投票反对《外来移民与国籍法》；支持杜鲁门否决该法并推动支持杜鲁门创设移民与归化总统委员会；1953年，他和参议员赫伯特·莱曼及舒伯特·汉弗莱共同提交废除民族来源限额体制的激进性议案；1955年，肯尼迪试图建立一个新的两党组成的移民委员会，寻求实现民主党1952年关于修改《外来移民与国籍法》的承诺。1955年11月21日，在递交给参议院听证会的一份文字声明中，他宣称，自1921年以来，美国移民政策的特点就是邪恶和歧视性的，《外来移民与国籍法》是"这个国家历史上最公然的一项歧视性立法"。而且，他强调，美国公民多元化的种族和文化背景增强而不是削弱了国家的理想。他催促改革移民政策，"恢复美国移民和归化政策的正义和神圣"。[③]1956年，肯尼迪成功被提名民主党副总统候选人，这一事件进一步推动肯尼迪更为深入地参与移民问题。应该说，肯尼迪在移民改革运动中的脱颖而出，填补了老一代自由主义改革派领袖退出后出现的空缺，其成为50年代后半期及60年代初期美国移民政策改革的核心人物。

　　值得注意的是，相比于1952年民主党的单方面呼吁，在1956年总统选举中，两党均将移民政策改革问题纳入自己的纲领当中。在竞选纲领中，共和党明确地表达了其对民族来源限额体制的看法，声称支持一项

---

① John F. Kennedy, *A Nation of Immigrants(Revised and Enlarged Edition)*, New York: Harper & Row Publishers, 1964, p. x.

② Dilchoda N. Berdieva, Presidential Politics of Immigration Reform, Ph.D. Diss., Miami University, 2003, p. 28.

③ Dilchoda N. Berdieva, Presidential Politics of Immigration Reform, Ph.D. Diss., Miami University, 2003, p. 29.

"平等对待不同种族、民族和宗教团体并能够灵活地应对时局变化的移民政策"。民主党纲领更是公开直接地支持废除"以出生国的偶然性为基础的不平等的移民入境条款"。[①] 这充分说明，移民政策改革问题已经成为一个跨党派的政治议题。

## 第三节　正面对抗的重启与移民政策的微调

### 一　寻求移民政策改革的初步尝试

随着 50 年代中期以来相对有利环境的逐渐形成，移民政策自由化改革的呼声开始再次兴起。1955 年 7 月，面对 1952 年移民法下日益增加的申请积压数量，负责实施移民和难民政策的国务院安全与领事事务局的斯科特·麦克劳德和国务院签证和护照办公室的弗兰克·奥尔巴赫意识到，问题的根源在于民族来源限额体制。他们认为，"只要基本的政策保持不变，它就会成为其反对者不满的根源"。同时，他们提出一个改革方案，这个方案以地理区域为基础重新分配汇总后的未用限额。他们指出，这个方案"将会对沃尔特先生有吸引力，因为它不是一个激进性的方案，未用限额重新分配的对象只局限于欧洲"。[②]

1952 年移民法实施的困境也给艾森豪威尔造成了压力。冷战外交需要和国内自由主义改革的呼声，进一步使他认识到采取一些行动的必要性。1956 年 1 月 8 日，艾森豪威尔总统在其国情咨文中，重提修改移民政策

---

① Democratic Party Platforms, "1956 Democratic Party Platform", August 13, 1956, http://www. presidency.ucsb.edu/ws/index.php?pid=29601, 访问时间：2017 年 6 月 20 日；Republican Party Platforms, "Republican Party Platform of 1956", August 20, 1956, http://www. presidency.ucsb.edu/ws/index.php?pid=25838, 访问时间：2023 年 1 月 20 日。

② Philip Eric Wolgin, Beyond National Origins: The Development of Modern Immigration Policy-making, 1948-1968, Ph.D. Diss., University of California, Berkeley, 2011, p. 68.

的想法，并表达出以最近期的人口统计为计算限额基础及将未用限额汇总后重新分配的改革构想。[①] 这是他继 1953 年上任之初公开倡导修改移民政策以来，首次提及这一话题。同年 2 月 8 日，根据国务卿、司法部长与司法部移民和归化局官员向他提供的关于移民法案实施的全面调查报告，艾森豪威尔专门向国会发送了一份关于移民问题的电文。他在电文中指出，1952 年移民法"本质上是对诸多分散的、重叠的和矛盾的移民和归化法案的汇编"，"战后世界的经历证明，我们有必要重新考察当前接收外国人的民族来源限额体制。我们应该采纳一种根据新的指导原则和标准接收外国人的体制"。虽然艾森豪威尔在给出的建议中并没有要求废除民族来源限额体制，但是，他要求国会在修改民族来源限额体制时考虑以下几个因素："国家对有技术专长和文化成就的人的需求；亲近的家庭关系；移民输送国的人口及其对我国实行的移民政策；各国过去的移民情况及其与我国的贸易关系；各国对构建自由世界共同防御的协助。"为最大可能地缓解当前民族来源限额体制的不公平，艾森豪威尔在吸纳麦克劳德方案的基础上提出如下具体建议。第一，将计算限额的人口统计基础年份从 1920 年改为 1950 年，大约每年会增加 6.5 万个限额。第二，将上一年未用限额在下一年按地理区域重新分配，四个分配区域分别是欧洲、非洲、亚洲和太平洋。他进一步提出，在国家限额之外创建 5000 个储备名额用于特殊技能移民。同时，他也建议取消 1948 年难民法中的限额抵押条款。[②] 艾森豪威尔的改革建议表明，政府希望通过对地理区域的强调来软化改革的影响，将受益者集中在欧洲。随后，以艾森豪威尔改革建议为基础的议案被提交国会。

---

① Dwight D. Eisenhower, "Annual Message to the Congress on the State of the Union", January 5, 1956, http://www.presidency.ucsb.edu/ws/index.php?pid=10593, 访问时间：2017 年 6 月 25 日。

② Dwight D. Eisenhower, "Special Message to the Congress on Immigration Matters", February 8, 1956, http://www.presidency.ucsb.edu/ws/index.php?pid=10727, 访问时间：2017 年 6 月 25 日。

应该说，艾森豪威尔总统 1956 年 2 月 8 日的这篇电文的发出，标志着 50 年代初自由主义改革派和保守主义者之间的正面博弈，在经历了 50 年代上半期的"和平"对峙之后，于 1956 年再次重启。只不过自由主义改革派一方在这次对抗中占据了主动权。

然而，在国会中保守主义者的阻挠下，政府议案在 1956 年未能取得进展。1957 年 1 月 31 日，艾森豪威尔再次向国会递交了一份移民特别咨文。除了提出关于制定临时难民立法的建议，他再一次催促国会"重新考察（移民）法案中设定的接收外国人的方式"。他指出，"在《外来移民与国籍法》制定后的四年半时间里，该法在实践当中的运用已经证明，某些条款是不公平的，是不符合当今世界发展潮流的"。同时，总统再次重申了前一年提出的修改限额的建议。[1] 然而，国会中很少有人有兴趣对五年前移民法的基本原则进行重新考察，艾森豪威尔重新启动的移民改革进程并不顺利。

## 二　走向妥协——1957 年《难民－逃亡者法》的产生

以艾森豪威尔为首的自由主义改革派重启移民政策改革的时刻，正值约翰·F. 肯尼迪因 1956 年成功成为民主党副总统候选人而政治雄心高涨之际。虽然此次竞选未取得成功，但是，他的政治目标已然变得非常明确。为此，他开始做长远打算。考虑到中西部、南部和边缘山区对天主教徒候选人的疑虑，他认为，主要由新移民组成的都市群体的全力支持，对于他政治目标的实现是非常关键的。因此，他抓住机会，积极响应艾森豪威尔的改革要求，参与这场移民政策改革运动。[2] 肯尼迪的介入，极大地改变了改革的进程。

---

[1]　Dwight D. Eisenhower, "Special Message to the Congress on Immigration Matters", January 31, 1957, http://www.presidency.ucsb.edu/ws/index.php?pid=10956, 访问时间：2017 年 5 月 20 日。

[2]　Aristide R. Zolberg, *A Nation by Design: Immigration Policy in the Fashioning of America*, Cambridge: Harvard University Press, 2006, p. 325.

正如上文提到的，自 1952 年进入参议院以来，肯尼迪在移民政策问题上就非常活跃，几乎参与了每一项重大的移民政策改革活动，而且改革态度坚决，对民族来源限额体制的批判也直接而激烈。然而，当他以谋求总统职位为目标，将移民政策改革作为一项收揽人心的工具和政绩时，肯尼迪则展现出了一名政治实用主义者的思维。他更偏向于思考"哪些改革是可能的"，而不是追求不切实际的理想。尤其认识到众议院司法委员会移民与归化分委员会主席沃尔特及其保守主义者同盟对民族来源限额体制的坚决维护，肯尼迪非常谨慎地避开与他的正面冲突。①

1957 年，在肯尼迪寻求改革的可能性选项时，美国意大利移民委员会再次掀起修改 1953 年难民法的运动。前一年，他们就曾尝试修改这一法案，要求将该法案中德奥等国未用完的签证限额分配给意大利、希腊这些尚有大量申请积压的国家，然而并未成功。1957 年，该组织改变策略，发起要求延长该法案有效时间的运动。后来证明，这一运动对肯尼迪产生了重大影响。② 该组织发起这项运动的目的有两个。第一，寻求让走完审查程序但尚未获得签证的申请者获得入境机会。1953 年难民法失效后，依然有大量处于申请过程当中的申请者（pipeline cases），他们已经走完了审查、证明的程序，但因限额不足尚未拿到签证。1957 年初，大约有 2.5 万名意大利人和 1 万名希腊人属于这种情况。美国意大利移民委员会认为，这些申请者满怀期待，投入了时间，但最终无法进入美国，这是不公平的。因此，他们要求对这些申请者实行特许入境的方式。③ 第二，寻求 1953 年难民法下入美的移民的家庭团聚。根据规定，所有在该法案下入美的移民都可以携带配偶和未成年子女。但是，实际情况是，在移民中有相当一部分人没有或无法同时携带配偶和未成年子女入美，选择先独自获得

①　Dilchoda N. Berdieva, Presidential Politics of Immigration Reform, Ph.D. Diss., Miami University, 2003, p. 30.

②　1953 年难民法已经于 1956 年 12 月 31 日到期失效，但该法案下很多德奥限额签证未使用完，而意大利、希腊不但用完既定限额，而且还有大量申请积压。

③　Danielle Battisti, Relatives, Refugee, and Reform: Italian American and Italian Immigration During the Cold War, 1945-1965, Ph.D. Diss., State University of New York, 1996, p. 295.

签证进入美国找到工作后再将其家庭成员接来。因此，一旦法案失效，这些入美的移民与其尚未到来的家庭成员就不得不分离。因为先期到达的移民还未满足居住 5 年才能归化为美国公民的条件，他们的配偶和未成年子女只能在移民法第三优先类别（永久性居民的配偶和未成年子女）下重新申请移民签证。然而，至 1957 年，意大利已经大约有 1.8 万名直系家庭成员正在等待第三优先类别签证，获得签证遥遥无期。因此，该委员会要求难民家庭成员依然可以在该法案下入境。① 在此次运动中，美国意大利移民委员会强调，难民家庭成员在常规限额体制下苦苦等待签证有悖于 1953 年难民法的紧急入境的初衷，将会为共产主义宣传提供口实，是不符合外交政策目标的。随后，其又一次展开了大规模游说并成功引起了国会的注意。该委员会主席默奇森与国会议员约翰·F.肯尼迪等在华盛顿进行接触，就他们提出的议案与该委员会的目标进行讨论。②

关心新移民选票的肯尼迪对这个以意裔美国人为主的组织对家庭团聚的强烈要求给予了极大关注。同时，肯尼迪也注意到，国会中的保守主义领袖如众议员弗朗西斯·沃尔特和参议员詹姆斯·伊斯兰德很容易阻挠他们所反对的立法，甚至在保守主义阵营成员越来越多地倾向于改革和终止民族来源限额体制的自由主义民主党的情况下，他们照样能够做到。③

不仅如此，实际上，此时美国国内的大环境也并不成熟。首先，全国的保守主义情绪依然非常强大。1957 年，一项民意调查显示，当被问及"你认为难民会为美国带来什么样的影响？"，受访者中只有 26% 的人认为难民会有益于美国，而 21% 认为没有影响，32% 的人认为有"坏的影响"。④

---

① Yuki Oda, Family Unity in U. S. Immigration Policy, 1921-1978, Ph.D. Diss., Columbia University, 2014, p. 241.

② Danielle Battisti, Relatives, Refugee, and Reform: Italian American and Italian Immigration During the Cold War, 1945-1965, Ph.D. Diss., State University of New York, 1996, p. 97.

③ Carl J. Bon Tempo, *Americans at the Gate: The United States and Refugees During the Cold War*, Princeton: Princeton University Press, 2008, pp. 82-83.

④ Carl J. Bon Tempo, *Americans at the Gate: The United States and Refugees During the Cold War*, Princeton: Princeton University Press, 2008, p. 81.

其次，经过连续较大幅度的增长后，从 1956 年中期开始，美国经济增长率持续下滑并在之后变得愈发明显。进入 1957 年后，制造业工业中的就业下降趋势开始显现，最为显著的下降发生在耐用性商品行业，尤其是机器、交通设备等行业当中。这种下降趋势一直持续存在并在 1957 年秋天开始加速，直到 9 月，非制造业就业的增长才抵消了制造业的下降。但是，制造业中就业率的下降导致非农业就业率在当年 12 月下降到低于 1956 年同期的水平。[①] 可以说，从 1956 年中期至整个 1957 年，美国经济和就业情况相比于之前呈一种下行的趋势。1957 年成为 50 年代美国经济运行中一个明显的衰退期，这无疑为移民政策改革蒙上了一层阴影。

正是这样的背景下，肯尼迪调整了立法策略，毅然放弃对民族来源限额体制的任何改动，转而以弥补该体制的实施漏洞为立法目标。他于 1957 年 6 月提交了一项妥协性的议案。该项议案漏掉了诸多艾森豪威尔总统在 1956 年提出的立法建议，尤其是将未用限额汇总后重新分配及更改计算限额的人口统计基础年份的内容，而是以清理民族来源限额体制下积压的移民签证申请为主要内容。[②] 随着肯尼迪这项议案的提出，50 年代中期以来以修改民族来源限额体制为目标的移民政策改革运动的轨迹发生变化，再一次从修改民族来源限额体制转变到解决该体制实施中出现的问题上来。应该说，这一转变是对艾森豪威尔发起的改革初衷的背离，是在一场刚刚展开的正面对抗中过早做出的妥协。

肯尼迪的改革议案在保守主义者和自由主义改革派之间引发了不同的反应。保守主义者、参议院司法委员会主席詹姆斯·伊斯兰德认为，"这是一个妥协性的法案，没有触及《外来移民与国籍法》的基本条款"。对伊斯兰德来说，该法案是"用来缓解 1952 年移民法实施中出现的某些严

---

① *Economic Report of the President 1958*, Washington, D. C.: U. S. Government Printing Office, 1958, pp. 17-19.

② Edward P. Hutchinson, *Legislative History of American Immigration Policy, 1798-1965*, Philadelphia: University of Pennsylvania Press, 1981, p. 330.

重问题"的。①

自由主义阵营普遍对议案感到失望。艾森豪威尔在签署法案的声明中强调，新法案"在当前法案的基础上有了进步"，但是，它未能"解决当前移民和归化法案中的众多内在不平等问题"。②自由主义议员约翰·帕斯顿指出，虽然在这一法案下大约6万名意大利人可以入美，但"并没有满足我所有的希望"。他同时认为，该项议案可以被称作一次妥协，但不是一次投降。"从其根本性目的——促进家庭团聚来讲，是值得赞扬的。"③甚至作为法案发起者的参议员肯尼迪也承认这样的事实，即法案并没有"触及我们所认为的移民政策最关键的弱点"，但是，他同时强调：

> 我认为，国会应该尽早对移民政策的某些方面进行彻底的考察。我认为我们的移民政策不能应对这个时代的挑战和需要。因此，显而易见，该项法案不是解决我们移民问题的最后答案，它只应对了当前最为急迫的需求，是目前国会所能通过的最好的法案。④

肯尼迪所指的"最关键的弱点"当然就是民族来源限额体制。从保守主义者和自由主义改革派对肯尼迪议案的反应中可以看出，保守主义者因为法案既能够缓解1952年移民法实施中的困境，又原封不动地保留了民族来源限额体制而感到庆幸；自由主义改革派则因法案丝毫未触动民族来源限额体制而感到遗憾。尽管如此，大部分自由主义议员还是投了支持票。最终，参议院以65票支持、4票反对通过该项议案。经过沃尔特的修

---

① U. S. Congress, *Report of U. S. Immigration Law and Policy: 1952-1986*, 100th Congress, 1st Session, Washington, D. C. : U. S. Government Printing Office, 1988, p. 16.

② Dwight D. Eisenhower, "Statement by the President Upon Signing Bill to Amend the Immigration and Nationality Act", September 11, 1957, http://www.presidency.ucsb.edu/ws/index.php?pid=10897, 访问时间：2017年6月25日。

③ Philip Eric Wolgin, Beyond National Origins: The Development of Modern Immigration Policy-making, 1948-1968, Ph.D. Diss., University of California, Berkeley, 2011, p. 70.

④ U. S. Congress, *Report of U. S. Immigration Law and Policy: 1952-1986*, 100th Congress, 1st Session, Washington, D. C. : U. S. Government Printing Office, 1988, p. 15.

订，众议院以 295 票支持、58 票反对也通过了该项议案。两天后，参议院认同了众议院的修正案，9 月 11 日，该项法案交由艾森豪威尔总统签署生效。这就是 1957 年《难民－逃亡者法》。该项立法成为 50 年代后半期美国移民政策改革的成果。[①] 在此次改革中，自由主义改革派为推进立法进程放弃对民族来源限额体制的修正，同时，保守主义者为维护民族来源限额体制，认可了一些边缘性的政策改变。

## 三 法案内容分析及其引发的后续改革

在关于美国移民和难民政策的学术著作中，1957 年这项法案是受到忽略的一项立法。学者们或者只是简短地提及，或者根本就把它忽略掉了。个中原因当然与它改革的力度有限有关。作为艾森豪威尔推动重启的改革事业的继承人，肯尼迪并未成功将总统提出的改革目标纳入最终法案当中，只是对《外来移民与国籍法》做了某些小的调整。[②] 因此，有些学者将其视作"对改革初衷的极大背离"。[③] 然而，正如另外一些学者认为的，该项法案也带来了很多重要的相关政策的变化，这些变化导致的结果是，尽管法案没有直接废除民族来源限额体制，但是，它被有效削弱了。[④] 换言之，民族来源限额体制越来越被架空，失去了作为盾牌的效用。具体来讲，第一，法案废除了 1948 年难民法中的限额抵押条款。[⑤] 如第一章所述，

---

① U. S. Congress, *Senate Document No.69, Republic Review*, 85th Congress, 1st Session, Washington, D. C. : U. S. Government Printing Office, 1957, p. 3.

② U. S. Congress, *Senate Report No.1057, Certain Revisions of the Immigration and Nationality Laws*, 85th Congress, 1st Session, August 20, 1957, http://infoweb.newsbank.com/, 访问时间：2012 年 6 月 20 日。

③ Philip Eric Wolgin, Beyond National Origins: The Development of Modern Immigration Policy-making, 1948-1968, Ph.D. Diss., University of California, Berkeley, 2011, p. 70.

④ Aristide R. Zolberg, *A Nation by Design: Immigration Policy in the Fashioning of America*, Cambridge: Harvard University Press, 2006, p. 325.

⑤ Public Law 85-316(Refugee and Escapee Act), September 11,1957, p. 642, http://heinonline.org, 访问时间：2016 年 6 月 20 日。

1948 年，保守主义者为阻止欧洲难民以非限额移民身份入境，提出限额抵押条款。这一条款将一些东南欧国家未来若干年的移民入境机会减少了一半。1957 年法案中对限额抵押条款的废除，使美国在此后的若干年中释放了大约 30 万个限额签证可供东南欧国家使用。因此，这一条款的废除被一些学者视为"一个主要的成功的攻击"。[1] 第二，法案允许那些民族来源限额体制下正在等待第一、第二和第三优先类别移民签证且申请已在 1957 年 7 月 1 日之前被司法部长批准的申请者，自动转换成非限额移民身份，并可立即入境。[2] 正如有的学者所言，通过对积压的部分移民签证申请的清理，该法案的确向削弱民族来源限额体制的效果迈出了第一步。[3] 第三，法案允许重新利用 1956 年底已经因到期而终止实施的《难民救济法》中剩余的将近 2 万个未用签证，主要用于那些因种族、宗教或政治观点将受到迫害或害怕受到迫害而逃离共产主义统治及主导地区或中东所有国家，而且无法返回家园的逃亡者。[4] 在这里，可得到救助的难民范围得到扩展，不像 1953 年难民法中仅仅将来自共产主义国家的人员视作难民。也正因为这一点，1957 年法案通常被称作《难民 - 逃亡者法》。

　　1957 年法案开启了清理民族来源限额体制下积压的签证申请的先例。这一做法鼓励了诸如美国意大利移民委员会等游说集团继续提出此类要求的行动。比如，1957 年法案虽然已经清空了"所有国家限额优先类别"下积压的签证申请，但是没有触及申请积压最严重的第四优先类别。这一类别包括美国公民的成年子女、已婚子女及兄弟姐妹。因此，美国意大利

---

① Aristide R. Zolberg, *A Nation by Design: Immigration Policy in the Fashioning of America*, Cambridge: Harvard University Press, 2006, p. 325.

② Public Law 85-316(Refugee and Escapee Act), September 11,1957, p. 642, http://heinonline.org, 访问时间：2016 年 6 月 20 日。

③ Philip Eric Wolgin, Beyond National Origins: The Development of Modern Immigration Policy-making, 1948-1968, Ph.D. Diss., University of California, Berkeley, 2011, pp.44, 70.

④ 地理上的界定从利比亚扩展到巴基斯坦，从土耳其扩展到埃塞俄比亚和沙特阿拉伯。Public Law 85-316(Refugee and Escapee Act), September 11, 1957, p. 644, http://heinonline.org, 访问时间：2016 年 6 月 20 日。

移民委员会随后又发起清理积压的第四优先类别签证申请的运动。保守主义者再次做出妥协。1959 年 9 月，国会通过了一项新的法案。该法案改变了移民政策中的两项内容。第一，将民族来源限额体制下第四优先类别可得到的签证数量加倍，由原来数量为每年前面优先类别未用限额的 25% 增长到 50%；第二，允许 1953 年 12 月 31 日之前登记的申请者在限额之外立即入境。此项规定的受益者大约有 5.7 万人，其中包括 3 万名意大利人。[①]由于 1957 年法案中只规定清理 1957 年 7 月 1 日之前已被司法部长批准且正在等待签证的第一、第二和第三优先类别签证申请者，1961 年 9 月，国会再次允许所有 1961 年 7 月 1 日之前提交第二和第三优先类别入境申请的等待者转变成非限额移民身份。根据参议员伊斯兰德的估计，受益者将有 1.8 万多人，主要来自中国、希腊、意大利和菲律宾。[②]

在同意清理积压的移民签证申请的同时，沃尔特还认可白宫接纳欧洲难民的要求，推动国会通过了 1960 年《难民公平份额法》。为解决欧洲持续的难民问题，1958 年 12 月 5 日，联合国大会呼吁从 1959 年 6 月开始，开展世界难民年活动，敦促成员国和专门组织在难民年期间为全世界的难民提供务实的援助。为响应联合国这一倡议，艾森豪威尔于 1959 年 5 月 19 日发表总统公告，宣布将 1959 年 7 月 1 日至 1960 年 6 月 30 日作为美国的难民年。[③]总统公告发出后，众多修正 1952 年移民法的议案被提出，这些议案要求放宽移民政策，以便接收更多因民族来源限额体制而无法进入美国的难民。在改革的压力下，沃尔特主动提出一项决议，这一决议最终成为 1960 年《难民公平份额法》。该法案规定，在法案生效后两年的时间里，司法部长有权通过假释接收难民，其数量不能超过其他国家所安置

---

① Yuki Oda, Family Unity in U. S. Immigration Policy, 1921-1978, Ph.D. Diss., Columbia University, 2014, p. 252.

② Philip Eric Wolgin, Beyond National Origins: The Development of Modern Immigration Policymaking, 1948-1968, Ph.D. Diss., University of California, Berkeley, 2011, p. 44.

③ Dwight D. Eisenhower, "Proclamation 3292—World Refugee Year", May 19, 1959, http://www.presidency.ucsb.edu/ws/index.php?pid=107391, 访问时间：2017 年 5 月 20 日。

难民总数的 25%。[1]

可见，至 50 年代末 60 年代初，为了维护民族来源限额体制存在的合理性，保守主义者已经认可并主动促成自由主义改革派提出的诸多零碎性的放宽移民政策的特别立法。这一现象表明，一方面，在 50 年代末期，自由主义改革派日益表现出"咄咄逼人"的改革势头；另一方面，此时的保守主义者逐渐陷于一种不得不持续妥协退让的境地。可以说，双方在博弈中地位的微妙变化与 50 年代中期之前形成明显反差。因此，此次移民政策改革的重启虽然以巨大的妥协而告终，但是，1957 年法案及后续类似的法案通过直接清理 1952 年移民法下积压的签证申请、废除限额抵押条款及允许 1953 年难民法下剩余限额签证再利用等方式，间接削弱了民族来源限额体制的实施效果，对其形成了不小的冲击。

# 小　结

纵观艾森豪威尔执政时期的移民政策改革，可以发现，它作为战后移民政策改革过程中的一个中间的、过渡性的阶段，很难以"功"与"败"来简单加以定论。

一方面，在此期间，一系列难民特别立法的出台，在一定程度上冲破了民族来源限额体制的束缚。在 1953 年难民法下，超过 20 万的难民和美国公民的亲属以非限额移民身份进入美国；同时，通过 1957 年《难民－逃亡者法》及后续的 1959 年、1961 年法案，大量民族来源限额体制下积压的以东南欧移民为主的签证申请被清理，申请者以非限额移民身份入美。这一系列对积压的移民签证申请进行清理的法案，实际上间接削弱了民族来源限额体制的实施效果。统计数据显示，1951~1960 年，大约 256

---

[1] Edward P. Hutchinson, *Legislative History of American Immigration Policy, 1798-1965*, Philadelphia: University of Pennsylvania Press, 1981, p. 346.

万名合法移民进入美国，其中限额移民只有约 110 万人，约占入境总量的40%。[1] 由此可见，民族来源限额体制已经失去控制移民的效力。对此，有学者给出了一个形象的比喻，他说，保留民族来源限额体制"就像尾巴在摇动狗"。[2]

另一方面，正如美国著名华裔移民史学家艾明如所认为的："从立法的角度来讲，50 年代的改革运动是失败的。"[3] 这一结论无疑是符合历史事实的。整个艾森豪威尔执政时期，无论美国外来移民的实际情况如何背离了民族来源限额体制，但是，不可否认的是，该项体制在美国移民法中的核心地位从未被撼动，自由主义改革派只是实现了一些对 1952 年移民法的边缘性修正。那么，哪些因素导致了这一立法上的失败？

总体而言，这些因素大致包括以下几点。第一，个人因素。艾森豪威尔总统虽然支持废除移民政策中种族和民族歧视的主张，但是，他本人对移民政策改革没有太大的兴趣，对移民改革游说集团的请求基本持漠视态度，只有移民问题影响到他关心的外交政策目标时才积极介入。[4] 他对自己这种袖手旁观的领导风格和思想给出的理由是，"从传统上来讲，国会制定了我们的基本移民政策，其无疑希望在自己对各种可能的选择进行研究和调查后，决定建立何种新的制度"[5]。也就是说，艾森豪威尔不认为领导一场根本性的移民政策改革是自己的分内之事。因此，在整个改革过程中，他只是在寻求"过渡性的措施以尽可能缓解当前限额制度中的不平等

[1]　U. S. Department of Commerce, Bureau of the Census, *Statistical Abstract of the United States,1970,* Washington, D. C. : U. S. Government Printing Office,1971, pp. 92-93.

[2]　Helen F. Eckerson，"Immigration and National Origins," *Annals of the American Academy of Political and Social Science*, Vol. 367,1966, p. 10.

[3]　Mae M. Ngai, *Impossible Subjects: Illegal Aliens and the Making of Modern America*, Princeton: Princeton University Press, 2004, p. 240.

[4]　Danielle Battisti, Relatives, Refugee, and Reform: Italian American and Italian Immigration During the Cold War, 1945-1965, Ph.D. Diss., State University of New York, 1996, pp. 320-322.

[5]　Dwight D. Eisenhower, "Special Message to the Congress on Immigration Matters"，January 31, 1957，http://www.presidency.ucsb.edu/ws/index.php?pid=10956, 访问时间：2017 年 5 月 20 日。

问题"，从未倡导废除民族来源限额体制。[①] 此外，肯尼迪在 50 年代后期对移民政策改革的介入，将改革引到一个接收家庭团聚移民的方向。肯尼迪有志于当选总统，一方面要寻求获得新移民的选票，另一方面要迅速地获取一个与自己相关的立法成果。因此，当他加入白宫开启的移民政策改革运动时，更多的是在寻求制定一部"可能的立法"，而不是"理想的立法"。这一务实的态度，使他最先着力于解决最急迫的家庭团聚问题。东南欧国家移民签证申请的积压及意裔美国人对意大利移民家庭团聚的关注，最终推动肯尼迪提出一项妥协性的移民议案，即 1957 年《难民－逃亡者法》。

第二，整个 50 年代，移民政策改革都遭遇保守主义阵营的阻力。1946 年选举曾导致北部民主党的大规模溃退和南部民主党的胜利，当后来民主党控制国会时，保守的南部少数派因为有更高的资历而主导了大多数国会常设委员会。南部民主党牢固确立的权力，使得其有能力阻挠民主党中的自由派和温和派提出的平等主义目标的实现。麦卡伦去世后，保守主义者詹姆斯·伊斯兰德成为参议院司法委员会主席，他一直以来就是移民的反对者。[②] 弗朗西斯·沃尔特作为众议院司法委员会移民与归化分委员会主席和非美委员会主席，其反共、排外的态度虽然在 50 年代后半期有所松动，但是，对民族来源限额体制这一原则依然坚守。因此，50 年代后期，自由主义改革派虽然提出了大量综合性改革议案，但无一在委员会权力结构之下存活下来。在向犹太人激进分子解释为什么在 50 年代"移民政策改革基本未取得进展"时，自由主义众议员塞勒说道："南部民主党和中西部共和党联合形成强大的反对势力，妨碍了改革行动。"[③]

---

① Dwight D. Eisenhower, "Special Message to the Congress on Immigration Matters", January 31, 1957, http://www.presidency.ucsb.edu/ws/index.php?pid=10956, 访问时间：2017 年 5 月 20 日。

② David M. Reimers, *Still the Golden Door: The Third World Comes to America*, New York: Columbia University Press, 1992, p. 23.

③ Daniel J. Tichenor, *Dividing Lines: The Politics of Immigration Control in America*, Princeton: Princeton University Press, 2002, p. 207.

第三，自由主义阵营内部的改革步调依然不一致。就在艾森豪威尔领导的白宫提出推进一项修改民族来源限额体制的方案时，意裔美国人组织依然倾向于以推动意大利亲属的迅速入境为首要任务，而非全力以赴地推动基本政策的改变。而且，意裔美国人组织的积极游说，对肯尼迪提出妥协性的移民政策改革方案起了很大的作用。

总而言之，在整个艾森豪威尔执政时期，前期的"对峙"也好，后期重启"对抗"也罢，自由主义改革派的改革要求均没有跳出移民政策的基本框架。他们都是在默认民族来源限额体制的基础上开展改革运动的。然而，进入1960年后，在新的历史语境下，战后移民政策的自由主义改革运动终于迎来了高潮阶段。

# 第四章
# 自由主义改革的高潮

## ——1965 年《外来移民与国籍法修正案》的诞生

如前所述，自 20 世纪 50 年代中期以来，移民政策改革的环境已经开始朝有利于自由主义改革派的方向发展。进入 60 年代后，改革的推力持续增强。民权运动的深入展开及其取得的立法成果为移民政策的自由化改革营造了一个新的社会风尚；良好的经济环境推动了宽容的社会舆论的形成；相关利益集团和社会组织在政策改革问题上达成的共识增强了自由主义阵营的力量；肯尼迪和约翰逊总统对移民政策改革的深度参与将改革环境推进到空前成熟的状态。与此同时，随着保守主义阵营内部强有力的核心人物的去世或离开，其原本拥有的制度性优势转到自由主义改革派身上。更为重要的是，在双方的辩论中，保守主义者老调重弹，已经无法应对自由主义改革派提出的新的话语逻辑。种种迹象表明，从根本上改写美国移民政策的时机已经到来。自由主义改革派势如破竹、摧枯拉朽，在与保守主义者的最后一轮博弈中展现出了前所未有的积极性和主动性。如果说提出废除民族来源限额体制在 50 年代还被视作激进行为，那么，进入 60 年代后，它已然成为瓜熟蒂落的自然事件。

## 第一节 改革的新语境

### 一 民权运动的扩展与深化

民权运动是 20 世纪 50 年代美国出现的一场影响深远的社会运动。它的目标是废除美国法律中就业、公共设施及住房等所有层面的种族歧视制度和社会歧视行为。运动的参与者向美国人民呼吁，国内的种族政策已经不符合二战及冷战中美国对自由民主理想的追求。当民权运动的领袖表达对社会公正、平等权利、人类自由的诉求时，移民政策改革运动的参与者也开始从一个不同的角度看待移民政策，逐渐将这些概念和主张运用到他们的改革实践中。[1] 进入 60 年代，在马丁·路德·金静坐抗议和学生非暴力协调委员会的推动下，民权运动以更加激烈的形式出现并席卷整个国家。因此，美国同时进行的移民政策改革运动作为与民权运动相似的反歧视运动引起了更多的关注。正如艾明如所言，虽然两个运动存在重大不同，比如，民权运动表达的是非裔美国人对更为广泛和系统的法律与社会平等的要求，它要纠正的是根深蒂固的、历史性的种族偏见，而移民政策改革运动主要针对的是东南欧裔美国人和亚洲人面临的歧视，但是，她也直言，两个运动存在诸多共同之处：它们共享一个新的社会科学理念（种族主义是伪科学理论），都致力于激发大众情感和进行民主动员，也都得到白人自由主义精英的支持。[2] 因此，从这个角度讲，民权运动的发展壮大为废除民族来源限额体制提供了动力，彰显并最终强化了移民政策改革的合理性。[3] 尤其重要的是，1964 年，民权运动取得了一项立法性成果，即《民权法

---

[1] Dilchoda N. Berdieva, Presidential Politics of Immigration Reform, Ph.D. Diss., Miami University, 2003, p. 41.

[2] Mae M. Ngai, *Impossible Subjects: Illegal Aliens and the Making of Modern America*, Princeton: Princeton University Press, 2004, pp. 228-229.

[3] Danielle Battisti, Relatives, Refugee, and Reform: Italian American and Italian Immigration During the Cold War, 1945-1965, Ph.D. Diss., State University of New York, 1996, p. 325.

案》。该法案第六条明确规定，禁止联邦资助的项目和活动实行以种族、肤色或国籍为基础的歧视政策。可以说，无论从历史还是现实政治的视角来看，1964年《民权法案》都是一个分水岭。在此之前，联邦政府所通过的规章法案都是有关具体事物的种种规定和标准，如铁路、波长、食品和药物，以及度量衡的标准等，而《民权法案》则是一个新的起点，其目的是改变美国人的习俗和态度，<sup>①</sup> 这里的"习俗和态度"就是指"以种族、肤色或国籍为基础的歧视"。因此，可以说，1964年《民权法案》的出台将阻挡自由的壁垒推向了瓦解的边缘。如果说在此之前种族主义的衰落还只是一股社会潜流、一部分人的认知、一种限于道德层面的态度，那么，随着《民权法案》的出台，种族主义态度已经变成一种违法行为。相应地，建立在种族主义基础之上的民族来源限额体制也因此彻底失去可信性、合法性。正是在这一有利的社会和法律氛围之下，自由主义改革派着手展开一项废除民族来源限额体制的计划。

正如有的学者所认为的那样，试图在民权运动与移民政策改革之间建立一种精确的关系是非常困难的。但是，毫无疑问，为非裔美国人带来公正的民权运动，更有力地推动了美国人重新思考族裔多样性与国家团结之间的关系。<sup>②</sup> 20世纪50~60年代，作为"民权运动"和"权利革命"的结果，多元文化主义在美国社会兴起。"多元文化主义"承认群体差异，强调群体认同，推崇尊重其他文化传统，因而挑战了美国教育领域长期存在的"文化压迫"，冲击了"盎格鲁–撒克逊文化"一支独大的地位，最终减少乃至消除种族主义的偏见。在哲学和文艺批评领域，文化多元主义提倡各种文化之间的平等和相互影响。在国家关系领域，它则呼吁建立一种世界范围内相互认可和尊重的文化和政治关系。<sup>③</sup> 在这样的社会和文化氛围下，美国社会对少数族裔群体包括外来移民的包容性无疑将会大大增

---

① 〔美〕西奥多·怀特：《美国的自我探索》，中国对外翻译出版公司，1985，第126页。

② Mary M. Kritz, *U. S. Immigration and Refugee Policy*, Lexington: D.C. Heath and Company, 1983, p. 304.

③ 王希：《多元文化主义在美国的起源、发展及其面临的挑战》，《中国社会科学报》2010年2月4日，第7版。

加。无疑，"移民政策改革从民权运动中汲取了剩余的能量"。约翰逊也激动地宣称："伟大社会的变化往往会在激烈活动的时期迅速到来。我认为我们正处在这样一个变化的时期。投票权和移民问题正在走向舞台的中央，需要采取行动的时刻已经到来。"①

总而言之，伴随着民权运动的深入展开及随后美国多元文化主义的发展，20 世纪 20 年代美国所确立的以追求种族和文化同质性为目标的移民政策与时代发展潮流越发背道而驰。

## 二　良好的经济环境和社会舆论

至 20 世纪 60 年代，民族来源限额体制已经被大众媒体视作时代的错误而加以大力批判。公众对移民政策的态度也日渐明朗化。战后进行的多次民意测验表明，美国人中希望接收更多移民的比例通常在 4% 至 6% 之间徘徊，从未超过 8%。但是，60 年代，受访的美国人中希望减少移民入境的比例明显下降。1965 年 7 月至 8 月的一项盖洛普调查显示，美国公众中只有 1/3 的人声称希望减少外来移民。②与此同时，美国公众对于移民政策的态度也大为改变。比如，1965 年的一项调查表明，超过一半的受访者支持改变民族来源限额体制，只有 32% 的人持反对意见。③强硬的保守主义者弗朗西斯·沃尔特甚至在 1961 年提交了一项改革议案，尽管他没有呼吁完全终止民族来源限额体制，但认可了 50 年代自由主义改革派所提出的将未用限额汇总后重新分配的方案。而此前他对这一方案持强烈反对意见。④

---

①　Dilchoda N. Berdieva, Presidential Politics of Immigration Reform, Ph.D. Diss., Miami University, 2003, p. 61.

②　Edwin Harwood, "American Public Opinion and U. S. Immigration Policy," *Annals of the American Academy of Political and Social Science*, Vol. 487, 1986, pp. 202-203.

③　Philip Eric Wolgin, Beyond National Origins: The Development of Modern Immigration Policy-making, 1948-1968, Ph.D. Diss., University of California, Berkeley, 2011, p. 48.

④　Stephen Thomas Wagner, The Lingering Death of the Nation Original Quota System: A Political History of United States Immigration Policy, 1952-1965, Ph.D. Diss., Harvard University, 1986, pp. 366-368.

沃尔特态度的转变充分说明，保守主义阵营已经在维护民族来源限额体制问题上产生动摇。显而易见，进入 60 年代后，移民政策改革已远非是否废除民族来源限额体制的问题，而是何时及如何废除的问题。①

　　宽容的社会舆论与良好的经济环境是密切相关的。总体来讲，战后 20余年，美国经济基本经历了持续的高速发展与繁荣。虽然在 50 年代出现几次短暂的经济衰退，但都很快恢复。发生在 1957 年的最后一次经济衰退在 1958 年开始恢复，1959 年，美国经济在生产和收入方面已达到其历史最高水平。进入 60 年代后，美国经济持续稳定增长，尤其是 1963~1966年连续三年经济增速为 6%。经济的扩张使大多数美国人的经济收益增加。1962~1965 年，美国人税后的平均个人收入增长 17.5%。以上都为移民政策改革创造了良好环境。与此同时，美国的失业率持续下降，从 1963 年的 5.7% 下降到 1964 年的 5.2%，至 1965 年已下降到 5.0%。② 此外，伴随着经济繁荣的是战后美国产业结构和经济结构的转型。在工业领域，对工会来讲，最具挑战性的问题不再是外籍劳工的涌入，而是结构性变化对工会会员中数量较多的煤、钢领域的工人的打击，以及工业向南部和其他对工会怀有敌意的地区的迁移。③ 总而言之，进入 60 年代后，美国人对外来移民的态度普遍具有了较大的宽容性。在一般性的移民辩论当中，美国社会关于移民"抢夺"本土工人工作的质疑虽然依然存在，但已并不流行。


### 三　利益集团改革步调的一致化


　　不可否认，自 20 世纪 50 年代初以来，自由主义改革派共同的终极目标是废除民族来源限额体制。然而，在改革实践中，基于各自切身的现实

---

① David M. Reimers, *Still the Golden Door: The Third World Comes to America*, New York: Columbia University Press, 1992, pp. 82-83.

② *Economic Report of the President 1965*, Washington, D. C. : U. S. Government Printing Office, 1965, p. 3.

③ Aristide R. Zolberg, *A Nation by Design: Immigration Policy in the Fashioning of America*, Cambridge: Harvard University Press, 2006, p. 297.

利益，他们在改革策略和改革内容的先后顺序上一直存在分歧，尤其是不同族裔和宗教组织之间经常出现摩擦。在与保守主义者的对抗中，这种在改革步调上的不一致，在很大程度上削弱了自由主义阵营的力量。正如本书第三章所分析的那样，50 年代移民政策改革的进展缓慢与自由主义阵营内部的步调不一致有很大关系。但是，进入 60 年代以来，这种情况大为改变。各自由主义利益集团开始在改革策略和改革内容上走向统一，分散的力量逐渐形成一种合力，其中最为突出的代表就是美国意大利移民委员会的转变。该委员会组建于 1952 年移民法出台之际。组建之初，它就将废除民族来源限额体制作为其活动宗旨。然而，在当时保守主义势力强大及意大利人口问题严重的情况下，其选择一种"双向策略"，即一方面呼吁废除民族来源限额体制，另一方面又游说制定移民特别立法，而在实践当中，后者似乎更容易实现。因此，从某种程度上讲，无论是 1953 年难民法，还是 1957 年《难民－逃亡者法》，都是美国意大利移民委员会直接推动的结果。[①] 对意裔美国人来说，无论是游说美国接收难民移民，还是游说其以家庭团聚为由增加移民，都是解决更长远问题的一个短期策略。该组织的领导者对他们的行为解释道，为意大利移民所制定的特别立法将证明 1952 年移民法的无效性，进而有利于推动更为广泛的移民政策改革运动的展开。[②] 然而，时至 60 年代初，随着意大利经济的复苏、政治的民主化及与西方联系的日益紧密，意裔美国人要求意大利人以难民身份入美已经不具有合理性。尽管意大利南部经济依然很弱，但是共产党控制政权的可能性消失了。因此，白宫认为通过特别立法援助意大利的必要性已经降低。意裔美国人意识到形势的转变，开始调整策略，放弃了倡导难民救助的运动，转到致力于改革常规移民政策上来。应该说，意裔美国人从 50 年代将移民政策改革运动和难民救助运动平行展开，到 60 年代转向集中

---

① Yuki Oda, Family Unity in U.S. Immigration Policy, 1921-1978, Ph.D. Diss., Columbia University, 2014, p. 241.

② Carl J. Bon Tempo, *Americans at the Gate: The United States and Refugees During the Cold War*, Princeton: Princeton University Press, 2008, pp. 60-65.

精力进行废除民族来源限额体制的活动，对美国移民政策改革事业走向高潮起到了巨大推动作用。

另一个值得一提的少数族裔组织是日裔美国公民联盟。这个曾在1952年支持《外来移民与国籍法》的亚裔组织，从50年代中期以来也积极投入移民政策改革运动。50年代初期，该联盟为取得亚洲人移民和归化的权利，认可了1952年移民法中对民族来源限额体制的保留。然而，在通过该项法案获得与欧洲人"同等"的地位后，他们迅速参与到反对民族来源限额体制的斗争中来。1955年11月，在一次参议院听证会上，日裔美国公民联盟的代表麦克·增冈敦促废除民族来源限额体制，将其称为"公然的歧视框架"[①]。

由上可见，进入20世纪60年代以来，移民政策改革的外部环境已经渐趋成熟。新的时代风向为废除民族来源限额体制提供了动力；良好的社会舆论和经济环境减少了移民政策自由化改革的阻力；利益集团在改革目标上的步调一致增强了自由主义阵营的攻击力。天时、地利、人和的历史机遇，预示着彻底修改美国移民政策的时代已经到来。

## 第二节　突破移民政策的"新边疆"
### ——自由主义改革方案出炉

### 一　肯尼迪任职前期对移民政策的思考及有限作为

在美国历史上，肯尼迪是一位精力充沛的政治人物，无论作为参议员还是总统，他都堪称一位活跃的政治家。如前所述，从他的从政经历来看，他在移民政策改革方面的表现可圈可点，尤其是1956年之后，他积

---

① U. S. Congress, *Senate Hearing before Subcommittees on Immigration and Naturalization of the Committee on the Judiciary*, November 21, 22, 30 and December 1, 1955, Washington, D. C. : Ward & Paul, 1955, pp. 47-48.

极深入地参与移民政策相关的立法事务，逐渐成长为自由主义阵营中的新兴领袖。可以说，在 1960 年总统竞选期间，肯尼迪致力于移民政策改革的雄心达到顶点。他不但将移民作为竞选纲领中的一个重要议题，而且还首次在民主党竞选纲领中攻击民族来源限额体制，指责它是"一项故意歧视的政策"，既"与我们的建国原则相悖"，也"与我们的人权观念不一致"。[①] 正基于此，全国自由主义个人、社会组织及其他相关利益集团对他进行全力支持，协助他当选美国总统。正如学者阿里斯蒂德·佐尔伯格所言，移民及其后裔成为他（肯尼迪）获得选举的关键。[②]

毫不夸张地说，50 年代的移民政策改革经历使自由主义改革派的挫败感日益加重，而 1960 年肯尼迪的当选对于他们来讲算是一针强心剂。美国劳联 – 产联就曾抱怨，"自 1937 年以来，共和党和南部民主党组成的投票同盟已经控制了教育、社会福利、劳工、企业规则、民权、移民、税法及其他经济问题方面立法的基本决定。同样，资历制度使南部民主党能够阻挠以下领域的投票：批准调查'静坐'运动、反死刑立法、外侨救助及移民政策"[③]。

实际上，50 年代带给自由主义改革派极大挫败感的还有艾森豪威尔总统。诚然，艾森豪威尔从 1952 年竞选开始就谴责民族来源限额体制，并在上任之初推动制定了 1953 年难民法，但是，如前所述，纵观其 8 年的执政生涯，在移民政策改革问题上，他表现出来的更多的是冷漠敷衍和袖手旁观，这使自由主义改革派已经忍无可忍。[④] 因此，1960 年选举之后，

---

① Democratic Party Platforms, "1960 Democratic Party Platform", July 11, 1960，http://www.presidency.ucsb.edu/ws/index.php?pid=29600，访问时间：2017 年 6 月 20 日。

② Aristide R. Zolberg, *A Nation by Design: Immigration Policy in the Fashioning of America*, Cambridge: Harvard University Press, 2006, p. 327; Roger Daniels, *Guarding the Golden Door: American Immigration Policy and Immigrants Since 1882*, New York: Hill and Wang, 2004, p. 128.

③ Daniel J. Tichenor, *Dividing Lines: The Politics of Immigration Control in America*, Princeton: Princeton University Press, 2002, p. 207.

④ Stephen Thomas Wagner, The Lingering Death of the Nation Original Quota System: A Political History of United States Immigration Policy, 1952-1965, Ph.D. Diss., Harvard University, 1986, p. 222.

众议院民主党研究团体激动地说道，除艾森豪威尔政府时期外，总统在移民政策改革问题上一直持激进主义立场。而此时的白宫还没有就这一问题明确表态。[①]可以想象，在对前任总统和国会如此失望之余，一位积极活跃、行动力强并一直热衷于推动移民政策自由化的总统的上台，对自由主义改革派来说是多么欢欣鼓舞！他们完全有理由相信，移民政策改革实现突破的时刻已经到来。

然而，事件的发展似乎并没有预期的那样顺利。虽然背负着自由主义同盟殷切的期望，自身也怀有极大的干劲，但是，上任之后的肯尼迪陷入"身不由己"的窘境。学者们一般认为，外交事务缠身阻碍了肯尼迪在移民政策改革上大显身手。从某种程度上来说，事实的确如此。上任之后，肯尼迪的注意力集中在猪湾事件、太空竞争及外交关系、古巴导弹危机及民权运动，这一系列事件消耗了肯尼迪大部分的时间和精力，其根本无暇顾及移民政策改革问题，甚至在上任后发表的前两篇国情咨文当中，他根本没有提及移民问题。[②]然而，事实的真相往往是复杂而多面的，肯尼迪究竟是无暇顾及还是刻意为之，抑或二者兼具？肯尼迪是否真的在移民政策改革问题上毫无行动？对此，我们需要做深入探讨。第一，显而易见的是，肯尼迪在任职前两年对移民政策改革问题的"冷漠"的确有因外交事务缠身而无暇顾及的因素，但这绝不是唯一因素。实际上，他还有更为复杂的考虑。众所周知，肯尼迪虽然在1960年总统竞选中得到自由主义改革派的全力支持，顺利当选美国总统，但是，肯尼迪仅以微弱差距战胜了共和党总统候选人尼克松。因此，参众两院当选的民主党议员很少有人认为他们在国会中取得的席位得益于肯尼迪的影响力，因而与总统关系并不

---

① Daniel J. Tichenor, *Dividing Lines: The Politics of Immigration Control in America*, Princeton: Princeton University Press, 2002, p. 207.

② John F. Kennedy, "Annual Message to the Congress on the State of the Union", January 30, 1961, http://www.presidency.ucsb.edu/ws/index.php?pid=8045, 访问时间：2017 年 8 月 10 日；John F. Kennedy, "Annual Message to the Congress on the State of the Union", January 11, 1962, http://www.presidency.ucsb.edu/ws/index.php?pid=9082, 访问时间：2017 年 8 月 10 日。

亲密。甚至有人认为，正是因为肯尼迪的当选，民主党在众议院丢失了 22 个席位，而在参议院只增加了两个席位。[①] 在这种情况下，肯尼迪很难因当选总统而树立起在国会中的威望。与此同时，1960 年选举后，参众两院司法委员会移民与归化分委员会成员基本没有发生变化，依然分别处在强硬的保守主义者伊斯兰德和沃尔特的领导之下。他们都同样强烈地反对移民政策的任何改变。作为总统的肯尼迪意识到，在这样的环境下进行改革是非常冒险的。而且，更为重要的是，肯尼迪深知，虽然沃尔特在移民政策改革问题上立场保守，但是，在其他问题上，他凭借自身的影响力能够协助总统获得更多保守主义立法者的选票，而这些问题恰恰是肯尼迪认为更重要的。为此，总统当然不愿因移民政策改革问题得罪沃尔特。[②] 因此，应该说，肯尼迪上任后对移民政策改革问题的"冷漠"态度在很大程度上是其权衡利弊的结果，并不是放弃移民政策改革事业。

第二，如果换一个角度来看，肯尼迪并非如学者们所通常强调的那样，在移民问题上举步不前或者对其忽略。实际上，早在 1958 年，肯尼迪就出版了一本自己的著作——《移民国家》。正如他本人在书中所言，出版此书的目的是，使人们熟知历史上移民对美国生活做出的巨大贡献。这一认知对推动废除移民法案中歧视性内容的努力是极为重要的。[③] 肯尼迪就任总统后，也从未停止对移民政策改革问题的思考。首先，针对 50 年代未能很好发挥政策机构职能的国务院安全与领事事务局，上任后的肯

---

① Gerhard Peters, "Seats in Congress Gained or Lost by the President's Party in Presidential Election Years, From Roosevelt to Trump", December 6, 2016, http://www.presidency. ucsb.edu/data/presidential_elections_seats.php, 访问时间：2017 年 9 月 16 日；Stephen Thomas Wagner, The Lingering Death of the Nation Original Quota System: A Political History of United States Immigration Policy, 1952-1965, Ph.D. Diss., Harvard University, 1986, p. 362.

② Stephen Thomas Wagner, The Lingering Death of the Nation Original Quota System: A Political History of United States Immigration Policy, 1952-1965, Ph.D. Diss., Harvard University, 1986, p. 364.

③ John F. Kennedy, *A Nation of Immigrants(Revised and Enlarged Edition)*, New York: Harper & Row Publishers, 1964, p. ix.

尼迪用了两年的时间物色了一个在移民事务上有丰富经验的人来领导这一机构，为移民政策改革创造条件。最终，在难民、签证、护照及移民方面的权威人物——阿巴·施瓦茨成为他的最佳人选，[1] 随着 1962 年施瓦茨代替前安全与领事事务局局长斯科特·麦克劳德成为该部门新的负责人，国务院成为移民政策改革的积极支持者。[2] 肯尼迪之所以重用施瓦茨，不仅是因为他是一名在难民和移民事务上有着丰富经验的自由主义律师，更为重要的是因为施瓦茨与众议院保守主义领袖沃尔特的私人关系良好。肯尼迪试图通过重用这样一位既经验丰富又易于与保守主义者沟通的人物，缓和移民政策改革中对立双方的敌对氛围。[3] 其次，1961 年 2 月，上任伊始，肯尼迪总统就与当时还是其法律顾问的施瓦茨讨论过移民政策改革问题，并指示他向众议院司法委员会移民与归化分委员会主席弗朗西斯·沃尔特探询移民政策改革的所有可能的选项。同时，肯尼迪要求施瓦茨与司法部长罗伯特·肯尼迪合作，共同准备一项综合性移民政策提案。[4] 以上事实说明，就任总统的前两年，肯尼迪并没有完全放弃移民政策改革事业，而是以一种较为隐蔽的方式，艰难而缓慢地为改革做准备。当然，从公开场合来看，肯尼迪的确无所作为。他本人对此也颇有挫败感。在与施瓦茨的谈话中，他曾说道："我对我们作为一个警察国家感到厌恶。你知道我想建立一个开放的社会，人们可以实现在国内和国际迁移自由的最大化。我希望建立一项新的移民政策。"[5]

---

[1]　Dilchoda N. Berdieva, Presidential Politics of Immigration Reform, Ph.D. Diss., Miami University, 2003, p. 36.

[2]　Philip Eric Wolgin, Beyond National Origins: The Development of Modern Immigration Policymaking, 1948-1968, Ph.D. Diss., University of California, Berkeley, 2011, p. 45.

[3]　Stephen Thomas Wagner, The Lingering Death of the Nation Original Quota System: A Political History of United States Immigration Policy, 1952-1965, Ph.D. Diss., Harvard University, 1986, pp. 317-318, 373-375.

[4]　Dilchoda N. Berdieva, Presidential Politics of Immigration Reform, Ph.D. Diss., Miami University, 2003, p. 40.

[5]　Dilchoda N. Berdieva, Presidential Politics of Immigration Reform, Ph.D. Diss., Miami University, 2003, p. 40.

从肯尼迪的言谈中，我们可以感受到，他致力于移民政策改革的初心并未随其当选总统而发生变化。而且，他在幕后进行的国务院重要人事调整及亲自推进的综合性移民法案的起草酝酿，都为之后的改革奠定了基础。经过两年之久的拖延之后，肯尼迪终于决定去开辟美国移民政策改革的"新边疆"，白宫开始在移民政策改革问题上发力了。

## 二　白宫倡导下自由主义改革方案的出炉

如第二章所述，自 1952 年《外来移民与国籍法》出台以来，自由主义改革派虽然曾将改革推向激进化阶段，提出废除民族来源限额体制的立法，但毕竟只是昙花一现。纵观 50 年代，自由主义改革派主流认同的改革方案始终是修改民族来源限额体制，而不是将其废除。杜鲁门和艾森豪威尔总统虽均反对这一体制，但也都未曾提出废除它的要求。就在整个自由主义阵营弥漫着一种挫败感之时，肯尼迪以一个改革者的形象出现在美国政坛，并成为美国总统，自由主义改革派感受到了希望之光。然而，被寄予厚望的肯尼迪在就任总统后的前两年并没有在具体立法程序上对移民政策改革有所推进。这自然引发了自由主义改革派的极度不满。他们或采用各种方式向总统施压或独自采取行动推动立法，这使肯尼迪承受了巨大的压力。

面对肯尼迪总统的无动于衷，自由主义民间社会组织、少数族裔团体及国会中的自由主义改革派议员几乎同时发难，"逼迫"总统尽快采取行动，兑现竞选诺言。1961 年 4 月 15 日，美国劳联－产联、全国移民改革委员会（其成员包括前总统杜鲁门和艾森豪威尔）及各种代表少数族裔群体（尤其是意大利人、希腊人和日本人）的组织进行抗议，领导抗议的领袖们"对建立在民族来源基础上的限额体制进行批判并以此为耻"。1961 年 7 月 31 日，美国移民与公民大会主任委员会主席催促肯尼迪"领导制定一项与上次民主党和共和党竞选纲领相一致的非歧视的、人道主义的移民政策"。这一声明得到宗教团体、劳工组织、民族团体和社会福利机构

50个代表的签名。此外，美国移民与公民大会和国会的若干两党成员，在改革问题上密切合作。前者成员负责向国会政策制定者以新闻稿件、大会和年会的形式提供信息。移民与公民大会成员还通过与不同群体会面，帮助改变公众对移民的认知，并对他们进行教育。少数族裔群体通过这些方式共同为改革开拓了另一条途径。[①]

　　与此同时，在没有总统领导的情况下，国会自由主义议员独立展开推动立法的活动，其中具有代表性的是来自密歇根的参议员菲利普·哈特所提交的议案。菲利普·哈特于1959年1月进入参议院，他支持劳工组织为民权、医疗保险、联邦住房及社会保障而进行的斗争，并坚信联邦政府必须对弱势群体的要求做出回应。哈特为人"和蔼、公正、有耐心且乐于赞美人"。其参议院同事将他描述为"真诚、勇敢，内心优雅，外在绅士"，甚至将其称作"参议院的良心"。相应地，在移民政策改革问题上，他也展现出了与他的政治追求及人品相一致的态度，认为"一项建立在偏见基础上的政策，不应该出现在我们的法律书籍中"。[②] 因此，1962年，哈特提出一项新的移民改革议案，要求将每年的最高限额定为25万个，以过去15年里各国移民的人口比例和移民模式为分配限额的基础。但是，这一方案只得到了25名参议员的支持。[③]

　　在多方施压之下，1963年1月24日，在一次记者招待会上，肯尼迪自上任以来首次就移民政策改革问题发声。他声称，政府正在考虑移民问题并将提出一项将未用限额汇总后重新分配的方案。[④] 在白宫声明的鼓励之下，88届国会履职后，大量修改1952年移民法的议案被提出，其中最

---

① Dilchoda N. Berdieva, *Presidential Politics of Immigration Reform*, Ph.D. Diss., Miami University, 2003, pp. 53-54.

② Danielle Battisti, *Relatives, Refugee, and Reform: Italian American and Italian Immigration During the Cold War, 1945-1965*, Ph.D. Diss., State University of New York, 1996, p. 346.

③ Edward P. Hutchinson, *Legislative History of American Immigration Policy, 1798-1965*, Philadelphia: University of Pennsylvania Press, 1981, p. 353.

④ John F. Kennedy, "The President's News Conference", January 24, 1963, http://www.presidency.ucsb.edu/ws/index.php?pid=9398, 访问时间：2017年5月15日。

具代表性的依然是参议员哈特的议案，其于 1963 年 2 月 7 日提交了一项移民政策改革议案。[①] 在国会的演讲中，哈特解释道，新的法案将"废除以种族和民族为基础对移民随意设置的障碍。一项以平等为基础的新的框架将取而代之"。与上一年提交的议案不同的是，在此项议案中，他强调技术移民优先。他认为，"从历史上来讲，移民是美国发展的动力"，技术移民有益于这个国家。"今天美国依然需要能对我们的复杂的科技型经济做出贡献、接受过培训及拥有技能的人"。因此，拥有知识、技能和天赋的人是应该享有入境优先权的。[②] 哈特的方案得到了多达 34 名两党参议员的支持。美国意大利移民委员会和其他意裔美国人组织及 60 个移民援助组织也支持这一提案，并将各自的支持信邮寄到肯尼迪总统的办公室。[③] 虽然哈特议案依然未获得被提交国会讨论的机会，但是，它所产生的影响对肯尼迪形成了不小的压力。

1963 年 5 月 31 日，发生了一个重要的偶然性事件，国会中"后麦卡伦时代"的保守主义阵营核心人物沃尔特去世。沃尔特的去世成为肯尼迪政府移民政策改革的分水岭事件。两个月后，也就是 1963 年 7 月 23 日，肯尼迪终于打破了长久以来的沉默，以一份特别电文的方式，向国会直接提出废除民族来源限额体制的要求。这是肯尼迪就任总统以来首次明确提出这一改革要求。同时，他也成为美国历史上首位公开提出这一主张的总统。因此，此电文一般被视作开启修改移民法案历程的决定性推动力。它开启了战后美国移民政策改革的新阶段。[④] 这同时也表明，经过十几年迂回曲折的改革进程后，自由主义改革派终于回到初衷，直

---

① Edward P. Hutchinson, *Legislative History of American Immigration Policy, 1798-1965*, Philadelphia: University of Pennsylvania Press, 1981, p. 357.

② Dilchoda N. Berdieva, Presidential Politics of Immigration Reform, Ph.D. Diss., Miami University, 2003, p. 50.

③ Danielle Battisti, Relatives, Refugee, and Reform: Italian American and Italian Immigration During the Cold War, 1945-1965, Ph.D. Diss., State University of New York, 1996, pp. 346-347.

④ Departments of Justice, Labor, and State, *Staff Report of Interagency Task Force on Immigration Policy*, Washington, D. C. : U. S. Government Printing Office, 1979, p. 49.

接要求废除民族来源限额体制。肯尼迪为什么在 1963 年 7 月 23 日发布这样一份具有重大里程碑意义的电文？学者们往往强调沃尔特去世这一偶然性事件对肯尼迪行动的决定性影响。[1] 诚然，沃尔特作为众议院中保守主义阵营的核心人物，的确一直对肯尼迪影响很大。肯尼迪在作为参议员时就一直不敢轻易冒犯他。就任总统后，肯尼迪也一直谋求与他在很多问题上的合作。因此，可以说，沃尔特的去世为肯尼迪大刀阔斧地开展移民政策改革扫除了一个巨大的后顾之忧。然而，通过上文分析，我们可以看到，在肯尼迪做出决定之前的两年时间里，宗教和少数族裔组织等利益集团及国会中的自由主义议员一直在不断地向他施压，肯尼迪也做出将要改革的表态。因此，从这个意义上说，沃尔特的去世在很大程度上是推动肯尼迪展开改革行动的导火索。而 60 年代以来各方对改革的强烈诉求才是更为根本的动因所在。或者更为确切地讲，肯尼迪直接倡导废除民族来源限额体制的行动绝不是由单一因素推动的结果，而是各利益集团的敦促、自由主义议员的施压及诸如沃尔特去世这样的偶然因素叠加作用下的结果。

作为开启移民政策改革新阶段的宣言书，肯尼迪在 7 月 23 日的电文中，首先对民族来源限额体制进行了彻底的否定和批判。他认为：

> 这一体制以 1920 年美国人口的民族来源构成为基础，但以 1920 年人口统计为基础是一个武断的决定。民族来源限额体制既无逻辑也无理由。它既不能满足国家需要，也不能实现外交政策目标。在一个各国互相依赖的时代，这种制度是错误的，因为它以偶然的出生地为

---

① Yuki Oda, Family Unity in U.S. Immigration Policy,1921-1978, Ph.D. Diss., Columbia University, 2014, p. 257; Edward P. Hutchinson, *Legislative History of American Immigration Policy, 1798-1965*, Philadelphia: University of Pennsylvania Press, 1981, p. 351; David M. Reimers, *Still the Golden Door: The Third World Comes to America*, New York: Columbia University Press, 1992, p. 65.

移民申请进入美国的基础，……（制造了）人和国家之间的歧视。①

因此，肯尼迪提出，"民族来源限额体制是最急迫需要改革的"。在肯尼迪看来，移民一直是美国"有价值的力量来源"。他建议，移民入境政策应该从民族来源限额体制变成一种以掌握美国所需技能和寻求家庭团聚为基础接收移民的方式。用肯尼迪的话来说，这些人"拥有增加美国福祉的最大能力"②。7月24日，参议员哈特和众议员塞勒根据总统的建议分别在参众两院提交相应议案。议案主要内容包括：利用五年的过渡期，以一项新的限额分配体制代替民族来源限额体制；立即废除"亚太三角区"条款，将亚洲人与其他国家的人同等对待；保留西半球独立国家移民非限额移民的身份，并将此扩展到新独立的加勒比海国家，废除了1952年移民法中为他们设置的最高数量为100个的限额。其他具体内容包括：每年最高限额增加10%，达到约16.5万个；将美国公民的父母纳入非限额类别；每个移民来源国每年入境数量不能超过总限额的10%。为了应和哈特议案中的国际主义视野，政府议案为难民预留了20%的入境名额。③应该说，这项政府议案成为1965年《外来移民与国籍法修正案》的雏形。

议案提出后，在少数族裔组织中引起了强烈反响。因为肯尼迪在电文中特别强调了意大利人和希腊人在移民政策中所受的伤害，要求将意大利移民限额增加3倍并承诺废除移民政策中的种族和民族歧视，④政府议案尤

① John F. Kennedy, "Letter to the President of the Senate and to the Speaker of the House on Revision of the Immigration Laws", July 23, 1963, http://www.presidency.ucsb.edu/ws/index.php?pid=9355, 访问时间：2017年5月15日。

② John F. Kennedy, "Letter to the President of the Senate and to the Speaker of the House on Revision of the Immigration Laws", July 23, 1963, http://www.presidency.ucsb.edu/ws/index.php?pid=9355, 访问时间：2017年5月15日。

③ Edward P. Hutchinson, *Legislative History of American Immigration Policy, 1798-1965*, Philadelphia: University of Pennsylvania Press, 1981, p. 360.

④ John F. Kennedy, "Letter to the President of the Senate and to the Speaker of the House on Revision of the Immigration Laws", July 23, 1963, http://www.presidency.ucsb.edu/ws/index.php?pid=9355, 访问时间：2017年5月15日。

其得到了美国意大利移民委员会的欢迎。该组织为表达对政府议案的热情支持，专门在华盛顿召开研讨会。肯尼迪参加了研讨会并在会上与委员会成员代表握手，向在座的 250 名代表承诺立即支持移民政策改革，废除民族来源限额体制。同时与会的其他政府官员和一些律师也承诺支持移民政策改革。①

政府议案也得到参众两院两党多数人的支持。然而，参议院保守的司法委员会主席、来自密西西比的参议员詹姆斯·伊斯兰德坚决反对废除原有政策中的种族障碍，尤其是针对西印度群岛黑人移民的条款，并动员南部民主党和保守的共和党联盟共同反抗。民主党众议员、来自俄亥俄的迈克尔·费汉，作为沃尔特之后的众议院司法委员会移民与归化分委员会主席，虽然比他的前任在移民政策改革上态度温和一些，但是与他的前任一样，他也质疑移民中的"共产党人"和"颠覆分子"。同时，他和司法委员会主席塞勒存在世仇，与肯尼迪的关系更为糟糕，② 这些都成为他反对新议案的因素。在保守的委员会领导的压制之下，直到 1963 年末，即肯尼迪总统被暗杀之前，政府议案仍然被搁置在参众两院委员会中。费汉以"公众对移民政策改革关注甚微"为理由，严重拖延听证会的举行。③ 移民政策改革的前景陷于扑朔迷离之中。

可以说，从立法的角度来讲，肯尼迪政府时期依然和艾森豪威尔政府时期一样，并未取得实质性进展。但是，1963 年肯尼迪的电文及参众两院自由主义议员提交的相应议案，以及它们在参众两院得到的两党多数人的支持都充分表明，战后美国移民政策改革已经进入一个新阶段，民族来源限额体制已经被推向覆亡的边缘。

---

① Danielle Battisti, Relatives, Refugee, and Reform: Italian American and Italian Immigration During the Cold War, 1945-1965, Ph.D. Diss., State University of New York, 1996, p. 348.

② Aristide R. Zolberg, *A Nation by Design: Immigration Policy in the Fashioning of America*, Cambridge: Harvard University Press, 2006, p. 381.

③ U. S. Congress, *Legal Immigration to the United States: A Democratic Analysis of Fifth Preference Asia Admissions*, Washington, D. C. : U. S. Government Printing Office, 1987, p. 9.

## 第三节 "伟大社会"背景下《外来移民与国籍法修正案》的诞生

### 一 约翰逊移民政策观的自由化转向及初步实践

在吹响彻底修改移民政策、废除民族来源限额体制这场战争号角的同时，肯尼迪总统决定修改并再次出版他的著作——《移民国家》，将此作为即将到来的立法斗争的武器。[①] 然而，一切有条不紊的行动随着一声枪响戛然而止。1963 年 11 月，肯尼迪总统在得克萨斯州达拉斯市被刺杀。随即，副总统林登·约翰逊成为美国总统。肯尼迪的突然离去对自由主义改革派形成巨大冲击。他们不仅为失去一位自由主义总统扼腕叹息，更为美国移民政策改革事业未来走向的不确定性而心急如焚。美国意大利移民委员会的领袖直言，他们"失去了一位特殊的朋友"[②]。不仅如此，面对新上任的约翰逊总统，自由主义改革派有足够的理由担心移民政策改革的前景。第一，约翰逊曾经投票支持 1952 年移民法并积极反对杜鲁门总统对法案提出的否决。[③] 第二，1955~1960 年任参议院多数党领袖期间，约翰逊在移民政策改革问题上依然持保守态度。他所代表的得克萨斯州只拥有少数东南欧血统的居民。那里的选民在移民问题上更偏于保守。因此，与许多政治家一样，约翰逊不愿违背其选民的意愿。在一封给其选民的回信中，约翰逊曾说道："我向您保证，我将密切关注任何修改这一法案（指

---

① John F. Kennedy, *A Nation of Immigrants(Revised and Enlarged Edition)*, New York: Harper & Row Publishers, 1964, p. ix.

② Danielle Battisti, Relatives, Refugee, and Reform: Italian American and Italian Immigration During the Cold War, 1945-1965, Ph.D. Diss., State University of New York, 1996, p. 349.

③ Aristide R. Zolberg, *A Nation by Design: Immigration Policy in the Fashioning of America*, Cambridge: Harvard University Press, 2006, p. 329.

《外来移民与国籍法》）的提案。"① 纵观约翰逊的从政履历，可以看出，他在移民政策改革问题上是一个十足的保守主义者。这无疑为移民政策改革蒙上了一层阴影。

然而，值得注意的是，约翰逊身上也存在有利于改革的迹象。其一，他对种族歧视非常敏感。有学者指出，他曾在 1938 年帮助犹太人逃离希特勒的魔爪。② 其二，约翰逊曾投票支持 1953 年难民法和 1957 年《难民－逃亡者法》，这说明他在接收移民问题上具有相对的灵活性。其三，也是最重要的一点，约翰逊和肯尼迪的感情非常好，这势必有利于约翰逊保持与肯尼迪一致的政策主张。1960 年总统选举中，肯尼迪推荐约翰逊作为副总统候选人。在 1963 年的一次记者招待会上，肯尼迪曾表示，如果明年（1964）再次参加竞选，他将依然选择约翰逊作为竞选搭档。而在面对记者所提出的如何对待约翰逊可能会出现在总统候选人名单中这一问题时，肯尼迪也表示，他并不排斥。同时，约翰逊也同样毫不吝啬地表达对肯尼迪的感情。他曾说道："我（约翰逊）个人对他（肯尼迪）的感情是仰慕、爱戴和尊敬。我始终认为总统对我的感情也是如此。"③ 可以说，约翰逊和肯尼迪之间的良好关系对约翰逊就任总统后履行前总统的意志会产生非常大的影响。尽管如此，约翰逊就任总统之初在移民政策改革问题上的沉默，依然引发了自由主义改革派的不安。他们决定对约翰逊就移民政策改革问题进行一番"教育"，④ 改变其在该问题上的观念。

自由主义改革派一开始试图通过直接游说的方式将约翰逊总统争取到

---

① Stephen Thomas Wagner, The Lingering Death of the Nation Original Quota System: A Political History of United States Immigration Policy,1952-1965, Ph.D. Diss., Harvard University, 1986, pp. 384-385.

② Dilchoda N. Berdieva, Presidential Politics of Immigration Reform, Ph.D. Diss., Miami University, 2003, p. 58.

③ 〔美〕林登·贝·约翰逊:《约翰逊回忆录》，复旦大学资本主义经济研究所编译组节译，上海人民出版社，1973，第 3 页。

④ Dilchoda N. Berdieva, Presidential Politics of Immigration Reform, Ph.D. Diss., Miami University, 2003, p. 59.

自由主义阵营中来。承担这一任务的是前肯尼迪总统的顾问迈耶·费尔德曼与其他白宫官员。他们敦促约翰逊支持废除民族来源限额体制。然而，约翰逊对于自由主义改革派的游说非常抵触。首先，他认为这是一个不好的问题，可能会伤害其他改革计划；其次，约翰逊也顾虑到，他曾投票支持《外来移民与国籍法》，现在改变立场是非常尴尬的。最终，自由主义改革派直接游说的方式以失败而告终。为了帮助约翰逊克服心理障碍及促使他更多地从现实层面考虑，自由主义改革派改变策略，将目标锁定约翰逊总统身边的助手。费尔德曼与其他原肯尼迪身边的工作人员首先游说的是约翰逊的贴身助手、意裔美国人杰克·沃伦迪，试图让他去规劝约翰逊放宽移民政策。同时，国务院安全与领事事务局的施瓦茨也获得约翰逊的另一名亲密顾问比尔·莫耶斯的支持。这些白宫内部人士向约翰逊阐述了若干支持移民政策改革的理由。第一，它是肯尼迪所热衷的事业。他把它放在改革议程中最重要的位置。第二，意大利人、波兰人和犹太人比其他公众更可能根据移民政策改革问题进行投票。第三，民族来源限额体制与吉姆·克劳法一样损害了美国的国际声誉。第四，民族来源限额体制的存在明显与约翰逊的"废除这个国家中所有以种族和肤色为基础的歧视和压迫"的承诺相背离。[①] 实际上，就约翰逊本人来讲，前两点对他并没有太大的说服力。虽然约翰逊和肯尼迪之间感情深厚，并且，其自上任以来，一直致力于完成肯尼迪的未竟事业，但从他上任之初的行为来看，他更关注消除贫困问题和民权问题。[②] 对于选票问题，约翰逊也并不是很在意。从其回忆录来看，从 1960 年成为副总统候选人到后来成为美国总统，约翰逊一直处于相对消极被动的状态。从他内心来讲，对于总统职位是缺乏足够热情的。而且，直到 1964 年前几个月里，对于是否参加 1964 年总统

①　Daniel J. Tichenor, *Dividing Lines: The Politics of Immigration Control in America*, Princeton: Princeton University Press, 2002, p. 213.

②　〔美〕林登·贝·约翰逊:《约翰逊回忆录》，复旦大学资本主义经济研究所编译组节译，上海人民出版社，1973，第 31 页。

竞选，他内心还一直游移不定。① 所以选票对于刚接任总统的约翰逊来讲也很难形成足够吸引力。最终打动约翰逊的是后两点理由，即移民政策和政府最突出的外交政策及民权目标之间的联系。其助手沃伦迪曾回忆道，"总统最终认识到，现有移民法案，尤其是创立于几十年前的以种族主义为基础的民族来源限额体制，与民权和种族公正是不和谐的。"②

在白宫官员通过"教育"帮助约翰逊扭转其移民政策观念的同时，少数族裔组织也以各种方式向约翰逊政府施压，推动其支持肯尼迪总统提出的移民政策改革方案。1963 年末，美国意大利移民委员会芝加哥分部举行了大型集会，超过 5000 名意裔美国人参加了此次会议。与会者代表了 40多个意裔美国人组织。而且，参加者中还有该地区一些重要的政治领袖。在集会上，与会代表们谴责美国移民政策是对"东南欧人的一种根本性歧视"。他们强调，意大利移民对美国文化和城市发展做出了贡献并保持了对美国的忠诚，但是，却在限制性的移民法案中遭受不公。集会结束后，委员会将整个集会的相关材料送到立法者手里，证明意裔美国人选民对移民政策改革的普遍支持。最终，在自由主义改革派的游说和施压之下，约翰逊决定支持移民政策改革。在就任总统的一个月后，他与其助手沃伦迪和美国意大利移民委员会的负责人及其他改革派会面，承诺将致力于推动肯尼迪总统的移民政策改革事业。③

观念的改变推动约翰逊迅速付诸实际行动。1964 年 1 月 8 日，在向国会发布的第一篇国情咨文中，他明确表达了自己的态度：

我们必须通过立法，禁止对那些寻求进入我们国家的人的歧视，

---

① 〔美〕林登·贝·约翰逊：《约翰逊回忆录》，复旦大学资本主义经济研究所编译组节译，上海人民出版社，1973，第 34 页。

② Daniel J. Tichenor, *Dividing Lines: The Politics of Immigration Control in America*, Princeton: Princeton University Press, 2002, pp. 212-213.

③ Danielle Battisti, Relatives, Refugee, and Reform: Italian American and Italian Immigration During the Cold War, 1945-1965, Ph.D. Diss., State University of New York, 1996, pp. 349-350.

尤其是那些具有我们所需技能和寻求家庭团聚的人。在建立优先体制的时候，一个由移民建立的国家可以问那些寻求入境的人一个问题："你能为你的国家做些什么？"而不应该问："你出生于哪个国家？"①

正如有的学者所言，将移民立法纳入第一篇国情咨文，这充分体现了约翰逊对移民政策改革问题的重视及改革当前法案的决心。②他几乎完全认同肯尼迪在 1963 年 7 月 23 日所提出的改革目标，即废除民族来源限额体制，建立一项以移民技能和家庭团聚为基础的移民入境体制。随后，为巩固在大城市少数族裔中所得到的支持，约翰逊召集关注移民和难民问题的组织代表在白宫会谈。出席者包括参众两院司法委员会移民与归化分委员会相关成员、国务院和司法部的一些官员、关注移民政策的私人组织和团体的领袖及若干媒体代表。在此次会议上，约翰逊明确宣称支持尚在国会委员会搁置的肯尼迪总统的提案，并强调要将移民入境的基础从民族来源变成移民个人的技能条件。在现场媒体面前，他催促立法者将美国移民法案修改得更加公平。同时，约翰逊提醒国会，自杜鲁门以来，每一任总统都认为现有的移民政策在与苏联的冷战斗争中伤害了这个国家。最后，约翰逊敦促国会制定一项"任人唯才"的入境政策。③在会议即将结束时，约翰逊上演了一出"图穷匕首见"的戏码，趁伊斯兰德不备，要求他向聚集的记者和移民倡导者团体发表讲话。在约翰逊的"逼问"之下，伊斯兰德不得不做出表态，告诉与会者，他正准备"仔细并且尽快地"对这个问

---

① Lyndon B. Johnson, "Annual Message to the Congress on the State of the Union", January 8, 1964, http://www.presidency.ucsb.edu/ws/index.php?pid=26787, 访问时间：2017 年 8 月 10 日。

② Dilchoda N. Berdieva, Presidential Politics of Immigration Reform, Ph.D. Diss., Miami University, 2003, p. 59.

③ Lyndon B. Johnson, "Remarks to Representatives of Organizations Interested in Immigration and the Problems of Refugees", January 13, 1964, http://www.presidency.ucsb.edu/ws/index.php?pid=26793, 访问时间：2017 年 5 月 20 日。

题进行研究。①可以说，通过这次白宫会议，约翰逊总统一方面再次将自己对移民政策改革的态度昭告天下，进一步体现了他对这一问题的关注；另一方面，通过公开的方式，约翰逊将国会中阻挠改革的保守主义者置于无法回旋的余地，"逼迫"他们配合改革的进行。这种政治策略的运用更彰显了约翰逊推进移民政策改革的决心。

在1964年接下来的时间里，约翰逊抓住一切机会表达他对新立法的支持。1964年4月22日，在一次编辑和广播员参加的会议上，他说道："移民法案在我的优先名单中处在很靠前的位置。"②9月18日，在与意裔美国人团体代表举行的一次白宫见面会上，约翰逊再一次表达了在本届国会通过新移民立法的期望。③约翰逊对移民政策改革问题的高度关注，有效地推动了国会对尚沉寂在委员会的政府议案有所行动。

## 二 移民政策改革立法进程的重启与再次受挫

如前所述，自加入自由主义阵营以来，约翰逊总统以切实的行动向保守主义者施压。在他的推动下，参众两院司法委员会移民与归化分委员会在1964年重新启动因肯尼迪去世而被搁置的移民政策改革的立法进程。

自二战结束以来，移民政策改革问题就成为政府和社会辩论中的一个重要议题。然而，在多次的辩论当中，自由主义改革派和保守主义者达成的一个默契是，民族来源限额体制作为决定外来移民入境的基本标准是不能改变的。自由主义改革派对该体制的批判不绝于耳，除1952年移民法

---

①　Daniel J. Tichenor, *Dividing Lines: The Politics of Immigration Control in America*, Princeton: Princeton University Press, 2002, p. 213.

②　Edward P. Hutchinson, *Legislative History of American Immigration Policy, 1798-1965*, Philadelphia: University of Pennsylvania Press, 1981, p. 364.

③　Lyndon B. Johnson, "Remarks on Immigration Policy to a Group Interested in the Verrazano-Narrows Bridge Commemorative Stamp", September 18, 1964, http://www.presidency.ucsb.edu/ws/index.php?pid=26511, 访问时间：2017年5月15日。

通过后所引发的自由主义改革派短暂的激进化改革运动之外，双方从未就民族来源限额体制的去留这一根本问题展开正面辩论。

1964 年 6 月 11 日至 9 月 17 日，众议院就 1963 年的政府议案举行听证会，揭开了 1960 年以来姗姗来迟的移民政策辩论的序幕。与之前的双方辩论不同的是，此次辩论的一个明显变化是自由主义改革派和保守主义者各自改革态度的实质性转变。因此，1964 年的辩论虽然没有产生立法成果，但是，仍可被称为 1965 年改革高潮的一次预演。它开启了通向制定 1965 年移民法的大门。[①] 然而，在学者们的相关叙事中，1964 年的这场辩论往往被忽略了。

参与此次听证会的包括政府官员、国会议员、爱国组织、宗教组织、退伍老兵组织及劳工组织等的代表及一些公民。从听证会收集的众多政府和非政府成员证人的证词来看，即使是最坚定的保守主义者也不再强硬地坚持原有的限额体制，而是同意对它进行某些修正。[②] 肯塔基国会议员弗兰克·谢夫是众议院司法委员会移民与归化分委员会民主党人中资历居于第二位的人物，他继续致力于对民族来源限额体制的维护。他说道："我想说，我在该委员会已经有 18 年的历史，我是民族来源理论的坚定信仰者。在我看来，民族来源限额体制与美国宪法是同类的。实际上，我们已经拥有一项可以不断进行修正的法案，这是该项体制最有力的论据。该法案并没有失效，我们可以通过修正来保持它的有效性。"然而，谢夫同时表示，愿意增加诸如希腊、中国这些限额严重不足国家的限额。移民与归化分委员会的两名西弗吉尼亚的共和党人阿奇·摩尔和理查德·波夫并没有明确表态，只是担忧塞勒提交的政府议案如果获得通过，将使每年的移民增加

---

① U. S. Congress, *Report of U.S.Immigration Law and Policy:1952-1986*, 100th Congress, 1st Session, Washington, D. C. : U. S. Government Printing Office, 1988, p. 49.

② U. S. Congress, *House of Representatives Report No.745, Amending the Immigration and Nationality Act, and For Other Purposes*, 89th Congress, 1st Session, 1965, p. 10, http://infoweb. newsbank.com/, 访问时间：2012 年 6 月 15 日。

100 万人。①

自由主义阵营则展现出了与保守主义者不一样的态度。他们态度坚决地要求废除民族来源限额体制。民主党人皮特·罗蒂诺，代表新泽西纽瓦克意裔美国人众多的选区，在听证会上明确表达了废除民族来源限额体制的意愿。② 国务卿迪安·腊斯克宣称，建立在种族基础上的限额的使用，"从外交政策的角度来讲是站不住脚的"。他又说道，当前的体制日益变得不重要，因为国会不断通过难民特别立法，允许逃离各种危机的移民进入美国。腊斯克指出，实际上只有 1/3 的移民是在民族来源限额体制的框架下进入美国的。③ 此外，腊斯克还依据一份评估数据指出，新法案的制定将使每年移民比现在实际移民数量多出大约 6.3 万人。但是，因为现在每年大约有 5 万个限额被浪费掉，所以，在新法案下每年多接收的移民仅有约 1.3 万人。司法部长罗伯特·肯尼迪也强调，新法案将不会引发整体移民数量的大规模增加。但是，他也谈道，来自某些国家的移民将会增加。劳工部长威拉德·沃茨同样向移民与归化分委员会保证，政府的议案如果被通过，美国的工人不必担心他们的工作。④

美国意大利移民委员会主席马尔基西奥也作为少数族裔组织代表出现在 1964 年众议院的听证会上。他强调，移民政策中"人造的民族障碍"导致众多家庭处于分离的困境当中。这一障碍是"20 年代孤立主义的产物"，它和福特汽车一样已经过时了。此外，他还提出了一些熟悉的论点，

① Stephen Thomas Wagner, The Lingering Death of the Nation Original Quota System: A Political History of United States Immigration Policy, 1952-1965, Ph.D. Diss., Harvard University, 1986, p. 399.

② Stephen Thomas Wagner, The Lingering Death of the Nation Original Quota System: A Political History of United States Immigration Policy, 1952-1965, Ph.D. Diss., Harvard University, 1986, p. 399.

③ Robert L. Fleegler, A Nation of Immigration: the Rise of "Contributionism" in the United States, 1924-1965, Ph.D. Diss., Brown University, 2005, p. 243.

④ Stephen Thomas Wagner, The Lingering Death of the Nation Original Quota System: A Political History of United States Immigration Policy, 1952-1965, Ph.D. Diss., Harvard University, 1986, pp. 399-400.

比如移民政策损害了美国的声望和外交政策目标的实现，尤其是和北约盟国及在反共斗争中处于重要战略地位的国家的关系。此外，马尔基西奥还从意大利移民本身出发提出论据。他认为，意大利移民能成为理想的美国公民。二战中，他们在美国军队中服役的比例最高。他们能很好地被同化并为国家服务。马尔基西奥最终的结论是：总体而言，意大利移民是受欢迎的群体和负责任的公民。[①]

应该说，在1964年关于移民政策的辩论中，自由主义改革派明显占据了主导性地位。然而，费汉依然明确表态，从根本上来讲，他是不支持政府议案的。他表示：

> 时至今日，我们的听证会表明，关于我们应该制定什么样的移民政策这一问题是存在分歧的。支持 H.R.7700（塞勒提交的政府议案）的证词是不确定的，在一些重要方面，甚至是存在冲突的。很明显，国会需要对移民政策进行深入的研究、调查和公开听证。[②]

最终，政府议案未被委员会送交国会讨论，刚刚启动的移民政策改革立法进程再次受挫。总体来讲，以下因素导致了这一结果。第一，约翰逊虽然决定支持推进移民政策改革，但是，相比较而言，他更重视民权立法和消除贫困问题。他在回忆录中曾说道："当我坐在椭圆形办公室里考虑民权问题时，我认为，作为总统，作为一个人，我应该竭尽全力地为美国黑人赢得正义。我要把这件事搞得绝对没有商量的余地。"所以，在整个1964年，约翰逊一直在为《民权法案》的出台而奔波。实际上，早在1963年12月的一次记者招待会上，他就宣布，"在我们提出的明年（1964）

---

① Danielle Battisti, *Relatives, Refugee, and Reform: Italian American and Italian Immigration During the Cold War, 1945-1965*, Ph.D. Diss., State University of New York, 1996, pp. 351-352.

② U. S. Congress, *Legal Immigration to the United States: A Democratic Analysis of Fifth Preference Asia Admissions*, Washington D. C. : U. S. Government Printing Office, 1987, pp. 8-9.

的要求中，关于贫困问题的立法将请国会给予优先讨论"①。当然，1964 年也是大选年，参加总统竞选也占用了约翰逊的精力。第二，国会保守主义势力的强大。参众两院保守主义议员伊斯兰德和费汉都还牢牢控制着两院司法委员会移民与归化分委员会，他们采取了"有效的拖延策略"。除了举行漫长的听证会外，费汉于 1964 年 8 月 10 日又提出一项新议案，倡导"创建一个新的'专门移民委员会'为国会提供分配未用限额的建议"。很明显，费汉试图绕开自由主义改革派关于废除民族来源和"亚太三角区"条款的要求，而将改革议程拉回到修改限额体制的问题上来。然而，这种溯流而上的做法在 60 年代的环境下已经很难达成目的。虽然他的议案最终未被委员会采纳，但是，这一做法的确有效拖延并最终阻挠了政府议案送交国会讨论。②

从以上事实可以看出，时至 1964 年，保守主义者已经能够承认民族来源限额体制存在问题并同意对其进行修改，相对于 50 年代，这是一个质的转变。如前章所述，整个 50 年代，保守主义者对自由主义改革派提出的修改民族来源限额体制的要求是完全不接受的，任何对其稍有触碰的改革议案全部都被扼杀在委员会中。甚至在肯尼迪就任总统后的前两年，保守主义者对这一提法也是不予考虑。然而，在 1964 年听证会上，他们已经主动提出修改民族来源限额体制。同时，对于自由主义改革派来讲，此时的他们已经不满足于仅仅对民族来源限额体制进行修改，他们坚定地要求废除这一体制，以一项新体制取而代之。双方立场的转变充分反映了60 年代以来美国社会环境的深刻变化。总之，虽然第 88 届国会在移民政策改革问题上的行动止步于听证会阶段，但是，1964 年双方的辩论依然展现出了若干改革的新气象。而且，随着 1964 年选举的完成，保守主义者最终失去了制度性优势这根最后的救命稻草。

---

① 〔美〕林登·贝·约翰逊：《约翰逊回忆录》，复旦大学资本主义经济研究所编译组节译，上海人民出版社，1973，第 67~68 页。

② Edward P. Hutchinson, *Legislative History of American Immigration Policy, 1798-1965*, Philadelphia: University of Pennsylvania Press, 1981, p. 364 .

### 三 1965 年《外来移民与国籍法修正案》的出台

#### （一）改革的拐点——1964 年选举

在民权运动高歌猛进、越南战争日益加剧之时，美国迎来了 1964 年大选。这次选举对美国历史产生了怎样的影响，笔者在此很难评价。但是，就移民政策改革来讲，此次选举的确成为一个重要拐点，之前趑趄不前的移民政策改革的立法进程从此走上了快车道。

毫不夸张地说，1964 年选举引发了美国政府政治生态的大转向。不但支持移民政策改革事业的约翰逊在此次选举中取得了决定性胜利，更为重要的是，新选出的国会是自新政以来自由化程度最高的一届国会。[①] 此次选举选出的 65 名国会新成员中，很多来自民主党中的自由派。国会席位第一次被 200~215 名自由主义民主党人和至少 20 名共和党中的自由主义者所占据。而实际上，自由主义改革派只需要 218 人即可成为多数派。众议院中自由主义力量的增加还导致规则委员会的改变。多年来，4 名共和党保守派人士和 2 名保守的南部民主党人结成的联盟通常牢固控制了这个由 12 人组成的委员会，阻挠几乎所有自由主义提案送交国会大会讨论。1960 年选举之后，民主党研究团体（Democratic Study Group）竭尽全力推动众议院规则委员会改革，将其成员总数增加到 15 人，为自由主义议员提供了在其中成为多数派的机会。从此，自由主义改革的一个重要结构性障碍被废除了。[②] 在众议院中，自由主义领袖伊曼纽尔·塞勒领导来自都市及移民众多的选区的国会议员在前线展开斗争。在参议院中，赫伯特·汉弗莱、爱德华·肯尼迪、菲利普·哈特及约翰·帕斯顿等自由主义民主党人及共和党参议员雅各布·贾维茨等结成统一战线，积极推动移民政策

---

① Carl J. Bon Tempo, *Americans at the Gate: The United States and Refugees During the Cold War*, Princeton: Princeton University Press, 2008, p. 91.

② Daniel J. Tichenor, *Dividing Lines: The Politics of Immigration Control in America*, Princeton: Princeton University Press, 2002, p. 208.

改革。①

　　与此同时，1964 年选举后，参众两院司法委员会移民与归化分委员会也发生了重大的人事变化。众议院司法委员会人员构成从选举前的 21 名民主党人和 14 名共和党人，变成 24 名民主党人和 11 名共和党人，这一变化确保了委员会中的大多数成员支持政府议案。② 新任司法部长为费汉领导的移民与归化分委员会指派了 3 名新的民主党成员，其中两名因其所在选区的性质都会支持移民政策改革，另一名来自得克萨斯，是约翰逊的亲密盟友。③ 这一安排弱化了保守主义者对委员会的把持。而且，相比于沃尔特，此时的众议院司法委员会移民与归化分委员会主席迈克尔·费汉并不那么固执地坚持维护民族来源限额体制，而更容易接受改革。作为哈佛医学院法学专业毕业生，费汉于 1943 年进入国会。沃尔特去世后，他接替了众议院司法委员会移民与归化分委员会主席的职位。费汉所代表的选区克利夫兰周围有大量东南欧移民社区，因此，他必须小心翼翼地对待移民问题。这就为移民政策改革之门打开了一个小缝隙。然而，不容忽视的是，与其前任一样，费汉也是强硬的反共主义者，总体上支持对移民的限制。同时，他对自由主义者，如肯尼迪总统、国务院安全与领事事务局负责人施瓦茨及众议院司法委员会主席塞勒等怀有敌意。④ 此外，1964 年选举后，一些原来反对移民政策改革的成员从国会的重要位置离开。例如，在白宫的一系列斡旋之下，保守的参议院司法委员会移民与归化分委员会主席伊斯兰德辞去了移民与归化分委员会主席的职务，由肯尼迪总统的弟

---

①　Carl J. Bon Tempo, *Americans at the Gate: The United States and Refugees During the Cold War*, Princeton: Princeton University Press, 2008, p. 89.

②　Dilchoda N. Berdieva, Presidential Politics of Immigration Reform, Ph.D. Diss., Miami University, 2003, p. 65.

③　Stephen Thomas Wagner, The Lingering Death of the Nation Original Quota System: A Political History of United States Immigration Policy, 1952-1965, Ph.D. Diss., Harvard University, 1986, p. 419.

④　Carl J. Bon Tempo, *Americans at the Gate: The United States and Refugees During the Cold War*, Princeton: Princeton University Press, 2008, p. 88.

弟、来自马萨诸塞的新任参议员爱德华·肯尼迪接替。[1] 这个年轻的参议员在之后的改革中发挥巨大作用。

### （二）"伟大社会"背景下自由主义改革议案的重新提出及双方的辩论

1964 年选举后，自由主义民主党在参众两院中主导地位的确立充分表明，美国迎来了一个千载难逢的改革时机。大多数自由主义改革派人士认为，"我们必须在接下来的两年里竭尽全力获得我们在接下来 10 年里需要获得的东西"。约翰逊持同样观点，支持"政治迅速"（politics of hast）。[2] 正如他的一位朋友所言，"约翰逊是一个实干家，他是以结果为导向的，他是事件的推动者"[3]。的确如此，1965 年 1 月 4 日，上任伊始，约翰逊在向国会提交的第一篇国情咨文中就明确提出"伟大社会"计划，倡导美国"更多关注美国人的生活品质"。随后，约翰逊通过一系列特别咨文，要求国会在提高医疗水平、促进教育机会平等、增加民权、反对贫困等方面进行广泛立法。这些将 60 年代的自由主义改革推向高潮。[4] 在这样的大背景下，美国移民政策的自由化改革也被提上议事日程。

实际上，约翰逊在其第一篇国情咨文中就曾提到，"本届政府 1965 年将要完成的任务之一，就是通过一项以一个人的能力而不是他的出身或他

---

① David M. Reimers, *Still the Golden Door: The Third World Comes to America*, New York: Columbia University Press, 1992, p. 66.

② Daniel J. Tichenor, *Dividing Lines: The Politics of Immigration Control in America*, Princeton: Princeton University Press, 2002, p. 214.

③ Dilchoda N. Berdieva, Presidential Politics of Immigration Reform, Ph.D. Diss., Miami University, 2003, p. 71.

④ Lyndon B. Johnson, "Annual Message to the Congress on the State of the Union", January 4, 1965, http://www.presidency.ucsb.edu/ws/?pid=26907, 访问时间：2017 年 8 月 10 日；Lyndon B. Johnson, "Special Message to the Congress: 'Advancing the Nation's Health'", January 7, 1965, http://www.presidency.ucsb.edu/ws/index.php?pid=27351, 访问时间：2017 年 7 月 12 日；Lyndon B. Johnson, "Special Message to the Congress: 'Toward Full Educational Opportunity'", January 12, 1965, http://www.presidency.ucsb.edu/ws/index.php?pid=27448, 访问时间：2017 年 7 月 12 日；Lyndon B. Johnson, "Special Message to the Congress on the Right To Vote", March 15, 1965, http://www.presidency.ucsb.edu/ws/index.php?pid=26806, 访问时间：2017 年 7 月 12 日。

的名字为基础的移民法案，为所有寻求进入美国这一希望之地的人提供平等机会"①。1月13日，也就是国情咨文发布仅仅几天之后，经过与自由主义国会议员的商讨和精心设计，在1963年肯尼迪提出的政府议案的基础上，约翰逊重新提出一项议案。②随即，新的政府议案由参议员哈特和众议员塞勒分别提交参众两院。由此，移民政策改革重新进入立法程序。虽然在当时，废除民族来源限额体制已经成为大势所趋，而且，自由主义改革派几乎处于天时、地利、人和的大好时刻，但是，正如众议员塞勒所言，"古老的偏见是不会自行消失的。传统的模式不易改变，要根除它们就更加困难"③。因此，双方的一场对抗在所难免。

应该说，面对1965年新的自由主义改革议案，大部分保守主义者已经不再强硬地维护民族来源限额体制。但是，来自南部的保守主义者成为最强有力的反对者。北卡罗来纳的参议员萨姆·J.欧文就是其中的一个代表。他坚持认为，1952年移民法不存在歧视，所有游说者、人道主义组织、政治家及总统对该法案中民族来源限额体制的指责，都是胡说八道和虚伪的宣传。他从三个方面强调这一体制的合理性。第一，虽然哲学家和人类学家也许在这一理论的正确性上存在分歧，但是，民族来源限额体制的基础是所有人都是生来平等的。这一体制"就像一面反射美国的镜子，是一个合理的接收移民的框架"。第二，在欧文看来，不同民族对美国所做的贡献与他们在美国的人口成正比。比如，英国、爱尔兰和德国、法国移民及其后裔在美国人口中占有较大的比重，因此，他们对美国做出的贡献最大。正是来自这些国家的人为美国带来了大量人口、语言、法律及大量的文学艺术。相应地，这些国家就应该被分配到相对较高的限额。第三，欧文提出，当美国设定法律规则的时候，并不是以一个国家比另一个国家优越的

---

① Lyndon B. Johnson, "Annual Message to the Congress on the State of the Union", January 4, 1965, http://www.presidency.ucsb.edu/ws/?pid=26907, 访问时间：2017年8月10日。

② Lyndon B. Johnson, "Special Message to the Congress on Immigration", January 13, 1965, http://www.presidency.ucsb.edu/ws/index.php?pid=26830, 访问时间：2017年5月15日。

③ 梁茂信：《美国移民政策研究》，东北师范大学出版社，1996，第289页。

理论为基础，而是基于一个明显而自然的事实，即"这些移民可以在最大程度上同化到我们的社会中，他们在这里拥有亲属、朋友或其他相似背景的同胞"①。很明显，欧文依然以 50 年代初甚至是 20 年代保守主义者的话语逻辑为民族来源限额体制的合理性建立根基。然而，欧文回避的一个事实是，这个"镜子"已经严重变形了，它反映的是 1920 年而不是 1960 年的人口构成。更为重要的是，在 1964 年《民权法案》面前，这种对文化同质性的强调本身已经失去"政治正确"性，因此很难再引起大家的注意。

保守主义者中还有一些孤立主义时代的遗老遗少。他们无视国际局势的变更和美国外交思想的转变，依然从强烈的民族主义视角出发看待移民政策。他们不解地指出，"移民政策是一个国家主权范围内的事。其他国家每天都在实施这一权利，它们的动因从未受到质疑，但是美国不行，我们必须屈膝道歉。我们也只是在行使主权权利。似乎除非我们欢迎所有希望进入美国的人，否则我们就犯有种族主义、歧视和其他耻辱的罪行，然后这个国家就会堕落"②。保守主义者还从限额实际使用的角度来进行指责。他们提到，"法案的支持者说要废除所有歧视性条款，改善我们在世界上的形象。实际上，这样做只会改变我们在一部分地区的形象。很多国家甚至连每年 100 个的限额都未使用，现在却要分配给它们每年 2 万个限额签证。并不是满足世界大多数国家的需要"③。

可以说，这些保守主义者的狭隘民族主义思维方式与已经步入世界主义时代的美国是格格不入的。实际上，考虑移民政策对"美国形象"的影

---

① U. S. Congress, *Senate Report No.748, Amending the Immigration and Nationality Act, and For Other Purposes*, 89ᵗʰ Congress, 1ˢᵗ Session, 1965, p. 58, http://infoweb.newsbank.com/, 访问时间：2012 年 6 月 15 日。

② U. S. Congress, *Senate Report No.748, Amending the Immigration and Nationality Act, and For Other Purposes*, 89ᵗʰ Congress, 1ˢᵗ Session, 1965, p. 52, http://infoweb.newsbank.com/, 访问时间：2012 年 6 月 15 日。

③ U. S. Congress, *Senate Report No.748, Amending the Immigration and Nationality Act, and For Other Purposes*, 89ᵗʰ Congress, 1ˢᵗ Session, 1965, p. 54, http://infoweb.newsbank.com/, 访问时间：2012 年 6 月 15 日。

响并不等于放弃美国的利益。正如政府专家在国会作证时所强调的，移民改革"符合我们在国外的自我利益。在当前自由和恐惧之间的意识形态之争中，我们向全世界声称我们的核心信仰是人人生而平等。然而，在当前法案下，我们却是以移民的出生地为基础选择移民的"[1]。

此外，保守主义者依然重复了"经济威胁"的观点。他们认为，美国的"人口在持续增加，耕地在持续短缺，水储存量及其他资源在持续减少，基础教育、中等教育和大学教育机构不足的问题也在持续加剧，这些事实共同降低了对非技术和半技术劳工的需求"；而且"每年我们数百万的学生进入劳动力市场，希望依据自己和家人的利益找到一份好的工作、一座好的房子和经济上的保证"。因此，"彻底地改变当前法案是不合理的"。[2]

安全问题也再一次被提出。保守主义议员认为，"越来越多的美国人认为不同文化和价值观的人入境可能增加社会的不安定"，尤其是"共产主义分子"将利用更加开放的政策进入美国。来自堪萨斯的国会议员奥维·费希尔提醒，亚洲"共产主义分子"将利用新法案潜入美国。他宣称："我确定的是，国际共产主义阴谋将会利用这一机会加强对我国的渗透。该法案的通过将为他们提供一个诱人的机会。"然而，费希尔的观点并未得到太多议员的认同。[3] 实际上，自1954年麦卡锡主义衰落之后，疯狂的反共主义已经消失在人们的记忆中，虽然反共主义依然是美国外交中的核心关注点之一，但它不再是保守主义者维护民族来源限额体制的主要因素。

如果说若干保守主义者的老调重弹已经失去以往的号召力和说服力，那么，自由主义改革派所提出的新的反驳民族来源限额体制的话语逻辑，则将保守主义者置于无法应对的尴尬境地。

---

[1] Daniel J. Tichenor, *Dividing Lines: The Politics of Immigration Control in America,* Princeton: Princeton University Press, 2002, p. 215.

[2] U. S. Congress, *Senate Report No.748, Amending the Immigration and Nationality Act, and For Other Purposes*, 89th Congress, 1st Session, 1965, pp. 53-54, http://infoweb.newsbank.com/, 访问时间：2012年6月15日。

[3] Robert L. Fleegler, A Nation of Immigration: the Rise of "Contributionism" in the United States, 1924-1965, Ph.D. Diss., Brown University, 2005, p. 249.

其一，民权与移民政策的结合。时任美国副总统赫伯特·汉弗莱明确指出黑人民权与移民政策改革之间的密切关系。他说道，"我们通过《民权法案》废除了所有二等公民的身份，我们也必须在 1965 年废除移民法中所有暗示存在二等公民的内容。我希望我们的移民法与 1964 年《民权法案》的精神保持一致性"[1]。来自加利福尼亚的国会议员菲利普·伯顿也宣称，"正如我们寻求通过《民权法案》消除我国的歧视一样，今天，我们通过废除民族来源限额体制消除移民国家对移民的歧视"。来自纽约城的国会议员伦纳德·法布斯坦同样表达了类似的观点，他指出，"在这部移民法（指 1965 年《外来移民与国籍法修正案》）中，我们表达了与 1965 年选举权法同样的想法，即判断一个人的标准应该是其自身的优点，而不是其种族、血缘、肤色、宗教及民族来源"[2]。以上观点的共同之处在于，他们都想说明，废除民族来源限额体制和民权立法是一脉相承的关系。

其二，强调民族来源限额体制的无效性。二战以来，国会不断制定特别立法，允许难民和寻求家庭团聚的移民进入美国。这些特别立法为不同种族移民在非限额的基础上入美提供了机会。其结果是，民族来源限额体制的限制性效果已经被极大地改变。[3] 正如国会议员阿奇·摩尔所言，"民族来源限额体制是失败的，今天它只是一个杜撰的谎言"[4]。

在国会之外，那些一直以来支持修改 1952 年移民法的宗教和少数族裔组织也支持政府议案。他们认同政府废除"亚太三角区"条款和民族来源限额体制的观点并组建了一个专门的组织——全国移民改革委员会。这一改革委员会的成员在 1965 年初聚集起来支持政府议案。相比之下，

---

[1] Daniel J. Tichenor, *Dividing Lines: The Politics of Immigration Control in America*, Princeton: Princeton University Press, 2002, p. 143.

[2] Robert L. Fleegler, A Nation of Immigration: the Rise of "Contributionism" in the United States, 1924- 1965, Ph.D. Diss., Brown University, 2005, p. 246.

[3] U. S. Congress, *House of Representatives Report No.745, Amending the Immigration and Nationality Act, and for Other Purposes*, 89th Congress, 1st Session, 1965, p. 12, http://infoweb. newsbank.com/, 访问时间：2012 年 6 月 15 日。

[4] Philip Eric Wolgin, Beyond National Origins: The Development of Modern Immigration Policy-making, 1948-1968, Ph.D. Diss., University of California, Berkeley, 2011, p. 51.

诸如美国军团和美国爱国协会联盟等传统的保守主义阵营中的中坚力量不仅没有积极反对政府议案，甚至认为这是不可避免的。美国军团的代表说道，"我们是现实主义派。虽然我们中的很多人不愿意，但是，我们不会继续为民族来源限额体制而斗争"①。

综上所述，时至 1965 年，保守主义者不但在话语逻辑上失去了与自由主义改革派对抗的能力，其阵营内部也无法再形成一股强大的力量。一切似乎都表明，反对改革的势力已经无法阻挡日益勃兴的改革浪潮。

### （三）1965 年《外来移民与国籍法修正案》的通过

1965 年初，费汉承受着来自各方的压力。首先是第 89 届国会中充斥的浓厚的自由主义氛围和普遍的反种族、民族歧视的压力，这一境况导致国会中只有一小部分议员公开支持 1952 年移民法中的歧视性条款。② 其次是来自其所在俄亥俄州克利夫兰选区选民的压力。这一地区的选民对费汉在民族来源限额体制上的态度极为关注。早在 1964 年选举中，费汉阻挠移民政策自由化立法的行为就受到其政敌的强烈攻击。虽然他最终在选举中险胜，再次当选联邦众议员，但是，他不得不重新考虑自己的立场。经过多方考虑，费汉决定接受自由主义改革派提出的改革要求，即废除移民法中的民族来源限额体制。1965 年 2 月，在面对美国爱国协会联盟的一次演讲中，他首次公开呼吁废除民族来源限额体制和"亚太三角区"条款，并提出一项以家庭团聚、移民技能和难民为基础的选择移民的新体制。③ 不管其具体动机如何，作为沃尔特之后国会保守主义阵营的核心人物，费汉的妥协意味着自由主义改革已经胜利在望。随后，参众两院分别通过了经过修正的政府议案，两项国会法案均认可了废除民族来源限额体

---

① David M. Reimers, *Still the Golden Door: The Third World Comes to America*, New York: Columbia University Press, 1992, p. 67.

② U. S. Congress, *Legal Immigration to the United States:A Democratic of Fifth Preference Asia Admissions*, Washington, D. C. : U. S. Government Printing Office, 1987, p. 3, p. 9.

③ David M. Reimers, *Still the Golden Door: The Third World Comes to America*, New York: Columbia University Press, 1992, p. 69.

制和"亚太三角区"条款的相关内容。应该说，直到此时，保守主义者才彻底放弃了对民族来源限额体制的坚持。然而，他们并不甘心全盘接受这样的结果。在改革的最后关头，他们尽可能地将自己的喜好纳入最终法案当中。为此，保守主义者提出了两项修改条款：第一，重新划分优先体制中各优先类别的顺序，将家庭团聚类移民列为第一优先类别，其占总限额的比例达到74%；同时削减就业类移民比例，将其降到20%，剩余6%的限额签证预留给难民；第二，终止西半球的非限额地位，为其设定一个年度最高限额。①

　　白宫密切关注着保守主义者提出的这些补充性条款。以杰克·沃伦迪为首的自由主义改革派很快决定接受保守主义者提出的第一个要求。他们认为，此次改革的主要目标是废除民族来源限额体制，因此，可以在优先体制问题上做出妥协。而且，一些自由主义者认为，不完美的优先体制在不久的将来就会被修正。②然而，对于保守主义者提出的限制西半球移民的问题，双方展开了激烈的争论。

　　保守主义者坚持认为，应该为西半球设定一个年度最高移民限额，而自由主义改革派主张维持现有的西半球非限额政策。参议员欧文主导了这场争论。作为一名来自南部的保守主义民主党人，他认为，除了摧毁了一个精确的移民入境框架外，政府议案的另一个最重要的缺陷就是没有对西半球移民进行控制。欧文从两方面阐述为西半球设定最高限额的必要性。第一，从现实角度讲，他认为，当前来自西半球独立国家的移民已经过多，国会委员会中已经有人证实，拉丁美洲将是未来人口增长最快的地区。社会学家和人口学家经过对过去两年移民政策领域的研究证明，中南美洲国家共同构成世界人口增长最为迅速的部分。欧洲内部事务助理国务

①　U. S. Congress, *Legal Immigration to the United States: A Democratic Analysis of Fifth Preference Asia Admissions*, Washington, D. C. : U. S. Government Printing Office, 1987, p. 10.

②　U. S. Congress, *Legal Immigration to the United States: A Democratic Analysis of Fifth Preference Asia Admissions*, Washington, D. C. : U. S. Government Printing Office, 1987, p. 11; David M. Reimers, *Still the Golden Door: The Third World Comes to America*, New York: Columbia University Press, 1992, p. 73.

卿在 1964 年 12 月 7 日的一篇声明中强调了这一点：

> 今年我们人口的增长率据说是 1.6%，……今年，仅我们国家就会有超过 100 万的人口进入劳动力市场寻找工作。
>
> 在拉丁美洲，人口学家证实，每年人口增长接近 3%。据估计，如果保持这一水平，该地区在 35 年后，人口将由现在的 2 亿人增加到 6 亿人。①

该助理国务卿随即指出，与拉丁美洲人口爆炸同时存在的是它们移民美国的人数增长。他提到，

> 在过去十年中，来自非限额国家的移民平均每年达到 11 万人，仅 1964 年，来自西半球独立国家的非限额移民就达到约 14 万人，当前事实证明，增长还会持续下去。②

鉴于过去十年的拉丁美洲移民的大量增加，再加上它们的人口爆炸，保守主义者认为，美国将承担的责任是显而易见的。③

第二，保守主义者提出，西半球的非限额地位与移民政策改革的目标不相符。欧文指出，约翰逊总统在其 1965 年 1 月 13 日的电文中曾说道："民族来源限额体制是与我们的基本传统不相符的。美国人基本的态度是，不问一个人来自哪里，或以出生地歧视一个人，而是以个人的资质评价一

---

① U. S. Congress, *House of Representatives Report No.745, Amending the Immigration and Nationality Act, and for Other Purposes*, 89<sup>th</sup> Congress, 1<sup>st</sup> Session, 1965, p. 48, http://infoweb.newsbank.com/, 访问时间：2012 年 6 月 15 日。

② U. S. Congress, *Senate Report No.748, Amending the Immigration and Nationality Act, and for Other Purposes*, 89<sup>th</sup> Congress, 1<sup>st</sup> Session, 1965, pp. 17-18, http://infoweb.newsbank.com/, 访问时间：2012 年 6 月 15 日。

③ U. S. Congress, *Senate Report No.748, Amending the Immigration and Nationality Act, and for Other Purposes*, 89<sup>th</sup> Congress, 1<sup>st</sup> Session, 1965, p. 58, http://infoweb.newsbank.com/, 访问时间：2012 年 6 月 15 日。

个人。"欧文同时认为，如果按照总统提出的要求，政府议案只是完成了这一任务的一半：它规定废除民族来源限额体制，但却未能终止以民族来源为基础的歧视。在该议案下，移民总限额和每个国家可用最高限额的设定将影响所有大西洋和太平洋以外国家移民的到来。但是，唯独西半球移民却不受任何数量的限制。相比于世界其他 100 多个国家，西半球 24 个独立国家明显被置于一种优先地位。在欧文看来，一方面允许西半球移民毫无限制地进入美国，另一方面为世界其他地区设置严格的数量限制，这一做法就是"在制定一项以消除歧视为目的的法案的同时依然保留着最为明显的歧视"。这是"不符合逻辑的、不明智的、目光短浅且前后矛盾的"。基于理论和现实的考虑，欧文最终得出结论："如果美国要改革它的移民体制，就要让新体制真正实现非歧视，采用一项以个人优点和价值而不是其出生地为基础的评判标准。"[1]

对于保守主义者的质疑，自由主义改革派给予坚决回击。他们强调，民族来源限额体制与西半球的非限额地位是基于不同的逻辑的。前者的"初衷主要是偏向盎格鲁－撒克逊人和北欧人，歧视意大利人、希腊人及其他南欧国家和亚洲国家移民"，是存在种族、宗教和民族来源歧视的；而后者是基于睦邻友好及半球团结的。自由主义改革派进一步提出，"我们移民政策史上从未改变过新世界国家间的特殊关系。我们之间的很多条约、协定都是指向促进我们之间的友好团结的，而不是限制性的"。[2] 也就是说，在自由主义改革派看来，给予西半球移民非限额移民身份所依赖的逻辑与偏向西北欧移民的民族来源限额体制的逻辑是不同的。因此，基于这样一种区分，废除民族来源限额体制与改变西半球的非限额地位之间不存在连带关系，不能按同一个思路进行考虑。然而，不管自由主义改革派

---

[1]　U. S. Congress, *Senate Report No.748, Amending the Immigration and Nationality Act, and for Other Purposes*, 89th Congress, 1st Session, 1965, p. 58, http://infoweb.newsbank.com/, 访问时间：2012 年 6 月 15 日。

[2]　U. S. Congress, *Senate Report No.748, Amending the Immigration and Nationality Act, and for Other Purposes*, 89th Congress, 1st Session, 1965, p. 59, http://infoweb.newsbank.com/, 访问时间：2012 年 6 月 15 日。

给予何种理由，正如艾明如所言，在一个关注形式上平等的民权时代，对西半球例外性的攻击变得更加突出。①

或许因为约翰逊政府更关注民权法和公平住房法的通过，不愿在移民问题上继续和国会产生争论，②其很快认可了保守主义者对西半球移民政策的修改意见，但提出两个交换条件：第一，成立一个国会选择委员会调查西半球移民问题，如果至1968年7月1日，调查委员会未提出异议，则执行对西半球移民的限制；第二，在为西半球设定一个整体最高限额的同时，不对单个国家设置年度最高移民限额。③

在得到参议院保守主义者的同意后，经过修改的政府议案在参众两院以决定性的跨党派多数获得通过。虽然施瓦茨声称，很多人感觉被"支持一项错误认同理论"的总统抛弃了，但是，他们依然决定与约翰逊保持一致。④ 1965年10月3日，约翰逊总统在纽约港自由女神像之下签署了该项法案，即1965年《外来移民与国籍法修正案》（又称《哈特－塞勒法》，以下简称1965年移民法）。著名移民史学者海厄姆一针见血地指出："通过废除所有民族和种族优先条款，并将大量签证分配给家庭团聚类签证申请者，新法案消除了美国移民立法中的种族主义阴影。"⑤改革至此，可以说，在与保守主义者进行了漫长的博弈和辩论后，自由主义改革派取得了最终胜利。

---

① Mae M. Ngai, *Impossible Subjects: Illegal Aliens and the Making of Modern America*, Princeton: Princeton University Press, 2004, pp. 254-256.

② U. S. Congress, *Legal Immigration to the United States: A Democratic Analysis of Fifth Preference Asia Admissions*, Washington, D. C. : U. S. Government Printing Office, 1987, p.11; David M. Reimers, *Still the Golden Door: The Third World Comes to America*, New York: Columbia University Press, 1992, p. 73.

③ U. S. Congress, *House of Representatives Report No.745, Amending the Immigration and Nationality Act, and for Other Purposes*, 89ᵗʰ Congress, 1ˢᵗ Session, 1965, p.14, http://infoweb. newsbank.com/, 访问时间：2012年6月15日。

④ Dilchoda N. Berdieva, Presidential Politics of Immigration Reform, Ph.D. Diss., Miami University, 2003, p. 67.

⑤ 参见 U. S. Congress, *Legal Immigration to the United States: A Democratic Analysis of Fifth Preference Asia Admissions*, Washington, D. C. : U. S. Government Printing Office, 1987, p. 13。

# 第四节　法案内容及实施效果评析

## 一　法案内容分析

"这不是一项革命性的法案。它不会影响千千万万美国人的生活，不会重塑我们日常生活的结构或真正大量地增加我们的财富和权力。"这是约翰逊总统对他所签署的 1965 年移民法的描述。有些学者也持相似立场，认为该法案是一项基本保守的法案。[①] 的确，虽然对先前法案进行了诸多修正，但是，从根本上来讲，该法案并未改变 20 世纪 20 年代以来美国移民政策一直奉行的限制性。因此，约翰逊总统及某些学者的评价不无道理。然而，在保持限制性的同时，1965 年移民法终止了以民族来源为基础选择移民的时代，以一项新标准取而代之。这项新标准首先主要考虑移民与美国公民或具有合法居住权的外侨之间的关系，其次是个人资历，最后是申请者的先后顺序。从这个角度讲，新法案彻底改变了 1924 年移民法中所确立的选择外来移民的基本哲学思想，因此，它的确又具有一定的"革命性"，"做出了美国移民政策史上一次根本性的变革"，堪称"美国移民政策的转折点"。[②] 总之，鉴于 1965 年移民政策体系的复杂性，简单地以"非革命性"和"革命性"来定论都是不准确的。从更为客观的角度来讲，1965 年移民法是通过改变、修正原有的限额体制，尤其是废除其中的种族性条款，"终止了 1924 年移民法通过以来美国移民政策史上最具限制

---

① Aristide R. Zolberg, *A Nation by Design: Immigration Policy in the Fashioning of America*, Cambridge: Harvard University Press, 2006, pp. 335-338.

② Elliott Abrams, "Immigration policy-Who Gets in and Why?" *Public Interest*, Vol. 38, 1975, p. 3; Departments of Justice, Labor, and State, *Staff Report of Interagency Task Force on Immigration Policy*, Washington, D. C. : U. S. Government Printing Office, 1979, p. 50; Edward P. Hutchinson, *Legislative History of American Immigration Policy, 1798-1965*, Philadelphia: University of Pennsylvania Press, 1981, pp. 377-378.

性的时代"。①

第一，法案规定，在三年时间内，逐步废除民族来源限额体制。过渡期内，对上一年未用完限额进行汇总，按照优先体制，重新分配给限额不足国家。自 1968 年 6 月 30 日起，实施一项全球统一的移民限额制度。将每年最高限额提高到 29 万个，同时美国公民的直系家庭成员，包括父母、配偶和未成年子女，均可以非限额移民身份移民美国。该法案为东半球国家（欧洲、亚洲和非洲国家）每年设定 17 万个移民限额，其中每个国家每年所使用的限额最多不能超过 2 万个；为西半球设定每年可用最高限额 12 万个，暂不在国家之间做分配。但同时规定，由国会成立一个"西半球移民调查委员会"，调查在各个国家进行限额分配的最佳方案。但是，经过调查，委员会最终未能提出具体方案。因此，自 1968 年起，西半球移民政策按照 1965 年移民法中的规定执行，即只有整体最高限额，对单个国家没有具体限制，基本奉行"先到先得"原则。

第二，新法案为东半球各国限额的使用制定了一项包括七个类别的外来移民入境优先体制。该项体制增加了家庭团聚类移民所占的比例，同时削减了就业类移民的比例。其中第一、第二、第四和第五优先类别分别预留给美国公民的成年子女、已获永久居留权的外侨的外籍配偶及其未成年子女、美国公民的已婚子女、21 岁及以上美国公民的兄弟姐妹，其数量之和占到总限额的 74%。而就业类移民的比例被降至总限额的 20%，其中 10% 分配给第三优先类别，即具有特殊才能的专业人员、科学家和艺术家，另外 10% 分配给第六优先类别，包括经过劳工部证明的属于美国急缺的技术和非技术劳工。总限额的最后 6% 预留给难民。难民的定义复制 50 年代难民法中的规定，即指那些逃离共产主义国家或中东地区的受迫害者，或经过总统认可的自然灾害的受难者。②

---

① Mae M. Ngai, *Impossible Subjects: Illegal Aliens and the Making of Modern America*, Princeton: Princeton University Press, 2004, p. 265.

② Public Law 89-236(The Amendment of Immigration and Nationality Act), October 3, 1965, pp. 912-913, http://heinonline.org, 访问时间：2016 年 6 月 14 日。

实际上，无论是 1963 年 7 月 23 日肯尼迪提出的自由主义改革方案的雏形，还是 1965 年约翰逊政府再次提出的改革议案，都基本保留了 1952 年移民法中的优先限额方案，即就业类移民和家庭团聚类移民平分总限额：就业类移民作为第一优先类别，占限额的 50%，家庭团聚类移民属于第二、第三、第四优先类别，其总数占总限额的另外 50%。而 1965 年移民法俨然将家庭团聚作为政策的基石，家庭团聚类移民所占比重远超过就业类移民，其中还不包括不受限额束缚的美国公民配偶、未成年子女和父母的入境数量。对此，新法案支持者宣称，保留一项侧重于家庭团聚的优先体制是出于人道主义关注。家庭纽带为新移民融入美国社会提供了一个良好的基础。[1] 然而，另一方面，它也反映了保守主义者种族主义的一种延续。也许美国军团的两名代表在听证会上的发言能很好地解释这一本质。他们说道，"没有比与我们公民民族来源一样的人更可能在美国拥有直系亲属关系，因此，未来大量的移民将会来自我们公民的母国"[2]。学者小弗侬·M. 布里格斯也认为，民族来源限额体制的维护者将家庭团聚类移民与维护美国种族、民族同质性联系起来，试图以提高家庭团聚类移民在优先体制中所占比例的方式，达到将民族来源限额体制精神保留在新法案中的目的。他进一步解释，"虽然公开的民族沙文主义在 1965 年被废除了，但是，在新法案下，家庭团聚成为移民入境优先体制中的主导性因素，这貌似是出于人道主义考虑，但实际上，其动机并不高尚。保守主义者同意做出的这一改变，主要是为了寻求一种隐蔽保留民族来源限额体制的方式。很明显，如果某些群体曾经被排斥或在限额体制中拥有较少限额，那么，他们在美国必然会拥有较少的亲属，从而导致在新法案下，这些群体移民美国的机会就相对较少"。[3] 布里格斯的言外之意就是，西北欧国家曾经受

---

[1]　Departments of Justice, Labor, and State, *Staff Report of Interagency Task Force on Immigration Policy*, Washington, D. C. : U. S. Government Printing Office, 1979, p. 249.

[2]　David M. Reimers, *Still the Golden Door: The Third World Comes to America*, New York: Columbia University Press, 1992, p. 72.

[3]　U. S. Congress, *Legal Immigration to the United States: A Democratic Analysis of Fifth Preference Asia Admissions*, Washington, D. C. : U. S. Government Printing Office, 1987, p. 14.

到民族来源限额体制的优待，所以西北欧裔美国人在母国的亲属会比较多地具有家庭团聚类移民的资格，从而更容易移民美国。

自由主义改革派对保守主义者改头换面的做法心知肚明。日裔美国公民联盟直言不讳地指出："美国的亚裔人口只占总人口的 0.5%，这意味着将有很少的亚洲人能够在此优先体制下入境。"[①] 然而，虽然很多立法者讲到技术类移民的重要性，但是，对废除民族来源限额体制的讨论笼罩着整个立法进程，立法者更关注要摧毁什么，而无暇顾及要建立什么，从而限制了改革深度。应该说，作为废除民族来源限额体制的交换，自由主义改革派认可这一以家庭团聚为主的限额优先体制。

第三，法案提出更加严格的劳工许可证制度，确保移民不会威胁国内就业和工人工资。法案规定，除家庭成员和难民类移民以外，所有其他移民在入境之前都必须得到劳工部发放的许可证，而且必须主动提供证据，证明他们将要寻求的工作是没有足够的美国工人"能够、愿意及选择"做的，他们的就业不会给美国工人的工资和劳动条件带来不利影响。当然，那些从事属于劳工部列举的美国急需职业种类的移民，则可以在没有获得具体工作邀请函的情况下入境。[②] 在这一劳工许可证制度下，很多非技术劳工、半技术劳工甚至技术劳工很难在第三和第六优先类别下获得签证，只有从事诸如医生、科学家、工程师及护士等特殊职业的移民，才能比较容易地获得劳工许可证，进而获得限额签证。[③]

应该说，通过这次调整，美国移民政策暂时满足了各方需求，也在一定程度上契合了美国社会发展的需要。同时，需要强调的是，种族性障碍的"废除"，并不代表美国移民政策限制性本质的改变，决定外来移民入

---

① David M. Reimers, *Still the Golden Door: The Third World Comes to America*, New York: Columbia University Press, 1992, pp. 83-84.

② Public Law 89-236(The Amendment of Immigration and Nationality Act), October 3, 1965, p. 917, http://heinonline.org, 访问时间：2016 年 6 月 14 日。

③ David M. Reimers, *Still the Golden Door: The Third World Comes to America*, New York: Columbia University Press, 1992, p. 71.

境的精神、道德、经济等方面的质量标准并没有发生任何改变，对移民的安全审查条款也没有任何松动。[1]

## 二　法案实施效果评析

1965 年，美国完成了对 1952 年移民法的修订，废除了民族来源限额体制，在为东半球每个独立国家提供相同移民机会的基础上，奉行一项以个人特质为基础的优先体制。可以说，从 1945 年至 1965 年，美国用 20 年的时间完成此轮移民政策改革，其解决的一个核心问题就是美国选择移民标准的再界定，实现了从以民族和种族属性为基础到以家庭团聚为主、以技能为辅的转变。1965 年移民法的出台对之后美国外来移民模式产生了巨大影响。就如学者丹尼尔斯所言，"（1965 年移民法）改变了美国移民史的整个进程"[2]。

1965 年之后，美国外来移民的第一个明显变化是，移民总量极大增加。例如，1956~1965 年，美国平均每年外来移民总量为 28.8 万人，1967~1976 年，这一数量达到 38.8 万人，增幅超过 1/3。[3] 然而，比移民数量增加更为重要的是，1965 年后美国外来移民的来源发生根本性变化。基本趋势是：来自欧洲的移民锐减，而在欧洲移民中，东南欧取代西北欧成为主要的移民来源地；来自亚洲的移民显著增加；来自西半球（南北美洲）的移民适度增加（见表 4-1）。下面将对 1956~1965 年和 1967~1976 年[4] 两个十年中美国外来移民入境情况进行进一步分析。

---

[1]　U. S. Congress, *Senate Report No.748, Amending the Immigration and Nationality Act, and for Other Purposes*, 89th Congress, 1st Session, 1965, p. 13, http://infoweb.newsbank.com/, 访问时间：2012 年 6 月 15 日。

[2]　Roger Daniels, *Coming to America: A History of Immigration and Ethnicity in American Life*, New Jersey: Harper Collins, 1990, p. 341.

[3]　Departments of Justice, Labor, and State, *Staff Report of Interagency Task Force on Immigration Policy*, Washington, D. C. : U. S. Government Printing Office, 1979, p. 121.

[4]　之所以将 1976 年作为考察的下限，是因为自 1976 年之后，美国又开始了新一轮的政策调整期。

表 4-1　1956~1965 年、1967~1976 年美国外来移民来源情况

单位：万人，%

| | 1956~1965 年 | 1967~1976 年 | 比例变化 |
|---|---|---|---|
| 欧洲入境总量 | 140.00 | 101.61 | -27.4 |
| 英国 | 24.87 | 14.71 | -40.9 |
| 德国 | 30.98 | 8.21 | -73.5 |
| 爱尔兰 | 7.10 | 0.19 | -97.3 |
| 意大利 | 19.73 | 20.00 | 1.4 |
| 希腊 | 4.67 | 12.91 | 176.4 |
| 亚洲入境总量 | 22.43 | 105.27 | 369.3 |
| 西半球入境总量 | 121.88 | 172.52 | 41.5 |

资料来源：Departments of Justice, Labor, and State, *Staff Report of Interagency Task Force on Immigration Policy*, Washington, D.C.: U. S. Government Printing Office, 1979, p. 124。

首先，在 1965 年移民法出台之前，美国外来移民主要来自欧洲，其中西北欧国家的移民所占的比重较大。法案通过后，这一模式发生了倒转。1956~1965 年，进入美国的欧洲移民数量约为 140 万人，占此时期外来移民总量的 48%；而到了 1967~1976 年，欧洲移民数量降至约 102 万人，在此时期移民总量中所占的比重降至 26%。同时，来自东南欧和亚洲国家的移民显著增加，而传统上占主导地位的西北欧移民迅速减少。这一趋势从各优先类别下的移民入境情况可见一斑。1967~1976 年这十年中，第一优先类别下入境的欧洲移民数量为 3827 人，占该类别下入境总量的 37%，而其中来自意大利、葡萄牙、希腊和波兰等东南欧国家的移民所占比例几乎达到 2/3；第二优先类别下入境的欧洲移民大约占该类别下入境总量的 37%，其中来自意大利、葡萄牙、希腊等国的移民数量最多，占欧洲移民总量的 2/3；第三优先类别下入境的移民中欧洲移民只占 4%，其中主要来自意大利、希腊和英国；在第四优先类别下入美的所有移民中，欧洲移民占 63%，其中仅意大利一国就占 50%；在第五优先类别下的入境总量中，欧洲移民所占比例超过 60%，而这些欧洲移民中，仅意大利、葡萄牙和希腊所输送的移民数量就占 3/4；第六优先类别下的移民主要来自欧洲，占

该类别入境总量的 50%，其中来自英国、西班牙、葡萄牙、希腊及德国的移民最多。[①]

以上数据说明，1965 年《外来移民与国籍法修正案》通过后的十年中，美国的欧洲移民来源模式发生巨大变化。这一变化的原因之一是，在 1952 年移民法下，西北欧国家的移民限额较多，没有申请积压，而东南欧国家的移民限额较少且有大量申请积压，当 1965 年移民法为每个国家分配了相同的年度限额之后，东南欧国家迅速充分使用了这些限额。西北欧移民减少的另一个原因是，更加严格的劳工许可证制度影响了西北欧国家大量的非优先入境者，而 1965 年之前，他们是不受影响的。[②]

其次，1965 年之后的十年中来自亚洲的移民显著增加。1956~1965 年，进入美国的亚洲移民约为 22.43 万人，约占此时期外来移民总量的 8%；而 1967~1976 年，这一数量增至约 105.27 万人，约占此时期外来移民总量的 27%。优先体制下各类别的移民入境情况体现了同样的特点：1967~1976 年，第一优先类别下入美的移民中有 5761 人来自亚洲，占这一类别下入境总量的 56%，其中菲律宾移民占 50%，其次占比较大的是中国大陆和中国台湾；第二优先类别下入境的移民中有约 1/4 来自亚洲和大洋洲，1/6 来自欧洲和非洲；在第三优先类别下入境的移民中有 92% 来自亚洲，共约 8 万人，其中仅菲律宾移民就占 50%；第四优先类别下入境的亚洲移民超过该类别下入境总量的 1/3，其中 83% 来自中国大陆、香港和菲律宾；亚洲国家对第五优先类别移民限额的使用率相对较低，这十年中，这一优先类别下入境的亚洲移民约为 16 万人，占此时期该类别下入境总量的 1/3；在第六优先类别下入境的亚洲人占该类别下入境总量的 43%，其中来自中

---

[①]　Departments of Justice, Labor, and State, *Staff Report of Interagency Task Force on Immigration Policy*, Washington, D. C. : U. S. Government Printing Office, 1979, pp. 137, 141, 144-145, 151,153.

[②]　U. S. Congress, *Staff Report of the Select Commission on Immigration and Refugee Policy, U. S. Immigration Policy and the National Interest*, Washington, D. C. : U. S. Government Printing Office, 1981, p. 335.

国、印度和韩国的移民最多。①

值得一提的是，在 1967~1976 年这十年中，非限额移民模式呈现的特点与限额移民模式一样，每年欧洲的移民数量在减少，而其中东南欧移民所占比例在增大；来自亚洲的非限额移民数量所占比重也在增大。②

最后，1965 年移民法还对西半球移民产生了影响。出于各种原因，比如新独立国家的出现、某些国家的政治和经济困境等，1965 年之后，西半球的移民需求不断增加。然而，在每年最高只有 12 万个限额的情况下，获得移民签证需要等待的时间越来越久，移民签证申请的积压情况愈发严重，至 1975 年，积压的申请已达到 30 万个。③获得合法签证难度的提高导致 60 年代末以后来自西半球的非法移民急剧增加，从 1965 年的约 50 万人增加到 1966 年的约 90 万人，而且每年持续增加。据移民和归化局的估计，1977 年美国非法移民总量为 105 万人，其中 92% 是墨西哥人。④此外，由于 1965 年移民法没有将西半球限额在国家间进行分配，各个国家限额使用不均，只墨西哥一国使用的限额就达到总量的 1/3。而且，限额使用中出现一种非常不合理的现象：与其他类别申请者相比，一名美国公民的22 岁英国子女或一名美国永久性居民的西班牙妻子可以在签证申请过程中享受优先待遇，较快地获得签证；而一名美国公民的巴西女儿或一名美国永久性居民的加拿大妻子，则只能和其他 30 万名正在申请签证者一样排

---

① Departments of Justice, Labor, and State, *Staff Report of Interagency Task Force on Immigration Policy*, Washington, D. C. : U. S. Government Printing Office, 1979, pp. 124, 133-134, 137-153.

② Departments of Justice, Labor, and State, *Staff Report of Interagency Task Force on Immigration Policy*, Washington, D.C.: U. S. Government Printing Office, 1979, p. 176.

③ U. S. Congress, *Staff Report of the Select Commission on Immigration and Refugee Policy, U. S. Immigration Policy and the National Interest*, Washington, D. C. : U. S. Government Printing Office, 1981, pp. 333-338; U. S. Congress, *House of Representatives Report No.94-1553, Immigration and Nationality Act Amendments of 1976*, 94th Congress, 2nd Session, 1976, pp. 3-4, http://infoweb.newsbank.com/, 访问时间：2012 年 6 月 20 日。

④ Departments of Justice, Labor, and State, *Staff Report of Interagency Task Force on Immigration Policy*, Washington, D.C.: U. S. Government Printing Office, 1979, p. 378.

队等候，大约需要等待两年才能拿到签证。[①] 同样是美国公民和永久性居民的同等关系的亲属，但由于他们处在不同的半球，其申请签证的体验就完全不同。因此，国会于 1976 年再次修订移民法案，将东半球现行的单个国家每年移民最高不得超过 2 万人的规定及其限额使用优先顺序，全部应用于西半球。这一法案的颁布的确带来了形式上的绝对平等，但是，问题的另一面是，在对西半球单个国家的每年移民最高限额进行设定后，对于墨西哥这类移民需求大的国家，常规限额远不能满足它的要求。因此，新的修订案反过来就更加刺激了原有的非法移民现象，造成至今都在困扰美国政府和社会的一个严重问题。

## 小　结

应该说，进入 60 年代以来，美国的社会和经济环境为移民政策自由化改革创造了一个千载难逢的历史机遇。1965 年自由主义议案最终能够通过，除了得益于包括民权运动的深入展开、美国经济的持续稳定增长等在内的有利的外部因素外，还得益于以下两个因素。第一，保守主义者制度性优势的持续丧失。如前所述，在整个 50 年代，保守主义者依靠对国会重要委员会的垄断，几乎压制了所有自由主义改革提案。直到 60 年代，尤其是 1964 年选举后，保守主义者才彻底失去这一优势，其在国会中的地位被自由主义改革派取而代之。随后，一直被压制在委员会的自由主义提案才被推向前台，成为国会公开辩论的政治议题。

第二，肯尼迪与约翰逊总统的深入参与及参众两院重要人物的积极推动。实际上，二战后以来，美国移民政策改革中的一个重要特点就是总统的积极参与，从杜鲁门到约翰逊无不如此，这与新政以来行政部门权力增

---

① U. S. Congress, *House of Representatives Report No.94-1553, Immigration and Nationality Act Amendments of 1976*, 94th Congress, 2nd Session, 1976, pp. 3-4, http://infoweb.newsbank.com/，访问时间：2012 年 6 月 20 日。

加的趋势一脉相承。总统的积极介入极大地推动了改革的进程。但是，相对来讲，杜鲁门和艾森豪威尔对改革的参与始终比较谨慎，力图停留在总统的职权范围之内。比如，杜鲁门总统虽然倡议改革，但从未直接介入立法环节，而只是通过移民与归化总统委员会提出建议。艾森豪威尔虽然在移民政策改革问题上继承了杜鲁门的某些做法，但是，他仍然只是致力于通过特别立法，提供一个过渡性改革措施，他没有兴趣和能力领导一场移民政策的自由化改革运动。相比之下，肯尼迪和约翰逊则表现出更为积极主动的改革态度。1963 年 7 月 23 日，肯尼迪提出一项全新的体制来代替民族来源限额体制，要求国会以此为基础进行立法。约翰逊更是亲自参与移民政策改革方案的设计、提出、辩论过程中的各个环节。强大的总统力量的推动成为民族来源限额体制退出历史舞台的关键因素。此外，众议员伊曼纽尔·塞勒、参议员爱德华·肯尼迪及国务院安全与领事事务局的阿巴·施瓦茨等作为坚定的自由主义改革派都发挥了同样重要的作用。

在 1965 年移民法通过后的十年中，美国移民的来源明显转向那些在此前 40 年中被严格限制的国家，大量东南欧、亚洲移民（实际上也包括非洲人）进入美国。这一结果当然与 1965 年美国移民法有直接关系。但是，同时需要注意的是，二战后，东南欧和亚洲发展中国家出现了人口增长速度和人才培养速度都快于就业机会扩张速度的现象，也就是说，就业机会的总量无法满足劳动力就业的需要，导致这些国家出现向外输送人口的需求。[①] 而欧洲发达国家人口增长缓慢且经济全面复苏，这降低了欧洲人移民外迁的动力。因此，从这个角度讲，民族国家移民政策只是决定其移民来源特点的一个非常重要的因素，但不是唯一的因素。

---

① 梁茂信:《美国人才吸引战略与政策史研究》，中国社会科学出版社，2015，第 328 页。

# 结　语

　　1953 年 1 月，移民与归化总统委员会提交的报告《我们应该欢迎谁？》中有这样一句话："1924 年设立的民族来源限额体制是故意以民族来源、种族、肤色及宗教为基础进行歧视的，应该废除这项体制。"[①] 1965 年 10 月 3 日，随着约翰逊总统在 1965 年移民法上写下自己的名字，总统委员会当年的预言变成了现实，民族来源限额体制被彻底废除。正如约翰逊在随后声明中所宣称的，"美国正义结构中一道深深的、痛苦的裂痕被修补了，它纠正了美国行为中一个残酷而持久的错误"[②]。回顾这场二战后历时 20 年之久的改革运动，我们还需对以下问题做深入的思考。

## 一　应该如何定位二战后美国的这轮移民政策改革及其实质？

　　重新审视这段历史，我们不难发现，民族来源限额体制退出历史舞台的命运早在二战结束后就已初露端倪。二战结束以来，种族主义理论在社会科学界的衰退及种族主义态度和行为在美国社会各个层面的改变，将

---

① President's Commission on Immigration and Naturalization, *Whom We Shall Welcome,* Washington, D.C.: U. S. Government Printing Office, 1953, pp.88, 263.

② Lyndon B. Johnson, "Remarks at the Signing of the Immigration Bill, Liberty Island, New York", October 3, 1965, http://www.presidency.ucsb.edu/ws/index.php?pid=27292, 访问时间：2017 年 6 月 10 日。

建立在种族主义基础上的民族来源限额体制置于无源之水、无本之木的境地。战争期间，出于拉拢军事同盟的需要，以及为了应对战争引发的家庭分离、难民等问题，美国持续推动出台一系列特别立法，这些立法打破了传统美国移民政策中接收移民的既定规则。换言之，理论和现实的双重困境已经将民族来源限额体制"逼向"不可避免的变革之途。

然而，美国社会内部对于民族来源限额体制的态度并不一致。以南部民主党人、大部分共和党人及民间爱国组织为主体的一方主张保留这一体制，其构成移民政策改革运动中的保守主义阵营；以北部民主党人、一部分具有自由主义倾向的共和党人及少数族裔和宗教组织组成另一方，主张废除这一体制，以一项反映移民个人特质的体制取而代之，其构成这场改革运动中的自由主义阵营。50年代初，保守主义者控制的国会及其下属相关委员会，利用冷战背景下举国上下对国家安全的强烈关注，通过推动制定1952年移民法重新肯定了民族来源限额体制。然而，新法案因无法应对冷战引发的特殊移民的需求，严重妨碍了美国外交政策目标的实现。

1953年艾森豪威尔就任总统后，在政治生态极为不利的情况下，自由主义改革派实行战略收缩，以倡导制定特别立法取代寻求对综合性移民政策的修改，为在民族来源限额体制下处于不利地位国家的移民，尤其是东南欧移民和难民寻求入美机会。

从50年代中期开始，国际冷战局势加剧，匈牙利十月事件引发的大量难民问题再次凸显了民族来源限额体制与时代需求的差距。此时的美国国会和行政部门也接连出现有利于自由主义改革的人事变动。更为关键的是，曾经作为保守主义阵营内部中坚力量的美国劳联，因与产联的合并，也开始改变立场，明确反对民族来源限额体制。劳工组织的加入进一步壮大了自由主义阵营的力量。以上变化无疑为自由主义改革派重新发起移民政策改革运动提供了良好机遇。1956年，艾森豪威尔在其国情咨文中重提移民政策改革问题，并随后向国会提交了一份详细的改革方案。该方案要求修改民族来源限额体制，包括更新计算限额的人口统计基础年份及设立将未用限额汇总后重新分配的原则。然而，改革运动的重启并没有带来预期效果，改革结果只是通过了一项妥协性的法案，即 1957 年《难民 - 逃亡者法》。该项法案除了对边缘性的移民条款有所修订外，依然没有丝毫撼动民族来源限额体制，自由主义改革再次搁浅。

应该说，经过 50 年代僵持中的对抗之后，在改革运动进行至 50 年代末期时，无论是保守主义者还是自由主义改革派，都在一定程度上进入了疲劳期。对保守主义者来讲，自 1953 年以来，他们为保全民族来源限额体制一再妥协退让，而此时几乎已经到了无路可退的境地；同样，自由主义改革派对"曲线改革"的策略也逐渐失去耐性，零碎性的改革让他们感受到废除民族来源限额体制的遥遥无期。在这样的背景下，下一个十年注定要迎来一个决战的时刻。进入 60 年代后，美国社会风向发生重大转向。民权运动的扩展和深化，尤其是民权立法的出台，推动多元文化主义在美国兴起，为移民政策改革提供了有利的舆论氛围和新的话语逻辑。经济的良好运转为移民政策的自由化改革减少了阻力。而且，自由主义利益集团也在改革策略上结束分歧，走向统一，这极大增强了自由主义改革派的攻击力。在肯尼迪和约翰逊总统的深度参与和推动下，美国最终于 1965 年通过《外来移民与国籍法修正案》。该法案废除了 20 年代确立的民族来源限额体制，代之以一套以移民个人特质为基础的选择移民的标准。因此，战后美国移民政策改革的实质就是，对"什么样的人才能成为美国人？"这一问题给出了不同于 20 年代的回答。从此，美国移民政策告别了受种族主义思想主导的时代。

## 二　战后美国对选择移民标准的重新界定是一系列偶然事件促成的结果，还是一个必然选择？

二战爆发以来，民族来源限额体制遭遇理论和现实层面的挑战，自由主义改革派随后掀起了一场移民政策自由化改革运动，并最终以一项限额优先体制取而代之。那么，这项新的选择移民的标准是如何建立起来的？学者们对此存在不同解释。有学者依据政治学中的"路径依赖"理论提出，新体制的形成是战后一系列边缘性政策改革自我积累的结果。也就是说，在这些小的政策改革过程中形成一个正向反馈回路（positive feedback loop），最终塑造了新的体制。[1] 还有学者认为，政策制定者在寻求废除民族来源限额体制的过程中并没有考虑新体制的建立问题，言外之意就是，新体制的形成是一系列偶然因素促成的结果。本书认为，以一系列特别立法为形式表现出来的战后美国移民政策改革过程，虽然在很大程度上是应对诸多紧急情况的产物，但是在这一过程中，政策制定者也展现了很强的在选择移民方面的主动性。

在整个改革过程中，美国始终关注移民的技能及移民与美国公民和永久性居民的亲属关系。后者是容易理解的，家庭团聚是维护美国社会稳定的重要因素，在以往美国移民政策中都有所体现。而前者，也就是对技术移民的优先对待，则是战后移民政策改革中一个尤为突出的特点。在1952年移民法中，技术性人才被设定为移民第一大优先类别，其所占份额为各个国家全部限额的50%。1965年移民法中，作为立法博弈和妥协的结果，技术类移民降为第二大优先类别，比重降到各国限额的20%。即便如此，战后移民政策改革过程中对技术移民的重视是空前的，也是始终如一的。解释这一现象还需回归到其历史语境中。早在二战期间，美国因将大量人力资源投入战争当中，导致基础科学研究和民用技术领域人才严重不足。而战争期间高校生源的骤减也减少了人才供给的来源。至1945年，甚至有官员提出了"人才赤字"问题。[2] 与此同时，二战中对科学技术的广泛应用催生了战后第三次科技革命。科学技术的革新在推动美国经济繁荣和产业结构调整的同时，也引发了一个严重的问题——结构性失业。因此，战后美国就业市场出现一方面大量低技能或非技术劳工失业，另一方面具有较高技术要求的工作岗位无人问津的现象。[3] 此外，随着冷战升级，美

---

[1] Philip Eric Wolgin, Beyond National Origins: The Development of Modern Immigration Policymaking, 1948-1968, Ph.D. Diss., University of California, Berkeley, 2011, p. 4.

[2] 梁茂信：《美国人才吸引战略与政策史研究》，中国社会科学出版社，2015，第92页。

[3] 高嵩：《美国社会经济转型时期的就业与培训政策（1945-1968）》，人民出版社，2011，第43页。

苏之间的军备竞赛加剧。美苏之间的对抗在某种程度上就是科技的竞争，尤其是 1949 年苏联成功试爆原子弹后，美国加大科技投入力度，而科技投入离不开科技人才。[①] 总之，战后种种迹象都凸显了这样一个事实，即美国对科技人才的极大需求。在此背景下，美国在人才培养方面多管齐下的同时，也将移民作为补足人才缺口的途径之一。在战后针对移民政策的辩论中，自由主义改革派不断提到美国对技术移民的需要，保守主义者也基本予以认可。从这个角度讲，将技术才能作为选择外来移民的重要考量标准之一，是科技革命推动下美国经济发展的内在要求和必然选择。

时代大潮之下，不仅是美国，西方其他国家也在调整自己的移民政策。紧随美国之后，加拿大也开始对其移民政策进行修订。它先是废除了《华人移民法》，随后于 1951 年通过一项资助欧洲移民的计划，规定凡具有加拿大急需技术和商业资本的移民都可以申请入境，并获得为期两年的政府贷款。1952 年加拿大通过了一项影响深远的移民法案，虽然该法案依然保留了限制亚洲和非洲移民的规定，但同时将 1951 年资助欧洲移民计划中的内容纳入进来。[②] 欧盟国家虽然迟迟没有形成一项统一的针对第三国的移民政策，但是，他们在 20 世纪末达成了共识，即吸纳对成员国经济发展能做出贡献的有用之才，限制那些缺乏技术、就业能力差并有可能成为政府负担的人。[③]

### 三　战后美国移民政策的去种族化改革对美国产生了哪些影响？

首先，从美国国内来讲，美国移民政策的去种族化是 50~60 年代民权运动的延伸。民权运动是以黑人为中心的美国少数族裔群体争取平等权利的社会运动。但是，在某些美国少数族裔群体看来，尽管他们已经在美国

① 梁茂信：《美国人才吸引战略与政策史研究》，中国社会科学出版社，2015，第 95 页。
② 梁茂信：《现代欧美移民与民族多元化研究》，商务印书馆，2011，第 165 页。
③ 梁茂信：《现代欧美移民与民族多元化研究》，商务印书馆，2011，第 105 页。

取得了和其他族裔群体同样的权利和社会地位，但是，如果美国在移民政策中对他们的母国同胞实行差别对待，就会玷污他们在美国国内的身份地位。正如有的学者所言，"有时候，意裔美国人对移民改革的推动是源于他们对自身群体在美国的身份和社会地位的关注"[1]，因为他们认为，"成千上万波兰人、意大利人和犹太人的祖父通过自己对美国的贡献，赢得了和清教徒后代同等的权利。限额的分配就是对他们在美国社会地位的一个评判"[2]。"平等对待各个国家就代表平等对待美国各少数族裔群体。"[3] 因此，各少数族裔群体及其他自由主义者致力于为一项各国平等的移民政策而奋斗。1965 年移民法废除民族来源限额体制、为所有国家（除西半球）设定了数量相等的年度限额这一事实，恰恰契合了民权运动追求平等的思想。因此，从这个意义上说，战后移民政策改革是美国民权运动的一个拓深。

其次，从外交层面来讲，战后美国移民政策的去种族化抹掉了长久以来美国外交上的一个"污点"，彰显了美国外交战略的调整。自独立以来，受华盛顿影响，美国一直奉行孤立主义外交政策。参加二战意味着美国放弃了孤立主义，开始向世界主义过渡。然而，作为孤立主义时代产物的民族来源限额体制严重制约了美国的外交政策目标的实现，其中对亚洲移民的排斥条款阻碍了美国与亚洲国家建立同盟；对东南欧移民的歧视影响了美国在欧洲的冷战外交目标的实现。同时，种族性的移民政策也玷污了美国一直宣扬的"民主平等的信条"，损害了其在海外所要营造的"自由世界领导者"的形象。各种迹象表明，民族来源限额体制作为孤立主义时代的产物已经不符合时代的要求。因此，越来越多的美国人从国际主义视野出发，强调移民政策的"外交政策"功能，主张美国的移民政策要彰显美国的"领导风范"和"国际威望"。因此，战后美国移民政策的去种族化

---

[1]　Danielle Battisti, Relatives, Refugee, and Reform: Italian American and Italian Immigration During the Cold War, 1945-1965, Ph.D. Diss., State University of New York, 1996, p. 9.

[2]　Oscar Handlin, "The Immigration Fight Has Only Begun," *Commentary*, No.14, 1952, p. 6.

[3]　Mae M. Ngai, *Impossible Subjects: Illegal Aliens and the Making of Modern America*, Princeton: Princeton University Press, 2004, p. 245.

改革在一定程度上体现了美国全球主义、世界主义战略思维的增强。

　　最后，此次移民政策去种族化的实施后果也给美国带来了巨大困惑。自独立以来，盎格鲁 – 撒克逊新教文化在美国居于主导地位，然而，20世纪后半叶以来，这一文化的主导性受到多方挑战，其中亚洲和拉丁美洲的新移民浪潮就是其中之一。1965年移民法实施之后，民族来源限额体制的废除在推动东南欧国家移民迅速增加的同时，也为第三世界移民的增加打开了大门，大量亚非拉非白人进入美国。种族和民族的多元化也必然带来文化的多元化，这一现象迅速引发了美国人身份认同的危机。美国学界就文化多元主义和重整盎格鲁 – 撒克逊新教文化、传统和价值展开争论。著名政治学家塞缪尔·亨廷顿甚至发出呐喊："我们是谁？"[①]实际上，这不仅是亨廷顿一个人的困惑，也是整个美国当前及未来相当长一段时期内面临的问题，更是学界需要深入探讨的课题。

---

①　〔美〕塞缪尔·亨廷顿：《我们是谁？——美国国家特性面临的挑战》，程克雄译，新华出版社，2005，第8页。

# 参考文献

## 政府文献

Congressional Research Service, Library of Congress, Ninety-six Congress, *U. S. Immigration Law and Policy: 1952-1979,* Washington, D. C. : U. S. Government Printing Office, 1979.

Departments of Justice, Labor, and State, *Staff Report of Interagency Task Force on Immigration Policy*, Washington, D. C. : U. S. Government Printing Office, 1979.

*Economic Report of the President 1954,* Washington, D. C. : U. S. Government Printing Office, 1954.

*Economic Report of the President 1956*, Washington, D. C. : U. S. Government Printing Office, 1956.

*Economic Report of the President 1957*, Washington, D. C. : U. S. Government Printing Office, 1957.

*Economic Report of the President 1960*, Washington, D. C. : U. S. Government Printing Office, 1960.

*Economic Report of the President 1964*, Washington, D. C. : U. S. Government Printing Office, 1964.

*Economic Report of the President 1965*, Washington, D. C. : U. S.

Government Printing Office, 1965.

*Foreign Relations of the United States, 1952-1954*, Volume I: General: Economic and Political Matters, Part 2, Washington, D. C. : U. S. Government Printing Office, 1983.

Kennedy, John F., *A Nation of Immigrants(Revised and Enlarged Edition)*, New York: Harper & Row Publishers, 1964.

President's Commission on Immigration and Naturalization, *Whom We Shall Welcome,* Washington, D.C. : U. S. Government Printing Office,1953.

President's Commission on Immigration and Naturalization, *Hearings Before the Presidents Commission on Immigration and Naturalization*, Washington, D. C. : U. S. Government Printing Office, 1952.

The American Immigration Library, A Facsimile Reprint Collection, *Report of the Ellis Island Committee, March 1934*, Jerome S.Ozer, 1971.

The United State Senate, Subcommittee on Immigration and Naturalization of the Committee on the Judiciary, *Hearing on Basic Immigration and Naturalization Laws of the United States,* Washington, D. C. : U. S. Government Printing Office, 1955.

U. S. Congress, "Immigration and Nationality Act of 1952," in *United States Code Congressional and Administrative News*, $82^{nd}$ *Congress, $2^{nd}$ Session, 1952*, Vol.2, St. Paul: West Publishing Co., 1952.

U. S. Congress, *Report of U. S. Immigration Law and Policy: 1952-1986*, $100^{th}$ Congress, $1^{st}$ Session, Washington, D.C. : U. S. Government Printing Office, 1988.

U. S. Congress, *House Report No.1507, Displaced Person in Europe and Their Resettlement in the United States*, $81^{st}$ Congress, $2^{nd}$ Session, Washington, D. C. : U. S. Government Printing Office, 1950.

U. S. Congress, *Legal Immigration to the United States: A Democratic Analysis of Fifth Preference Asia Admissions*, Washington, D. C. : U. S.

Government Printing Office,1987.

U. S. Congress, *Senate Document No.69, Republic Review,* 85th Congress, 1st Session, Washington, D. C. : Government Printing Office, 1957.

U. S. Congress, *Senate Document No.747, Abstracts of Reports of the Immigration Commission*, 61st Congress, 3rd Session, Washington, D. C. : U. S. Government Printing Office, 1911.

U. S. Congress, *Senate Document No.758, Report of the Immigration Commission on Immigration Legislation*, 61st Congress, 3rd Session, Washington, D. C. : U. S. Government Printing Office, 1911.

U. S. Congress, *Senate Hearing before Subcommittees on Immigration and Naturalization of the Committee on the Judiciary*, November 21, 22, 30 and December 1, 1955, Washington, D. C. : Ward &Paul, 1955.

U. S. Congress, *Senate Report No.1272, Immigration and Naturalization: Report of the Committee on the Judiciary United States Senate*, 86th Congress, 2nd Session, Washington, D. C. : U. S. Government Printing Office, 1960.

U. S. Congress, *Senate Report No.131, Immigration and Naturalization: Report of the Committee on the Judiciary United States Senate Made by its Subcommittee on Immigration and Naturalization*, Washington, D. C. : U. S. Government Printing Office, 1961.

U. S. Congress, *Senate Report No.1515, The Immigration and Naturalization Systems of the United States*, 81st Congress, 2nd Session, Washington, D. C. : U. S. Government Printing Office, 1950.

U. S. Congress, *Senate Report No.522, Escapees and Refugees in Western Europe*, 83rd Congress, 1st Session, 1953, Washington, D. C. : U. S. Government Printing Office,1953.

U. S. Congress, Senate *Report No.950, Displaced Persons in Europe*, 80th Congress, 2nd Session, Washington, D. C.: U. S. Government Printing Office,1948.

U. S. Congress, Subcommittees of the Committees on the Judiciary, *Revisions of Immigration, Naturalization and Nationality Laws, Joint Hearings on S. 716, H.R.2379, and H.R.2816*, March 6, 7, 8, 9, 12, 13, 14, 15, 16, 20, 21, and April 9, 1951, Washington, D. C. : U. S. Government Printing Office, 1951.

U. S. Department of Commerce, Bureau of the Census, *Statistical Abstract of the United States*, *1939*, Washington, D.C.: U. S. Government Printing Office, 1940.

U. S. Department of Commerce, Bureau of the Census, *Statistical Abstract of the United States*, *1940*, Washington, D. C. : U. S. Government Printing Office, 1941.

U. S. Department of Commerce, Bureau of the Census, *Statistical Abstract of the United States*, *1953*, Washington, D. C. : U. S. Government Printing Office, 1954.

U. S. Department of Commerce, Bureau of the Census, *Statistical Abstract of the United States*, *1954*, Washington, D. C. : U. S. Government Printing Office, 1955.

U. S. Department of Commerce, Bureau of the Census, *Statistical Abstract of the United States*, *1956*, Washington, D. C. : U. S. Government Printing Office, 1957.

U. S. Department of Commerce, Bureau of the Census, *Statistical Abstract of the United States*, *1958*, Washington, D. C. : U. S. Government Printing Office, 1959.

U. S. Department of Commerce, Bureau of the Census, *Statistical Abstract of the United States*, *1959*, Washington, D. C. : U. S. Government Printing Office, 1960.

U. S. Department of Commerce, Bureau of the Census, *Statistical Abstract of the United States*, *1961*, Washington, D. C. : U. S. Government Printing Office, 1962.

U. S. Department of Commerce, Bureau of the Census, *Statistical Abstract of the United States, 1962*, Washington, D. C. : U. S. Government Printing Office,1963.

U. S. Department of Commerce, Bureau of the Census, *Statistical Abstract of the United States, 1963*, Washington, D. C. : U. S. Government Printing Office,1964.

U. S. Department of Commerce, Bureau of the Census, *Statistical Abstract of the United States, 1964*, Washington, D. C. : U. S. Government Printing Office,1965.

U. S. Department of Commerce, Bureau of the Census, *Statistical Abstract of the United States, 1965*, Washington, D. C.: U. S. Government Printing Office, 1966.

U. S. Department of Commerce, Bureau of the Census, *Statistical Abstract of the United States, 1970,* Washington, D. C.: U.S. Government Printing Office, 1971.

U. S. Department of Commerce, Bureau of the Census, *Statistical Abstract of the United States 1976*, Washington, D. C. : U. S.Government Printing Office, 1977.

U. S. Department of Commerce, Bureau of the Census, *Statistical Abstract of the United States, 1944-1945*, Washington, D. C. : U. S. Government Printing Office, 1945.

### 网上政府文献

本书中引用的网上国会报告来自 Readex 公司美国历史文档系列数据库（Archive of America）子库美国国会文献集（US Congressional Serial Set），http://infoweb.newsbank.com/。

U. S. Congress, *House of Representatives Report No.350, Report of Restriction of Immigration*, 68th Congress, 1st Session, March 24, 1924.

U. S. Congress, *Senate Report No.535, Repealing the Chinese Exclusion Laws and to Establish Quotas*, 78th Congress, 1st Session, November 16,1943.

U. S. Congress, *House of Representatives Report No. 732, Part 2, Repealing the Chinese Exclusion Laws, Minority Views*, 78th Congress, 1st Session, 1943.

U. S. Congress, *House of Representatives Report No.65, Providing the Privilege Becoming A Naturalized Citizen of the United States to All Immigrants Having A Legal Right to Permanent Residence, to Make Immigration Quota Available to Asian and Pacific Peoples*, 81st Congress, 1st Session, February 10, 1949.

U. S. Congress, *Senate Report No.501, Amending the Act to Expedite the Admission to the United States of Alien Spouse and Alien Minor Children of Citizen Members of the United States Armed Forces*, 80th Congress, 1st Session, July 11,1947.

U. S. Congress, *House of Representatives Report No.150, Authorizing Completion of the Processing of the Visa Cases, and Admission into the United States of Certain Alien Fiances and Fiancees of Members, or of Former Members, of the Armed Forces of the United States, as was Provided in the So-Called GI Fiancees Act (60 Stat 339), As Amended*, 81st Congress, 1st Session, February 17,1949.

U. S. Congress, *House of Representatives Report No.1312, Immigration and Naturalization Laws and Problem*, 79th Congress, 1st Session, November 27, 1945.

U. S. Congress, *House of Representatives Report No.2683, Alien Registration of 1940*, 76th Congress, 3rd Session, June 21, 1940.

U. S. Congress, *House of Representatives Report No.1365, Report of Revising the Laws to Immigration, Naturalization, and Nationality*, 82nd Congress, 2nd Session, 1952.

U. S. Congress, *House of Representatives Report No.974, Emergency*

*Immigration Program*, 83rd Congress, 1st Session, 1953.

U. S. Congress, *Senate Report No.629*, *Report of Emergency Migration Act of 1953*, 83rd Congress, 1st Session, 1953 .

U. S. Congress, *Senate Report No.1057*, *Certain Revisions of the Immigration and Nationality Laws*, 85th Congress, 1st Session, August 20, 1957.

U. S. Congress, *House of Representatives Report No.745*, *Amending the Immigration and Nationality Act, and For Other Purposes*, 89th Congress, 1st Session, 1965.

U. S. Congress, S*enate Report No.748*, *Amending the Immigration and Nationality Act, and For Other Purposes*, 89th Congress, 1st Session,1965.

U. S. Congress, *House of Representatives Report No.94-1553*, *Immigration and Nationality Act Amendments of 1976*, 94th Congress, 2nd Session, 1976.

U. S. Congress, *House of Representatives Report No.4567*, *Amendment of the Displaced Persons Act of 1948*, 81st Congress, 2nd Session, June 16, 1950.

U. S. Congress,  *House of Representatives Report No.1854*, *Report of Emergency Displaced Persons Adm*ission Act，80th Congress, 2nd Session, 1948.


本书中引用的总统的公开讲话、信件、国情咨文及竞选纲领等都来自"美国总统在线项目"（The American Presidency Project），网址为 http://www.presidency.ucsb.edu/index.php/。

Democratic Party Platforms, "1952 Democratic Party Platform", July 21, 1952, http://www.presidency.ucsb.edu/ws/index.php?pid=29600, 访问时间：2017 年 8 月 10 日。

Democratic Party Platforms, "1956 Democratic Party Platform", August 13, 1956, http://www.presidency.ucsb.edu/ws/index.php?pid=29601, 访问时间：2017 年 6 月 20 日。

Democratic Party Platforms, "1960 Democratic Party Platform", July 11, 1960, http://www.presidency.ucsb.edu/ws/index.php?pid=29600, 访 问 时 间：

2017 年 6 月 20 日。

Democratic Party Platforms, "1964 Democratic Party Platform", August 24, 1964, http://www.presidency.ucsb.edu/documents/1964-democratic-party-platform, 访问时间：2023 年 1 月 20 日。

Eisenhower, Dwight D., "Annual Message to the Congress on the State of the Union", February 2, 1953, http://www.presidency.ucsb.edu/ws/index.php?pid=9829, 访问时间：2017 年 6 月 10 日。

Eisenhower, Dwight D., "Annual Message to the Congress on the State of the Union", February 2, 1953, http://www.presidency.ucsb.edu/ws/index.php?pid=9829, 访问时间：2017 年 6 月 10 日。

Eisenhower, Dwight D., "Annual Message to the Congress on the State of the Union", January 7, 1954, http://www.presidency.ucsb.edu/documents/annval-message-the-congress-the-state-the-union-13, 访问时间：2023 年 1 月 20 日。

Eisenhower, Dwight D., "Annual Message to the Congress on the State of the Union", January 6, 1955, http://www.presidency.ucsb.edu/ws/pid=10416, 访问时间：2017 年 6 月 20 日。

Eisenhower, Dwight D., "Annual Message to the Congress on the State of the Union", January 9, 1958, http://www.presidency.ucsb.edu/ws/index.php?pid=11162, 访问时间：2017 年 8 月 10 日。

Eisenhower, Dwight D., "Annual Message to the Congress on the State of the Union", January 9, 1959, http://www.presidency.ucsb.edu/ws/pid=11685, 访问时间：2017 年 8 月 10 日。

Eisenhower, Dwight D., "Annual Message to the Congress on the State of the Union", January 7, 1960, http://www.presidency.ucsb.edu/documents/annval-message-the-congress-the-state-the-union-6, 访问时间：2023 年 1 月 20 日。

Eisenhower, Dwight D., "Letter to the President of the Senate and to the Speaker of the House of Representatives Recommending Emergency Legislation for the Admission of Refugees", April 22, 1953, http://www.presidency.ucsb.

edu/ws/index.php?pid=9821，访问时间：2017 年 6 月 10 日。

Eisenhower, Dwight D., "Proclamation 3292—World Refugee Year", May 19, 1959，http://www.presidency.ucsb.edu/ws/index.php?pid=107391，访问时间：2017 年 5 月 20 日。

Eisenhower, Dwight D., "Remarks on the State of the Union Message, Key West, Florida", January 5, 1956, http://www.presidency.ucsb.edu/ws/pid=10704，访问时间：2017 年 6 月 20 日。

Eisenhower, Dwight D., "Special Message to the Congress on Immigration Matters", February 8, 1956, http://www.presidency.ucsb.edu/ws/index. php?pid=10727，访问时间：2017 年 6 月 25 日。

Eisenhower, Dwight D., "Special Message to the Congress on Immigration Matters", January 31, 1957, http://www.presidency.ucsb.edu/ws/index. php?pid=10727，访问时间：2017 年 5 月 20 日。

Eisenhower, Dwight D., "Statement by the President Upon Signing Bill to Amend the Immigration and Nationality Act", September 11, 1957，http://www. presidency.ucsb.edu/ws/index.php?pid=10897，访问时间：2017 年 6 月 25 日。

Eisenhower, Dwight D., Annual Message to the Congress on the State of the Union," January 10, 1957, http://www.presidency.ucsb.edu/ws/pid=11029，访问时间：2017 年 7 月 10 日。

Johnson, Lyndon B., "Remarks at the Signing of the Immigration Bill, Liberty Island, New York", October 3, 1965, http://www.presidency.ucsb.edu/ws/index.php?pid=27292，访问时间：2017 年 6 月 10 日。

Johnson, Lyndon B., "Annual Message to the Congress on the State of the Union", January 8, 1964, http://www.presidency.ucsb.edu/ws/index. php?pid=26787，访问时间：2017 年 8 月 10 日。

Johnson, Lyndon B., "Annual Message to the Congress on the State of the Union", January 4, 1965, http://www.presidency.ucsb.edu/ws/pid=26907，访问时间：2017 年 8 月 10 日。

Johnson, Lyndon B., "Remarks on Immigration Policy to a Group Interested in the Verrazano-Narrows Bridge Commemorative Stamp", September 18, 1964，http://www.presidency.ucsb.edu/ws/index.php?pid=26511, 访问时间：2017 年 5 月 15 日。

Johnson, Lyndon B., "Remarks to Representatives of Organizations Interested in Immigration and the Problems of Refugees", January 13, 1964, http://www.presidency.ucsb.edu/ws/index.php?pid=26793, 访问时间：2017 年 5 月 20 日。

Johnson, Lyndon B., "Special Message to the Congress on Immigration", January 13, 1965, http://www.presidency.ucsb.edu/ws/index.php?pid=26830, 访问时间：2017 年 5 月 15 日。

Johnson, Lyndon B., "Special Message to the Congress on the Right To Vote", March 15, 1965, http://www.presidency.ucsb.edu/ws/index.php?pid=26806, 访问时间：2017 年 7 月 12 日。

Johnson, Lyndon B., "Special Message to the Congress: 'Toward Full Educational Opportunity'", January 12, 1965, http://www.presidency.ucsb.edu/ws/index.php?pid=27448, 访问时间：2017 年 7 月 12 日。

Johnson, Lyndon B., "Special Message to the Congress: 'Advancing the Nation's Health'", January 7, 1965, http://www.presidency.ucsb.edu/ws/index.php?pid=27351, 访问时间：2017 年 7 月 12 日。

Kennedy, John F., "Annual Message to the Congress on the State of the Union", January 30, 1961, http://www.presidency.ucsb.edu/ws/index.php?pid=8045, 访问时间：2017 年 8 月 10 日。

Kennedy, John F., "Annual Message to the Congress on the State of the Union", January 11, 1962, http://www.presidency.ucsb.edu/ws/index.php?pid=9082, 访问时间：2017 年 8 月 10 日。

Kennedy, John F., "Annual Message to the Congress on the State of the Union", January 14, 1963, http://www.presidency.ucsb.edu/ws/pid=9138, 访问

时间：2017 年 8 月 10 日。

Kennedy, John F., "Letter to the President of the Senate and to the Speaker of the House on Revision of the Immigration Laws", July 23, 1963, http://www.presidency.ucsb.edu/ws/index.php?pid=9355, 访问时间：2017 年 5 月 15 日。

Kennedy, John F., "The President's News Conference", January 24, 1963, http://www.presidency.ucsb.edu/ws/index.php?pid=9398, 访问时间：2017 年 5 月 15 日。

Peters, Gerhard, "Seats in Congress Gained or Lost by the President's Party in Presidential Election Years, From Roosevelt to Trump", December 6, 2016, http://www.presidency.ucsb.edu/data/presidential_elections_seats.php, 访问时间：2017 年 9 月 16 日。

Republican Party Platforms, "Republican Party Platform of 1964", July 13, 1964, http://www.presidency.ucsb.edu/documents/republicon-party-platform-1964, 访问时间：2023 年 1 月 20 日。

Republican Party Platforms, "Republican Party Platform of 1956", August 20, 1956, http://www.presidency.ucsb.edu/documents/republicon-party-platform-1956, 访问时间：2023 年 1 月 20 日。

Republican Party Platforms, "Republican Party Platform of 1960", July 25, 1960, http://www.presidency.ucsb.edu/documents/republicon-party-platform-1960, 访问时间：2023 年 1 月 20 日。

Republican Party Platforms, "Republican Party Platform of 1952", July 7, 1952, http://www.presidency.ucsb.edu/documents/republicon-party-platform-1952, 访问时间：2023 年 1 月 20 日。

Roosevelt, Franklin D., "Cablegram to Ambassador Robert Murphy in Algiers on Bringing Refugees to the United States", June 9, 1944, http://www.presidency.ucsb.edu/ws/index.php?pid=16519, 访问时间：2017 年 5 月 14 日。

Roosevelt, Franklin D., "Executive Order 9066—Authorizing the Secretary of War To Prescribe Military Areas", February 19, 1942, http://www.presidency.

ucsb.edu/ws/pid=61698, 访问时间：2017 年 6 月 20 日。

Roosevelt, Franklin D., "Message to Congress on Repeal of the Chinese Exclusion Laws", October 11, 1943, http://www.presidency.ucsb.edu/ws/index. php?pid=16325, 访问时间：2017 年 5 月 15 日。

Roosevelt, Franklin D., "Statement on Signing the Bill to Repeal the Chinese Exclusion Laws", December 17, 1943, http://www.presidency.ucsb.edu/ ws/index.php?pid=16354, 访问时间：2017 年 6 月 20 日。

Truman, Harry S., "Statement by the President Upon Signing the Displaced Persons Act", June 25, 1948, http://www.presidency.ucsb.edu/ws/index. php?pid=12942, 访问时间：2017 年 6 月 20 日。

Truman, Harry S., "Annual Message to the Congress on the State of the Union", January 7, 1948, http://www.presidency.ucsb.edu/ws/pid=13005, 访问时间：2017 年 6 月 10 日。

Truman, Harry S., "Annual Message to the Congress on the State of the Union", January 5, 1949, http://www.presidency.ucsb.edu/ws/pid=13293, 访问时间：2017 年 6 月 10 日。

Truman, Harry S., "Annual Message to the Congress on the State of the Union", January 8, 1951, http://www.presidency.ucsb.edu/documents/annual-message-the-congress-the-state-the-union-19, 访问时间：2023 年 1 月 20 日。

Truman, Harry S., "Executive Order 10392—Establishing the President's Commission on Immigration and Naturalization", September 4, 1952, http:// www.presidency.ucsb.edu/ws/index.php?pid=14435, 访问时间：2017 年 7 月 2 日。

Truman, Harry S., "Executive Order 9808—Establishing the President's Committee on Civil Rights", December 5, 1946, http://www.presidency.ucsb. edu/ws/index.php?pid=60711, 访问时间：2017 年 6 月 10 日。

Truman, Harry S., "Executive Order 9835—Prescribing Procedures for the Administration of an Employees Loyalty Program in the Executive Branch of the Government", March 21, 1947，http://www.presidency.ucsb.edu/ws/index. php?pid=78091, 访问时间：2017 年 6 月 14 日。

Truman, Harry S., "Special Message to the Congress on Aid for Refugees and Displaced Persons", March 24, 1952, http://www.presidency.ucsb.edu/ws/ index.php?pid=14435, 访问时间：2017 年 5 月 15 日。

Truman, Harry S., "Statement and Directive by the President on Immigration to the United States of Certain Displaced Persons and Refugees in Europe", December 22, 1945，http://www.presidency.ucsb.edu/ws/index. php?pid=12253, 访问时间：2017 年 6 月 10 日。

Truman, Harry S., "Statement by the President Following the Adjournment of the Palestine Conference in London", October 4, 1946，http://www. presidency.ucsb.edu/ws/index.php?pid=12520, 访问时间：2017 年 6 月 13 日。

Truman, Harry S., "Statement by the President Making Public A Report by the Civil Rights Committee", October 29, 1947, http://www.presidency.ucsb. edu/ws/index.php?pid=12762, 访问时间：2017 年 6 月 15 日。

Truman, Harry S., "Veto of Bill to Revise the Laws Relating to Immigration, Naturalization, and Nationality", June 25, 1952, http://www. presidency.ucsb.edu/ws/index.php?pid=14175, 访问时间：2017 年 5 月 20 日。

Truman, Harry S., "Veto of the Internal Security Bill", September 22, 1950，http://www.presidency.ucsb.edu/ws/index.php?pid=13628, 访 问 时 间：2017 年 6 月 20 日。

Truman, Harry S., "White House Statement on Palestine and on the Problem of Displaced Persons in General", August 16, 1946，http://www. presidency.ucsb.edu/ws/index.php?pid=12504, 访问时间：2017 年 6 月 10 日。

Truman, Harry S., Annual Message to the Congress on the State of the Union", January 4, 1950, http://www.presidency.ucsb.edu/ws/?pid=13567, 访问时间：2017 年 6 月 10 日。

Truman, Harry S., Annual Message to the Congress on the State of the

Union", January 9, 1952, http://www.presidency.ucsb.edu/ws/?pid=14418, 访问时间：2017 年 6 月 20 日。

Truman, Harry S., "Annual Message to the Congress on the State of the Union", January 6, 1947, http://www.presidency.ucsb.edu/ws/index.php?pid=12762, 访问时间：2017 年 6 月 13 日。

## 英文图书

Alexander, Alienikoff T., and Martin, David, *Immigration Process and Policy*, St. Paul, Minnesota: West Publishing Co., 1985.

Armenta, Amada, *Protect, Serve, and Deport: The Rise of Policing as Immigration Enforcement*, Oakland: University of California Press, 2017.

Barkan, Elazar, *The Retreat of Scientific Racism: Changing Concepts of Race in Britain and the United States*, New York: Cambridge University Press, 1992.

Beard, Charles A., *The Open Door at Home: A Trial Philosophy of National Interest*, New York: Macmillan Company, 1934.

Bennett, Marion T., *American Immigration Policies, A History*, Washington, D.C.: Public Affairs Press, 1963.

Bernard, William, ed., *American Immigration Policy: A Reappraisal*, New York: Harper & Brothers, 1950.

Bon Tempo, Carl J., *Americans at the Gate: The United States and Refugees During the Cold War*, Princeton: Princeton University Press, 2008.

Borgwardt, Elizabeth, *A New Deal for the World: Americas Vision for Human Rights,* Cambridge: Harvard University Press, 2005.

Boyle, Kevin, *The UAW and the Heyday of American Liberalism, 1945-1968*, Ithaca, NY: Cornell University Press, 1995.

Briggs, Vernon M., Jr., *Immigration and American Unionism*, Ithaca, NY: Cornell University Press, 2001.

Briggs, Vernon M., Jr., *Mass Immigration and the National Interest: Policy Directions for the New Century*, New York: M.E. Sharpe, 2003.

Brinkley, Alan., *The End of Reform: New Deal Liberalism in Recession and War*, New York: Vintage Books, 1996.

Cafferty, Pastora San Juan, Chiswick, Barry R., and Greeley, Andrew M., *The Dilemma of American Immigration: Beyond the Golden Door*, New Jersey: Transaction Books, 1983.

Cafferty, Pastora San Juan, *The Dilemma of American Immigration: Beyond the Golden Door*, New Jersey: Transaction Books, 1983.

Chiswick, Barry R., *The Gateway: U.S. Immigration Issues and Policies*, Washington, D.C.: American Enterprise Institute, 1982.

Daniels, Roger, and Graham, Otis L., eds., *Debating America Immigration, 1882 – Present*, Lanham, MD: Rowman & Littlefield, 2001.

Daniels, Roger, *Asian America: Chinese and Japanese in the United States Since 1850*, Seattle: University of Washington Press, 1988.

Daniels, Roger, *Coming to America: A History of Immigration and Ethnicity in American Life*, New Jersey: Harper Collins, 1990.

Daniels, Roger, *Guarding the Golden Door: American Immigration Policy and Immigrants Since 1882*, New York: Hill and Wang, 2004.

Dinnerstein, Leonard, *American and the Survivors of the Holocaust: The Evolution of United States Displaced Persons Policy, 1945-1950*, New York: Columbia University Press, 1982.

Dinnerstein, Leonard, and Reimers, David M., *Ethnic Americans: A History of Immigration*, New York: Columbia University Press, 2009.

Divine, Robert A., *American Immigration Policy, 1924-1952*, New Haven: Yale University Press, 1957.

Garis, Roy L., *Immigration Restriction: A Study of the Opposition to and Regulation of Immigration into the United States*, New York: Macmillan

Company, 1927.

Genizi, Haim, *America's Fair Share: The Admission and Resettlement of Displaced Persons 1945-1952*, Detrort: Wayne State University Press, 1993.

Gimpel, James G., and Edwards James, *The Congressional Politics of Immigration Reform,* Boston: Allyn & Bacon, 1999.

Graham, Otis L., Jr., *Unguarded Gates: A History of Americas Immigration Crisis*, Lanham, MD: Rowman & Littlefield, 2006.

Haas, Hein de, Stephen Castles and Mark J.Miller, *The Age of Migration*: *International Population Movements in the Modern World*, London: Red Globe Press, 2020.

Handlin, Oscar, *Immigration as A Factor in American History*, New Jersey: Prentice Hall, 1959.

Hecker, Melvin, *Ethnic America, 1970-1977: Updating the Ethnic Chronology Series,* Dobbs Ferry, NY: Oceana Publications, 1979.

Hing, Bill Ong, *Defining America through Immigration Policy*, Philadelphia: Temple University Press, 2004.

Hing, Bill Ong, *Making and Remaking Asian America Through Immigration Policy 1850-1990*, Stanford University Press, 1993.

Hutchinson, Edward P., *Legislative History of American Immigration Policy, 1798-1965*, Philadelphia: University of Pennsylvania Press, 1981.

Jones, Maldwyn Allen, *American Immigration*, Chicago: University of Chicago Press, 1960.

Kennan, George F., *American Diplomacy, 1900 - 1950*, Chicago: University of Chicago Press, 1951.

Kristen, L.Anderson, *Immigration in American History*, New York: Routledge, 2021.

Kritz, Mary M., *U. S. Immigration and Refugee Policy*, Lexington: D.C. Heath and Company, 1983.

Lankevich, George J., *Ethnic America, 1978-1980: Updating the Ethnic Chronology Series*, Dobbs Ferry, NY: Oceana Publications, 1981.

Lee, Erika, *At America's Gates: Chinese During the Exclusion 1882-1943*, Chapel Hill: University of North Carolina Press, 2003.

LeMay, Michael C., Barkan, Elliott Robert, *U. S. Immigration and Naturalization Laws and Issues, A Documentary History*, Boston: Greenwood Publishing Group, 1999.

LeMay, Michael C., *From Open Door to Dutch Door: A Analysis of U. S. Immigration Policy Since 1820*, New York: Praeger Books, 1987.

Loescher, Gil, and Scanlan, John A., *Calculated Kindness: Refugees and America's Half-Open Door, 1945 to the Present*, New York: Free Press, 1986.

Meyers, Eytan, *International Immigration Policy: A Theoretical and Comparative Analysis,* New York: Palgrave Macmillan, 2004.

Morris, Levy, Matthew Wright, *Immigration and the American Ethos*, New York: Cambridge University Press, 2020.

Ngai, Mae M., and Gjerde, Jon, *Major Problem in American Immigration History: Documents and Essays*, California: Wadsworth Cengage Learning, 2013.

Ngai, Mae M., *Impossible Subjects: Illegal Aliens and the Making of Modern America*, Princeton: Princeton University Press, 2004.

Nuechterlein, Donald E., *National Interests and Presidential Leadership: The Setting of Priorities*, Boulder: Westview Press, 1978.

Nuechterlein, Donald E., *United States National Interests in a Changing World*, Lawrence: University of Kentucky Press, 1973.

Osgood, Robert E., *Ideals and Self-Interest in Americas Foreign Relations: The Great Transformation of the Twentieth Century*, Chicago: University of Chicago Press, 1953.

Parker, Kunal M., *Making Foreigners: Immigration and Citizenship Law in*

*America, 1600-2000*, New York: Cambridge University Press, 2015.

Pula, James S., ed., *United States immigration, 1800-1965*, Peterborough: Broadview Press, 2020.

Reimers, David M., *Still the Golden Door: The Third World Comes to America,* New York: Columbia University Press, 1992.

Riggs, Fred W., *Pressures on Congress: A Study of the Repeal of Chinese Exclusion*, New York: Kings Crown Press, 1950.

Root, Maria P., *Racially Mixed People in America*, California: Newbury Park, 1992.

Salyer, Lucy E., *Laws Harsh as Tigers: Chinese Immigrants and the Shaping of Modern Immigration Law*, Chapel Hill: University of North Carolina Press, 1995.

Shanks, Cheryl Lynne, *Immigration and the Politics of American Sovereignty, 1890-1990*, Ann Arbor: The University of Michigan Press, 2001.

Stephenson, George Malcolm, *A History of American Immigration, 1820-1924*, Boston: Ginn and Company, 1926.

Takaki, Ronald, *Strangers From a Different Shore: A History of Asian Americans,* Boston: Little, Brown and Company, 1998.

Thernstrom, Stephan, and Oriov, Ann, *Harvard Encyclopedia of American Ethnic Groups*, Cambridge: Belknap Press of Harvard, 1980.

Tichenor, Daniel J., *Dividing Lines: The Politics of Immigration Control in America*, Princeton: Princeton University Press, 2002.

Tucker, Robert W., Charles B. Keely, Linda Wrigley, *Immigration and U.S. Foreign Policy*, Boulder: Westview Press,1990.

Ueda, Reed, *A Companion to American Immigration*, Oxford: Blackwell Publishing, 2006.

Ueda, Reed, *Postwar Immigrant America: A Social History*, New York: Bedford Books of St.Martin's Press, 1994.

Varsanyi, Monica W., *Taking Local Control: Immigration Policy Activism in U.S. Cities and States*, California: Stanford University Press, 2010.

Waldinger, Roger, and Michael I. Lichter, *How the Other Half Works: Immigration and the Social Organization of* Labor Oakland: University of California Press, 2003.

Walsum, Sarah van, and Spijkerboer, Thomas, *Women and Immigration Laws: New Variations on Classical Feminist Themes*, New York: Routledge-Cavendish, 2007.

West, Darrell M., *Brain Gain: Rethinking U. S. Immigration Policy,* Washington, D.C.: Brookings Institution, 2010.

Wyman, David, *Paper Walls: America and the Refugee Crisis,1938-1941*, Amherst: University of Massachusetts Press, 1968.

Zolberg, Aristide R., *A Nation by Design: Immigration Policy in the Fashioning of America*, Cambridge: Harvard University Press, 2006.

## 英文文章

(Author Unknown) "Senator Lehman on the McCarran-Walter Act," *Social Service Review*, Vol. 27, No. 1, 1953.

Abrams, Elliott, "Immigration Policy-Who Gets in and Why?" *Public Interest*, Vol.38, 1975.

Baizan, Pau, Cris Beauchemin and Amparo Gonzalez-Ferrer, "An Origin and Destination Perspective on Family Reunification: The Case of Senegalese Couple," *European Journal of Population*, Vol.30, No.1, 2014.

Briggs, Vernon M., "Immigration Policy and the U. S. Economy: An Institutional Perspective," *Journal of Economic Issues*, Vol.30, No.2, 1996.

Cole, Richard P., and Chin, Gabriel J., "Emerging from the Margins of Historical Consciousness: Chinese Immigrants and the History of American Law," *Law and History Review,* Vol. 17, No. 2, 1999.

Daniels, Roger, "Changes in Immigration Law and Nativism Since 1924," *American Jewish History,* Vol. 76, No. 2, 1986.

Daniels, Roger, "Immigration Policy in a Time of War: The United States, 1939-1945," *Journal of American Ethnic History*, Vol. 25, No. 2/3, 2006.

Daniels, Roger, "United States Policy towards Asian Immigrants: Contemporary Developments in Historical Perspective, " *International Journal*, Vol. 48, No. 2, 1993.

Dinnerstein, Leonard, "The U.S. Army and the Jews: Policies Towards the Displaced Persons After World War II," *American Jewish History Society*, Vol. 68, No.3, 1979.

Duncan, Howard, "Immigration Policy as Foreign Policy," *International Relations*, Vol.17, No.68, 2020.

Eckerson, Helen F., "Immigration and National Origins," *Annals of the American Academy of Political and Social Science*, Vol. 367, 1966.

Edwin Harwood, "American Public Opinion and U. S. Immigration Policy," *Annals of the American Academy of Political and Social Science*, Vol. 487, 1986.

Fleegler, Robert L., "'Forget All Differences until the Forces of Freedom are Triumphant': The World War II – Era Quest for Ethnic and Religious Tolerance," *Journal of American Ethnic History*, Vol.27, No.2, 2008.

Fowler, George, "Our Immigration Laws: Fact and Fiction, A Look at the Drive Against the Walter-McCarran Act," *Human Events*, August 1962.

Graham, Otis L., Jr., "Uses and Misuses of History in the Debate over Immigration Reform," *The Public Historian*, Vol. 8, No. 2, 1986.

Gulbas, Lauren E., Luis H.Zayas, "Exploring the Effect of U.S.Immigration Enforcement on the Well-being of Citizen Children in Mexican Immigrant Families," *The Russell Sage Foundation Journal of the Social Sciences*, Vol.3, No.4, 2017.

Handlin, Oscar, "The Immigration Fight Has Only Begun," *Commentary*, No.14, 1952.

Harriet Duleep and Mark Regets, "U.S. Immigration Policy a Crossroads: Should the U.S. Continue Its Family-Friendly Policy?" *The International Migration Review*, Vol.48, No.3, 2014.

Harwood, Edwin, "American Public Opinion and U. S. Immigration Policy," *Annals of the American Academy of Political and Social Science*, Vol. 487, 1986.

Higham, John, "American Immigration Policy in Historical Perspective," *Law and Contemporary Problems*, Vol. 21, No. 2, 1956.

Hohl, Donald G., "U.S. Congress on Immigration," *International Migration Review*, Vol. 10, No. 2, 1976.

Huntington, Samuel, "The West: Unique, Not Universal," *Foreign Affairs*, Vol. 75, No. 6, 1996.

Jaffe, Louis L., "The Philosophy of Our Immigration Law," *Law and Contemporary Problems*, Vol.21, No.2, 1956.

Jonas, Susanne, "Rethinking Immigration Policy and Citizenship in the Americas: A Regional Framework," *Social Justice*, Vol.23, No.3, 1996.

Katz, Irwin, "Gordon Allport's 'The Nature of Prejudice'，" *Political Psychology*, Vol. 12, No. 1, 1991.

Keely, Charles B., "Effects of U. S. Immigration Law on Manpower Characteristics of Immigrants，" *Demography*, Vol. 12, No. 2, 1975.

Keely, Charles, "The Development of U.S. Immigration Policy Since 1965," *Journal of International Affairs*, Vol.33, No.2, 1979.

Kennedy, Edward M., "The Immigration Act of 1965," *Annals of the American Academy of Political and Social Science*, Vol. 367, 1966.

Lee, Erika, "Immigrants and Immigration Law: A State of the Field Assessment，" *Journal of American Ethnic History*, Vol. 18, No. 4, 1999.

Ludmerer, Kenneth M., "Genetics, Eugenics, and the Immigration Restriction Act of 1924," *Bulletin of the History of Medicine*, Vol. 46, No.1, 1972.

MacDonald, Kevin, "Jewish Involvement in Shaping American Immigration Policy, 1881-1965: A Historical Review," *Population and Environment,* Vol. 19, No.4, 1998.

MacKay, Douglas, "Are Skill-Selective Immigration Policy Just?" *Social Theory and Practice*, Vol. 42, No.1, 2016.

Marinari, Maddalena, "Divided and Conquered: Immigration Reform Advocates and the Passage of the 1952 Immigration and Nationality Act," *Journal of American Ethnic History*, Vol. 35, No. 3, 2016.

Mihanovich, Clement S., "The American Immigration Policy: A Historical and Critical Evaluation," Publications of the *American Jewish Historical Society*, Vol. 46, No.3, 1957.

Ngai, Mae M., "Oscar Handlin and Immigration Policy Reform in the 1950s and 1960s," *Journal of American Ethnic History*, Vol. 32, No. 3, 2013.

Pegler-Gordon, Anna, "Debating the Racial Turn in U.S. Ethnic and Immigration History," *Journal of American Ethnic History*, Vol. 36, No.2, 2017.

Petersen, William, "The Scientific Basic of Our Immigration Policy," *Commentary*, No.20, 1955.

Reimers, David M., "An Unintended Reform: The 1965 Immigration Act and Third World Immigration to the United States," *Journal of American Ethnic History,* Vol. 3, No. 1, 1983.

Robbins, Richard, "The Refugee Status: Challenge and Response," *Law and Contemporary Problems*, Vol. 21, No. 2, 1956.

Scanlan, John A., "Why the McCarran-Walter Act Must Be Amended," *Academe*, Vol. 73, No. 5, 1987.

Seller., Maxine S., "Historical Perspectives on American Immigration Policy: Case Studies and Current Implications," *Law and Contemporary Problems*, Vol. 45, No. 2, 1982.

Seung-Whan Choi, "Does Restrictive Immigration Policy Terrorism in Western Democracies?" *Perspective on Terrorism*, Vol.12, No.4, 2018.

Silver, Howard J., "McCarran-Walter Act Amended to Remove Ideological Restrictions," *Political Science and Politics*, Vol. 21, No. 1, 1988.

Skrentny, John D., "How to Understand Immigration Policy," *The Brown Journal of World Affairs*, Vol.20, No.1, 2013.

Steinberg, Alfred, "McCarran, Lone Wolf of the Senate," *Harpers Magazine*, November, 1950.

Teitelbaum, Michael S., "Right Versus Right: Immigration and Refugee Policy in the United States," *Foreign Affairs*, Vol.59, No.1, 1980.

Tran, Van C., Francisco Lara-Garcia, "A New Beginning: Early Refugee Integration in the United States," *The Russell Sage Foundation Journal of the Social Sciences*, Vol.6, No.3, 2020.

Wolgin, Philip E., and Bloemrad, Irene, " 'Our Gratitude to Our Soldiers' : Military Spouses, Family Re-Unification, and Postwar Immigration Reform," *Journal of Interdisciplinary History*, Vol.41, No.1, 2010.

## 英文学位论文

Battisti, Danielle, Relatives, Refugee, and Reform: Italian American and Italian Immigration During the Cold War, 1945-1965, Ph.D. Diss., State University of New York, 1996.

Berdieva, Dilchoda N., Presidential Politics of Immigration Reform, Ph.D. Diss., Miami University, 2003.

Davis, Michael Gill, The Cold War, Refugees, and U.S. Immigration Policy, 1952-1965, Ph.D. Diss., Vanderbilt University, 1996.

Fleegler, Robert L., A Nation of Immigration: the Rise of "Contributionism" in the United States, 1924-1965, Ph.D. Diss., Brown University, 2005.

Oda, Yuki, Family Unity in U.S. Immigration Policy, 1921-1978, Ph.D. Diss., Columbia University, 2014.

Totten, Robbie James, Security and United States Immigration Policy, Ph.D. Diss., University of California, Los Angeles, 2002.

Wagner, Stephen Thomas, The Lingering Death of the Nation Original Quota System: A Political History of United States Immigration Policy, 1952-1965, Ph.D. Diss., Harvard University, 1986.

Wolgin, Philip Eric, Beyond National Origins: The Development of Modern Immigration Policymaking, 1948-1968, Ph.D. Diss., University of California, Berkeley, 2011.

## 其他网上资料

Campi, Alicia J., "The McCarran-Walter Act: A Contradictory Legacy on Race, Quotas, and Ideology", 2004, https://www.migration policy.org, 访问时间：2013 年 6 月 15 日。

Clark, Ximena, Hatton, Timothy J., and Williamson, Jeffrey G., "Explaining U. S. Immigration 1971-98", World Bank Policy Research Working Paper 3252, March 2004, http://econ.worldbank.org, 访问时间：2016 年 6 月 10 日。

Kammer, Jerry, "The Hart-Celler Immigration Act of 1965 Political Figures and Historic Circumstances Produced Dramatic, Unintended Consequences", October 2015, https://cis.org/sites/cis.org/files/kammer-hart-celler.pdf, 访问时间：2016 年 7 月 15 日。

McGowan, William, "The 1965 Immigration Reforms and The New York Times", August 2008, https://cis.org/sites/cis.org/files/articles/2008/back908.pdf, 访问时间：2016 年 7 月 12 日。

Public Law 203(Refugee Relief Act of 1953), August 7, 1953, http://

heinonline.org，访问时间：2016 年 7 月 21 日。

Public Law 85-316(Refugee and Escapee Act), September 11, 1957, http:// heinonline.org，访问时间：2016 年 6 月 20 日。

Public Law 89-236(The Amendment of Immigration and Nationality Act), October 3, 1965，http://heinonline.org，访问时间：2016 年 6 月 14 日。

U. S. Congress, *Internal Security Act of 1950*, 81$^{st}$ Congress, 2$^{nd}$ Session, September 23, 1950, http://heinonline.org，访问时间：2016 年 6 月 20 日。

United Nations, Department of Economic and Social Affairs, Population Division, *International Migration Report 2015*, New York: United Nations, 2015，http://www.un.org/en/development/desa/population/migration/ publications/migration report/docs/Migration Report 2015.pdf，访问时间：2017 年 6 月 12 日。

Westen, Drew, "Immigrating from Facts to Values: Political Rhetoric in the U.S. Immigration Debate"，2009，http:// www.migration policy.org，访问时间：2016 年 7 月 12 日。

### 中文译著

〔美〕富兰克林·罗斯福：《罗斯福选集》，关在汉编译，商务印书馆，1982。

〔美〕哈里·杜鲁门：《杜鲁门回忆录》，李石译，生活·读书·新知三联书店，1974。

〔美〕林登·贝·约翰逊：《约翰逊回忆录》，复旦大学资本主义经济研究所编译组节译，上海人民出版社，1973。

〔美〕西奥多·怀特：《美国的自我探索》，中国对外翻译出版公司，1985。

〔美〕诺伯特·维纳：《人有人的用处：控制论和社会》，陈步译，商务印书馆，1989。

〔美〕查尔斯·A. 比尔德：《美国政府与政治》，朱曾汶译，商务印书馆，1988。

## 中文著作

陈积敏：《非法移民与美国国家战略》，九州出版社，2013。

戴超武：《美国移民政策与亚洲移民（1849—1996）》，中国社会科学出版社，1999。

邓蜀生：《美国与移民：历史·现实·未来》，重庆出版社，1990。

邓蜀生：《世代悲欢"美国梦"：美国移民历程及种族矛盾》，中国社会科学出版社，2001。

高嵩：《美国社会经济转型时期的就业与培训政策（1945—1968）》，人民出版社，2011。

姬虹：《美国新移民研究：1965年至今》，知识产权出版社，2008。

李道揆：《政府和美国政治》，商务印书馆，1999。

李明欢：《国际移民政策研究》，厦门大学出版社，2011。

李晓岗：《难民政策与美国外交》，世界知识出版社，2004。

梁茂信：《美国人才吸引战略与政策史研究》，中国社会科学出版社，2015。

梁茂信：《美国移民史新论》，社会科学文献出版社，2019.

梁茂信：《美国移民政策研究》，东北师范大学出版社，1996。

梁茂信：《现代欧美移民及民族多元化研究》，商务印书馆，2011。

欧阳贞诚：《美国外来移民的劳动力市场与经济影响（1965—2005）》，生活·读书·新知三联书店，2016。

钱浩：《美国西裔移民研究——古巴、墨西哥移民历程及双重认同》，中国社会科学出版社，2002。

唐慧云：《二战后美国国会非法移民立法研究：基于公共政策理论视角》，时事出版社，2018。

谢国荣：《民权运动的前奏——杜鲁门当政时期美国黑人权问题研究》，人民出版社，2010。

闫金红：《解读难民政策：意识形态视域下美国对社会主义国家的研究》，人民日报出版社，2014。

## 中文文章

戴超武：《美国移民政策改革的基本走向及其潜在影响》，《世界经济与政治》1997 年第 5 期。

戴超武：《美国 1952 年移民法对亚洲移民和亚裔集团的影响》，《东北师大学报》1997 年第 2 期。

戴超武：《美国 1965 年移民法对亚洲移民和亚裔集团的影响》，《美国研究》1997 年第 1 期。

邓蜀生：《美国移民政策的演变及其动因》，《历史研究》1989 年第 3 期。

丁则民：《百年来美国移民政策的演变》，《世界历史》1979 年第 6 期。

丁则民：《美国亚洲移民政策的演变》，《河北师院学报》（社会科学版）1997 年第 2 期。

杜华：《国家构建理论与美国政治史的发展》，《史学理论研究》2015 第 1 期。

付美榕：《美国移民政策动因分析》，《哈尔滨工业大学学报》2003 年第 4 期。

高伟浓：《越战后美国对印支难民的安置与其地区分布分析》，《南洋问题研究》2007 年第 4 期。

郝贵远：《美国排华问题初探》，《历史档案》1983 年第 4 期。

胡小芬、曾才：《1933-1945 年美国的欧洲犹太难民政策》，《学习月刊》2008 年第 6 期。

胡小芬：《罗斯福时代美国移民政策的特点和影响》，《世界民族》2009 年第 5 期。

蓝强：《论美国移民政策的演变》，《赣南师范学院学报》2004 年第 4 期。

李剑鸣：《改革开放以来中国的美国史研究》，《史学月刊》2009 年第 1 期。

李晓静：《19 世纪中期到 20 世纪初美国排华政策对华人社区的影响》，《山东师范大学学报》2007 年第 4 期。

梁茂信、任慈：《从外交到移民——美国对中国"滞留"学生政策的转变分析（1948—1957）》，《美国研究》2020 年第 1 期。

梁茂信：《二战后专业技术人才跨国迁徙的趋势分析》，《史学月刊》2011 年第 12 期。

梁茂信：《美国的非法移民与政府政策效用分析》，《史学集刊》1997 年第 4 期。

梁茂信：《美国排外主义的演变分析》，《西南大学学报》1998 年第 4 期。

梁茂信：《美国吸引外来人才政策的演变与效用》，《东北师大学报》1997 年第 1 期。

梁茂信：《欧盟一体化进程中的移民政策及其效用》，《陕西师范大学学报》2007 年第 1 期。

梁茂信：《1940-1990 年美国移民政策的变化与影响》，《美国研究》1997 年第 1 期。

梁茂信：《20 世纪 20 年代美国移民限额制度的促成因素》，《河北学刊》1996 年第 2 期。

梁茂信：《60 年代美国移民政策及其影响》，《河北师院学报》（哲学社会科学版）1994 年第 4 期。

马晓旭：《试论美国难民政策的政治性和人道性》，《宜春学院学报》2010 年第 3 期。

钱皓：《美国移民大辩论历史透视》，《世界历史》2001 年第 1 期。

史书丞：《美国对墨西哥移民政策的钟摆化》，《世界民族》2020 年第 1 期。

唐慧云：《美国非法移民立法改革与利益集团因素研究》，《美国研究》

2014 年第 3 期。

王恩铭:《优生学与美国移民政策》,《历史教学问题》2015 年第 4 期。

王希:《麦卡锡主义的闹剧和悲剧》,《世界知识》2001 年第 18 期。

王英文:《十九世纪下半期美国排华运动的扩展》,《辽宁师范大学学报》1988 年第 6 期。

王莹:《20 世纪初美国政府强制同化移民政策的形成与实施》,《东北师范大学学报》(哲学社会科学版) 2008 年第 2 期。

伍斌:《自由的考验:"百分之百美国主义"的理论与实践》,博士学位论文,东北师范大学,2014。

伍斌:《排华是美国最黑暗的历史之一》,《历史评论》2021 年第 4 期。

伍斌:《种族批判理论的起源、内涵与局限》,《民族研究》2015 年第 3 期。

肖炜蘅:《扼制还是纵容?——浅析美国移民制度对中国非法移民的影响》,《华侨华人历史研究》2005 年第 4 期。

徐红彦、梁茂信:《美国吸引外籍技术人才的政策与实践》,《美国研究》2015 年第 4 期。

张晓涛:《美国对华政策的演变及其影响》,《世界民族》2007 年第 5 期。

# 中英文词汇对译表

A

| | |
|---|---|
| Abba Schwartz | 阿巴·施瓦茨 |
| Adamic | 阿达米克 |
| AFL-CIO | 劳联 – 产联 |
| Albert Johnson | 阿尔伯特·约翰逊 |
| Alexander Alland | 亚历山大·阿兰德 |
| American Federal of Labor | 美国劳工联合会 |
| American Friends Service Committee | 美国公谊服务委员会 |
| American Immigration and Citizenship Conference | 美国移民与公民大会 |
| American Jewish Congress | 美国犹太人大会 |
| American Jewish Committee | 美国犹太人委员会 |
| American Legion | 美国军团 |
| Arch Moore | 阿奇·摩尔 |
| Arthur Bryce Lane | 阿瑟·布莱斯·莱恩 |
| Arthur Volkkins | 阿瑟·沃克金斯 |
| Asia-Pacific Triangle | 亚太三角区 |
| Barred Asiatic Zone | 亚洲禁区 |

**B**

| | |
|---|---|
| Bill Moyers | 比尔·莫耶斯 |
| Bryce Shishkin | 布里斯·希施金 |

**C**

| | |
|---|---|
| Council for the Protection of the Foreign Born | 保护外籍人员委员会 |
| Chad Allen | 查德·艾伦 |
| Chapman Revercomb | 查普曼·雷弗科姆 |
| Citizens Committee to Repeal Chinese Exclusion | 废除排斥华人公民委员会 |
| Cold War Social Democratic Party | 冷战社会民主党 |
| Congress of Industrial Organizations | 产业工会联合会 |
| Count Giusti | 康特·朱斯蒂 |

**D**

| | |
|---|---|
| Democratic Study Group | 民主党研究团体 |
| Displaced Persons Commission | 流亡人员委员会 |
| Divid Reed | 大卫·瑞德 |
| Dunn | 邓恩 |

**E**

| | |
|---|---|
| Earl G. Harrison | 厄尔·G. 哈里森 |
| Earl Raab | 厄尔·拉布 |
| Ed Gossett | 埃德·戈塞特 |
| Edward Kennedy | 爱德华·肯尼迪 |
| Edward Steiner | 爱德华·斯坦纳 |
| Emanuel Celler | 伊曼纽尔·塞勒 |
| Expert Eugenics Agent | 专业优生学代理人 |

**F**

| | |
|---|---|
| Frederick Jackson Turner | 弗兰德里克·杰克逊·特纳 |
| Francis A. Walker | 弗朗西斯·A. 沃克 |
| Francis Walter | 弗朗西斯·沃尔特 |

| | |
|---|---|
| Frank Auerbach | 弗兰克·奥尔巴赫 |
| Frank Chelf | 弗兰克·谢夫 |
| Frank Fellowes | 弗兰克·费洛斯 |

## G

| | |
|---|---|
| George Meany | 乔治·米尼 |
| Gilbert | 吉尔伯特 |
| Gordon W. Allport | 戈登·W. 阿尔伯特 |
| Gunnar Myrdal | 贡纳尔·默达尔 |

## H

| | |
|---|---|
| Harrison Report | 《哈里森报告》 |
| Harry H. Laughlin | 哈里·H. 劳克林 |
| Harry N. Rosenfield | 哈利·N. 罗森菲尔德 |
| Henry Cabot Lodge | 亨利·卡伯特·洛奇 |
| Henry H. Curran | 亨利·H. 科伦 |
| Herbert Brownell | 赫伯特·布朗尼尔 |
| Herbert Lehman | 赫伯特·莱曼 |
| History Institutionalism | 历史制度主义 |

## I

| | |
|---|---|
| Irving Ives | 欧文·艾夫斯 |

## J

| | |
|---|---|
| John Fiske | 约翰·菲斯克 |
| Jack Warrenday | 杰克·沃伦迪 |
| Jacob Javits | 雅各布·贾维茨 |
| James B. Carey | 詹姆斯·B. 凯里 |
| James Eastland | 詹姆斯·伊斯兰德 |
| Japanese American Citizens League | 日裔美国公民联盟 |
| John B. Trevor | 约翰·B. 特雷弗 |
| John Paston | 约翰·帕斯顿 |

Juvenal Marchision                                          朱文诺·默奇森

Juvenal Marchisio                                           朱文诺·马尔基西奥


**L**

League of American Patriotic Organizations                  美国爱国协会联盟

Leonard Farbstein                                           伦纳德·法布斯坦

Louis L. Jaffe                                              路易斯·L. 杰夫


**M**

Madison Grant                                              麦迪逊·格兰特

Martin P. Durkin                                           马丁·P. 德金

Maurice Davie                                              莫里斯·戴维

Meyer Feldman                                              迈耶·费尔德曼

Michael Feighan                                            迈克尔·费汉

Mike Masaoka                                               麦克·增冈


**N**

National Committee for Immigration Reform                   全国移民改革委员会

National Committee for Postwar Immigration Policy           战后移民政策全国委员会

National Lutheran Council                                   全国立陶宛人委员会

national origin                                            民族来源


**O**

Order Sons of Italy                                        意大利秩序之子

Ovie Fisher                                                奥维·费希尔


**P**

Page Law                                                  《佩奇法》

Patt McCarran                                              帕特·麦卡伦

Paul Griffith                                              保罗·格里菲斯

Peter Ridino                                               皮特·罗蒂诺

| | |
|---|---|
| Philip Burton | 菲利普·伯顿 |
| Philip Hart | 菲利普·哈特 |
| Presidential Commission on Civil Rights | 总统民权委员会 |
| Presidents Committee on Immigration and Naturalization | 移民与归化总统委员会 |

## R

| | |
|---|---|
| Radio Free Europe | 自由欧洲电台 |
| Robert Yerkes | 罗伯特·亚尔克斯 |
| Ralph L. Beals | 拉尔夫·L. 比尔斯 |
| Randolph Sakada | 伦道夫·荣田 |
| Richard Bove | 理查德·波夫 |
| Robert Alexander | 罗伯特·亚历山大 |
| Russell Russell | 罗素·拉塞尔 |
| Ruth Benedict | 鲁思·本尼迪克特 |

## S

| | |
|---|---|
| Sam J. Owen | 萨姆·J. 欧文 |
| Schubert Humphrey | 舒伯特·汉弗莱 |
| Sydney L. Giulippo | 悉尼·L. 久利保 |
| Scientific Racism | 科学种族主义 |

## T

| | |
|---|---|
| The American Committee for Christian Refugees | 美国基督教难民委员会 |
| The American Committee for Italian Migration | 美国意大利移民委员会 |
| The Common Council for American Unity | 美国团结共同协会 |
| The Federal Council of the Churches of Christ | 美国基督教教堂联合会 |
| The House Un-American Activities Committee | 众议院非美活动委员会 |
| The National Catholic Welfare Conference | 全国基督教福利大会 |
| Thomas Mann | 托马斯·曼恩 |
| True D. Morse | 特鲁·D. 莫尔斯 |
| To Secure These Rights | 《保障这些权利》 |

## U

| | |
|---|---|
| Ugo Carusi | 乌戈·柯西 |
| United Nations Relief and Rehabilitation Administration | 联合国善后救济总署 |

## V

| | |
|---|---|
| Veterans of Foreign Wars | 外国战争退伍军人组织 |
| Vincent Wright | 文森·沃赖特 |

## W

| | |
|---|---|
| Wallace Stegner | 华莱士·斯蒂格 |
| Walter Bedell Smith | 沃尔特·比德尔·史密斯 |
| Walter Judd | 沃尔特·贾德 |
| Warren G. Magnusson | 沃伦·G. 马格纳森 |
| Westphalian Sovereignty | 威斯特伐利亚国家主权 |
| Will Maslow | 韦尔·马斯洛 |
| William Dillingham | 威廉·迪林厄姆 |
| William G. Stratvative | 威廉·斯坦顿 |
| William Green | 威廉姆·格林 |
| William Langer | 威廉·兰格 |
| Willian S. Bernard | 威廉·S. 伯纳德 |

# 后　记

2011年9月，我进入东北师范大学美国史研究中心开始攻读博士学位。在和我的导师梁茂信教授几番商讨之后，逐渐将二战后初期美国移民政策改革问题作为研究的重点课题。梁老师是国内美国移民政策研究的著名学者，早在90年代就已出版过这方面的专著。但是，梁老师也坦言，关于战后美国移民政策的研究还比较薄弱。因此，在老师的指导下，我开始研读相关资料，最终完成了博士学位论文《去种族化的博弈：美国移民政策改革问题研究（1950—1965）》。

在博士学位论文的基础上，经过多次修订，我将其规整成为可出版的书稿，也算是对战后美国移民政策改革问题研究的一个小结。同时，本书也是我主持的2018年河北省社会科学基金项目"美国外来移民入境政策研究（1924—1965）"（HB18SL002）的最终研究成果。

回望多年的研究历程，可谓百感交集。但是，最想说的还是"感谢"。感谢我的导师梁茂信教授多年的耐心教导、尽心扶持和多方关照。感谢我的大师姐高嵩，师妹吕洪艳，师弟欧阳贞诚、伍斌等在书稿撰写中提供的各种有力帮助。感谢河北大学历史学院各位领导和同事的关心和鼓励。感谢所有在我学术成长和书稿撰写过程中付出时间和精力的亲朋和师友！

感谢社会科学文献出版社国别区域分社张晓莉社长在本书出版过程中的支持。感谢叶娟编辑、邹丹妮编辑的耐心沟通和辛勤工作。没有你们，本书将无法顺利出版。

当前处于疫情的特殊时期，我们努力各就其位，正常工作，正常生活，不负光阴，不辱使命。谨以此书致敬困境中拼搏的你、我、他（她）吧。

韩　玲

2022 年 7 月于保定

## 图书在版编目（CIP）数据

美国移民入境政策改革研究：1945～1965 / 韩玲著
. -- 北京：社会科学文献出版社, 2023.4
ISBN 978-7-5228-1593-0

Ⅰ.①美… Ⅱ.①韩… Ⅲ.①移民－政策－研究－美
国－1945-1965 Ⅳ.①D771.238

中国国家版本馆CIP数据核字（2023）第065525号

## 美国移民入境政策改革研究（1945~1965）

著　　者 / 韩　玲

出 版 人 / 王利民
组稿编辑 / 张晓莉
责任编辑 / 叶　娟
文稿编辑 / 邹丹妮
责任印制 / 王京美

出　　版 / 社会科学文献出版社·国别区域分社（010）59367078
　　　　　 地址：北京市北三环中路甲29号院华龙大厦　邮编：100029
　　　　　 网址：www.ssap.com.cn
发　　行 / 社会科学文献出版社（010）59367028
印　　装 / 三河市尚艺印装有限公司

规　　格 / 开　本：787mm×1092mm　1/16
　　　　　 印　张：17.5　字　数：260千字
版　　次 / 2023年4月第1版　2023年4月第1次印刷
书　　号 / ISBN 978-7-5228-1593-0
定　　价 / 98.00元

读者服务电话：4008918866